旅游应用文写作

（第四版）

主　编　任孝珍　梁银辉　姜丽丽
副主编　王　格
参　编（按姓氏笔画排序）
张　莉　陈　洁　赵金霞
徐卫萍　崔　玲　窦金兰

对外经济贸易大学出版社
中国·北京

图书在版编目（CIP）数据

旅游应用文写作／任孝珍，梁银辉，姜丽丽主编
．—4版．—北京：对外经济贸易大学出版社，2023.9（2024.12重印）
ISBN 978-7-5663-2525-9

Ⅰ．①旅… Ⅱ．①任… ②梁… ③姜… Ⅲ．①旅游-应用文-写作 Ⅳ．①F59

中国国家版本馆 CIP 数据核字（2023）第 136608 号

旅游应用文写作（**第四版**）

任孝珍　梁银辉　姜丽丽　**主编**

责任编辑：高　卓

出版发行：对外经济贸易大学出版社
社　　址：北京市朝阳区惠新东街 10 号
网　　址：www. uibep. com
资源网址：www. uibepresources. com

邮政编码：100029
邮购电话：010-64492338
发行部电话：010-64492342
E-mail：uibep@ 126. com

成品尺寸：185mm×260mm
印　　张：13. 5
字　　数：312 千字
ISBN 978-7-5663-2525-9

印　　刷：北京市泰锐印刷有限责任公司
版　　次：2023 年 9 月北京第 4 版
印　　次：2024 年 12 月第 2 次印刷
定　　价：40. 00 元

前　言

党的二十大报告指出："统筹职业教育、高等教育、继续教育协同创新，推进职普融通、产教融合、科教融汇，优化职业教育类型定位。"再次明确了职业教育的发展方向。习近平总书记高度重视职业教育，在国内多次考察和讲话中指出，要把职业教育摆在更加突出的位置，对接科技发展趋势和市场需求，着力培养高素质劳动者和技术技能人才，要增强职业教育适应性，加快构建现代职业教育体系。

"旅游应用文"作为学生提高文化素质与获取专业知识和专业技能的基础课、技能课，是职业教育课程体系中不可或缺的一部分。通过"旅游应用文"课程的学习，学生不仅能够准确地表达自己的思想和意愿，而且还能丰富知识，开阔眼界，提高学习、工作、生活中应对各种场合的文案写作能力。因此，"旅游应用文"是学生从学校顺利走向职场的阶梯，也是学生迈向成功的坚实基础。

《旅游应用文写作》自 2010 年由对外经济贸易大学出版社出版以来，被国内许多高职院校选作教材，使得我们有缘与国内许多同行专家、授课教师展开学术和教学交流，朋友们在充分肯定本书的同时，也提出了宝贵的意见和建议。

本次修订始终将落实立德树人根本任务放在首位，以服务学生发展为宗旨，以促进学生就业为导向，使学生就业有技能，升学有基础，以培养理想信念坚定，德、智、体、美、劳全面发展的高素质技能型人才为核心。本次修订注重三个方面的"强调"。

一是强调德技并修。本次修订充分挖掘教材内容每一部分所含的思政元素，明确其对学生进行教育引导的意义，帮助学生树立正确的世界观、人生观和价值观，从而形成良好的职业道德和职业素养，实现立德树人，润物无声。

二是强调创新创业。本次修订在体例上进行了新的尝试，全书分十个项目，每个项目又分若干任务。每个项目以学习目标开启，并进行项目概述；而每个任务以任务情境导入，使学生置身职场情境，通过任务分析，引导学生学习相关文种知识和技能，促使学生将知识和技能转化为真正的旅游应用文写作能力，最终在职业角色中树立创新创业意识并形成习惯。

三是强调实用够用。本次修订在内容上强调"实用为主"，理论上以"必需、够用"为度。无论是任务的设计还是案例的选择都更加贴近当下旅游企业实际，并将陈旧、过时的内容进行了更新。依据最新颁布的《中华人民共和国民法典》《中华人民共和国招标投标法》规范了相关文书，删除原第十章"旅游业务表格"。这些更新和设计提高了教材的时效性和直接示范价值。

本书有配套的教学课件，如有需要，可登录对外经济贸易大学出版社资源网（www. uibepresources. com）下载。

本书编写过程中，得到了对外经济贸易大学出版社的关心和支持，也得到了扬州市职业大学旅游学院领导和老师的支持。在编写的过程中，我们参阅了时贤的一些著作。在此，我们一并表示衷心的感谢。

由于编者能力和时间有限，书中定有许多不妥之处。恳请老师、同学们在使用本书的过程中多提宝贵意见，以便修订时完善。

编　者

2023 年 4 月于扬州

目　　录

项目一

旅游应用文写作素养

知识目标

（1）了解旅游应用文的特点和作用；

（2）掌握旅游应用文写作的基础知识；

（3）掌握旅游应用文写作的方法及写作旅游应用文的要求。

能力目标

（1）能够区分应用文体和文学文体的不同；

（2）学会使用旅游应用文的习惯语言；

（3）正确使用旅游应用文的表达方式。

项目概述

应用文是人们在工作、学习和生活中为处理公私事务而经常使用的、具有一定惯用格式的文体。旅游应用文是应用文中的一个分支，它适用于旅游管理行业的日常事务文书写作。随着旅游业的不断发展，旅游应用文的使用范围也随之扩大，使用频率不断提高。旅游应用文写作已成为旅游从业人员必备的基本功。

一、旅游应用文的概念

（一）应用文的概念

应用文是国家机关和其他社会团体组织及个人处理公务、日常事务和传播信息时使用的格式规范、行文简约的实用文体。它是开展公务和处理个人私事时不可缺少的工具。

应用文写作是一种最直接、最有效地表达思维、交流思想、传播信息、解决问题、为现实社会服务的写作方式。

（二）旅游应用文的概念

旅游应用文是各旅游单位、部门、从业人员之间与其他行业的单位、部门、从业人员之间办理旅游服务公务、处理旅游服务业务时所使用的应用文。旅游应用文是在旅游工作或旅游活动中应用最多的实用文体。它既有一般应用文体的基本特点，又有旅游行业、旅游工作和旅游活动的特性。

二、旅游应用文的特点

（一）应用文的特点

1. 功能的实用性

应用文的首要特点是实用性。它与文学作品只供人们阅读欣赏不同，应用文是实际应用到工作和活动中去的工具。它可以直接用来处理实际事务，解决工作中出现的实际问题。

2. 内容的真实性

应用文的实用性决定了它的内容必须是真实可靠的，要符合客观实际。它要求我们客观地反映实际情况，文中的资料、数字都要确保真实可靠。应用文如果失去了真实性，不仅使写作丧失了意义，还会给工作带来极为不利的影响。

3. 格式的规范性

应用文形式多样，但其中相当一部分体裁、文种的写作形式又有一定的规范性。这种规范性是指那些已经约定俗成的文体都有特定的含义、特征、用途、基本形态、构成要素和语言体式（俗称语体）。

4. 语言的准确性

一般来说，应用文的语言要求和一般文章相同：准确、严谨、简洁、得体。所以文章所涉及的情况，包括人物、事件、地点、时间、数字，都必须是真实、准确、可靠的。尤其强调的是，即使作为旅游应用文中的广告，也不能对产品和服务做不切实际的夸张和渲染，必须实事求是。

5. 时间的及时性

应用文的及时性是指写作成文的时间和文章的使用时间都是有一定的限制的。旅游应用文讲究实用，它是为现实服务的，如果写作不及时或者处理不及时，那就失去了它应有的作用。

（二）旅游应用文的特点

旅游应用文除具有一般应用文的特点以外，还具有以下特点。

（1）一般性应用文在内容上要求必须是真实可靠的，不能脱离实际，而旅游应用文并不排斥合理的文学性内容。如关于扬州二十四桥的一段介绍：

二十四桥是古代汉民族桥梁建筑的杰作，位于江苏省扬州市，二十四桥为单孔拱桥，汉白玉栏杆，如玉带飘逸，似霓虹卧波。该桥长 24 米，宽 2.4 米，栏柱 24 根，台级 24 层，处处都与二十四对应。

上述这段文字是一般性介绍，介绍了二十四桥的历史地位、地理位置，桥的主要特征以及桥长、桥宽等，内容是真实的，数字是准确的。再如二十四桥的导游词：

“青山隐隐水迢迢，秋尽江南草未凋。二十四桥明月夜，玉人何处教吹箫。”吟唱着杜牧的千古绝唱，我们来到了天下闻名的二十四桥。诗因桥而咏出，桥因诗而闻名，这首诗为二十四桥增添了一层神秘的色彩，留下一个千古之谜。二十四桥究竟是一座桥，还是二十四座桥？桥名因何而来？桥址又在何处？历代争论不休。但更多的人愿意相信这源自一个美丽的传说：很久很久以前，一个月光如水、清风徐徐的夜晚，二十四位风姿绰约的仙女身披洁白透明的羽纱，飘上一座石桥，红唇轻启，玉指舒展，柔美的旋律在箫管中缓缓流淌。从此，这座石桥被称作“二十四美人桥”。

上述这段导游词，引用了杜牧的《寄扬州韩绰判官》绝句和具有神秘色彩的传说，引人入胜。

（2）一般性的应用写作要求公式化、模式化，以便于更好地理解、把握并处理。写作旅游公文时也必须严格遵守国务院对公文格式的有关规定；而旅游应用文在格式上没有过于严格的要求，但应力求奇特、新颖、灵活。如在介绍某一景点时，应当抓住这一景点的特色，可以有准确的数字说明，可以有生动、形象的描述，可以有诙谐、幽默、风趣的调侃，还可以有神话故事或传说等。如关于扬州瘦西湖钓鱼台的导游词：

当年，乾隆皇帝游历瘦西湖，一路上沉迷于“两堤花柳全依水，一路楼台直到山”的胜景。过了小金山，一道长堤，伸向瘦西湖的深处，长堤尽头，一座台阁临水而立。青瓦黄墙，碧波微荡，隐约传来丝竹之声，皇上一下有了垂钓的兴致。皇上的雅兴忙坏了手下人：要让鱼儿咬上皇上的金钩，真是太难了。主事的盐商火速挑选水手，带上鱼篓，口含苇管，悄悄潜入水下。每当乾隆皇帝金钩垂落，水手就将龙鱼挂上金钩，皇上举竿鱼跃，大家喝彩欢腾。乾隆当然很高兴，但也称怪为什么钓上的都是大小一致的龙鱼。主事的盐商闻言大吃一惊，真是百密一疏啊。情急之下，盐商灵机一动，跪下答道：“圣上您是明君，凡鱼不敢朝天子，万岁金钩只钓龙。”乾隆听了龙心大悦，赐名钓鱼台。

如今横匾上“钓鱼台”三字为刘海粟先生所题，两边的楹联“浩歌向南渚，把钓待秋风”是书法协会前主席启功先生亲笔。

眼前的钓鱼台，没有繁杂的斗拱挑出，也没有富丽的金钩彩画，有的只是素颜梁柱，风格朴实，清雅无华。更独特的是，它四壁通透，三面为砖砌的月洞门，正面是木雕花隔。在这里可以尽览瘦西湖的“亭桥烟雨，白塔晴云”。

这段导游词将历史传说与今天的旅游结合起来介绍，体现了知识性、文学性和趣味性的特点，更加吸引游客的兴趣。

（3）一般应用文在语言运用方面要求平实、简洁、严谨、得体。如合同、告启类文书等，语言不能夸饰，切忌拖沓冗长、含糊不清、措辞失当。公文的语言更为讲究，不但不能出现模棱两可的词语，连修饰性的、表达程度的词语都必须认真斟酌。旅游应用文，在语言运用上可以严谨、平实，可以形象、生动，可以用词华美，可以运用拟人、比喻、夸张、引用等修辞手法，还可以唱歌、朗诵、猜谜。导游人员要根据游客的实际情况和具体的场景，运用恰当的方式，引起游客的兴趣，增强游客的好奇心、求知欲，而不需要在语言方面过于严谨。如关于黄果树瀑布的一段导游词：

黄果树瀑布是我国最大的瀑布，也是世界著名的瀑布之一。它位于贵州省安顺市镇宁布依族苗族自治县城关镇西南约 15 千米的白水河上，故又名白水河瀑布，东北距贵阳市 150 千米。

……冬春季节，瀑布消瘦，水流清澈。遥望瀑布，“若冰绡之被玉肌”，别有一番轻流曼舞的婀娜风姿……当夜幕降临，皓月当空，星辰稀疏，伫立观瀑亭前，举头望月，吟诵着“年年今夜，月华如练”的诗句，再观赏面前夜色之中的黄果树瀑布，宛若银河从九天而落，从潭中升腾起来的层层水雾扑面而来，仿佛是一幅神秘优美的图画。

此时，远眺贵州高原，峰峦叠影，不知其数；近观身边四周，花草树木，不知其名。清风徐徐拂来，送来缕缕醉人之清香，俯身侧耳细细聆听，隆隆水声之中还夹杂着蛙声和蟋蟀声，组成一曲旋律奇特的交响乐。此时此刻，不禁飘飘然如置身于世外仙境之中矣！

上述导游词首先介绍了黄果树瀑布的地理位置，接着介绍了黄果树瀑布的奇特景观，最后介绍人们看到、听到黄果树瀑布的感受。第一段是一般性介绍，语言平实、简洁；第二、三段则增加了文学色彩，运用了拟人、比喻等修辞手法，语言形象、生动，引人入胜。

三、旅游应用文的作用

（一）规范行为

旅游应用文对旅游业起着规范行为的作用。特别是法规性和政令性文件，对于该干什么，不该干什么，在什么时间、什么范围、什么问题上可干或不可干，能干到什么程度等，都有明确的规定，有的还具体地制定了奖惩办法。这类文件一经发布就必须坚决执行，任何人都不得违反。

（二）宣传教育

行政公文大都有宣传教育的职能。特别是决议、决定、报告等上级机关的文件，其内容一般都包含指导思想、理论和实践的依据、方针、政策以及实施方案等。向下传达贯彻这些文件就是为了统一思想、提高认识、推动工作。有些可公开发表或变换形式作为新闻报道发表的文件，宣传教育的范围更广，影响更大。下级向上级报送的简报、报告等实质上也有向上级机关和领导宣传的作用。

（三）交流信息

下级的希望、要求、工作情况以及所属部门、单位的各种动态，特别是新情况、新问题、新经验，需要及时向上级反映；上级制定的方针、政策、指示和意见等，需要尽快向下级传达；同级或不同部门相互之间商洽工作、交流情况、协作共事，也需要一定的书面材料，这一切都由旅游应用文承担。

（四）凭据征信

上级机关在制定方针、政策或指导工作时，除了依据耳闻目见的实际情况外，一个重要的依据是下级上报的简报、报告、计划、总结等材料。下级机关开展工作、处理问题时，上级的有关文件也是判断是非的主要依据。单位之间的横向联系，也常以某一份文件或者合同等作为纽带和凭证。

任务一　旅游应用文的写作基础

任务导入

正值“五一”假期，在旅行社工作的小张接到总经理交给他的一项任务——去景区做志愿服务，假期结束后写一份关于志愿服务的总结报告。假期中，小张在景区认真做好志愿服务，既做好游客咨询服务，又忙着为游客讲解，尤其是帮助很多老年游客解决“智能出行”的问题。假期结束后小张写了一份关于此次志愿服务的总结报告。其中重点提到了“老年游客遇到的智能门槛”问题。总经理看后非常满意，表扬小张的总结报告材料典型、数据翔实。

理论点拨

一、旅游应用文的构成要素

（一）旅游应用文的主旨

1. 主旨的概念

主旨又称立意、主题或中心思想，是文章的灵魂和主旋律，是作者通过文章的具体材料所表现的基本思想，是作者对客观事物的认识和评价。

主旨是旅游应用文诸要素中最具决定意义的要素，旅游应用文要根据写作目的来确定文体和主旨。

2. 旅游应用文主旨的要求

（1）主题正确。所谓主题正确，是指旅游应用文表现的主题要以马克思列宁主义、毛泽东思想、邓小平理论、“三个代表”重要思想、科学发展观和习近平新时代中国特色社会主义思想为指导，符合党和国家的方针政策、法律、法规，同时也要符合客观实际，要反映出客观事物的本质与规律，表达健康的思想感情。主题正确是撰写旅游应用文的基本要求。如中华人民共和国旅游行业标准《旅行社国内旅游服务规范》，就明确了旅游行业服务的基本要求，也保护了游客的正当权益，从而促进了旅游业的发展。

（2）主题鲜明。所谓主题鲜明，是指旅游应用文的观点必须明确，即作者的观点要有明确的倾向性，要表明赞成什么，反对什么，恨什么，爱什么，不能含糊其词、模棱两可。文章中对所表达的事物的是非美丑要有明确的表态。如《中国旅行社关于×××所犯错误的通报》就严肃批评了×××所犯的自由主义、假公济私的错误，并做出了相应的处理。《文化和旅游部关于同意设立河洛文化生态保护实验区的批复》明确表示肯定态度。这些文章观点清楚，不拖泥带水，符合旅游应用文主题鲜明的要求。

（3）主题集中。所谓主题集中，是指旅游应用文要集中表达一个主题，重点突出。

要坚持一文一事原则，围绕一个主旨，集中陈述一个问题，把问题分析透彻，解释清楚。在文章中不使用与主旨无关的材料。有些综合性的工作报告，虽然要写几件事情，但也要抓住事物的主要矛盾，抓住共性，做到重点突出，主题集中。

（4）主题深刻。所谓主题深刻，是指撰写旅游应用文时不能停留在对事物表面现象的罗列和叙述上，而要揭示事物的本质，反映事物的内在规律。特别是总结和调查报告等比较重要的文章，更要求主题深刻，要抓住主要矛盾，挖掘具有实质性和倾向性的问题，提炼出规律性的认识和行之有效的工作措施。如《关于我国旅游价格信用问题的思考》，分析了当前我国旅游价格信用问题，尖锐地指出，在我国旅游业的发展进程中，旅游价格放开后，价格行为不规范、价格欺诈严重、价格秩序混乱等旅游价格信用失范的现象比较严重，已经影响到了我国旅游业的健康发展，形势堪忧。接着，作者又分析了问题产生的原因，提出了建立旅游价格信用制度和加强道德建设，发挥信用道德调节功能等建议。作者以极其负责的科学态度，敢于提出问题，分析问题，解决问题，该文比报喜不报忧和只会泛泛而谈的文章深刻得多，也有价值得多。

（二）旅游应用文的材料

1. 材料的概念

材料是指用来表现主旨的理论依据和事实依据，它是文章的血肉。

2. 材料的来源

（1）深入调研。调查是获得第一手材料的重要方法，“没有调查就没有发言权”，只有深入实际调查研究，才能弄清事实，摸清规律，做到心中有数。

（2）查阅文献。查阅文献包括读书看报、查阅档案，从中查找同类问题或相关问题的现实和历史的资料。这些资料对撰写文章、研究问题有着重要的借鉴作用和参考价值。

（3）学习积累。撰写旅游应用文需要作者掌握多方面的知识。撰写者平时要注重学习马克思主义理论，学习党和国家的方针政策，学习旅游行业知识，学习岗位业务知识，只有积累多方面的知识、材料，写作时才能胸有成竹，才能有话可说。

3. 选择材料的要求

（1）真实。材料真实可靠是保证应用文可信度和权威性的重要条件。真实，有生活真实与艺术真实两种。旅游应用文写作所要求的是生活真实，所用材料必须如实反映客观事物，尊重客观规律，切忌道听途说、似是而非。如《中国旅游报》2005 年 11 月 9 日发表的一则消息《广东千家酒店再上快车道》，文中说：“广东星级酒店首次突破 1 000 家，今年更达到 1 120 家，是全国各省、市、自治区中星级酒店唯一过千家的省份，全省酒店业投产总额高达 780 亿元。”文中数字必经过严格统计核实，分析比较用的也是科学方法，因而都是生活的真实，是旅游事业中的确存在的事实。

（2）典型。要选择最能反映和揭示事物的本质、最有时代特征、最有说服力和表现力的、最能反映主旨的事实或观点用于文章之中，从而起到以一当十、以少胜多的作用。如为了说明“长城正在以前所未有的速度消失，保护长城已刻不容缓”的观点，作者举出了下面几个例子：陕西境内 2 000 多千米的古长城遭人为破坏情况日益严重，其中 850 千米的明代长城就有 1/3 永远消失了；长达 600 多千米的齐鲁长城，大部分墙体已经坍塌；素有“长城博物馆”之称的宁夏境内1 500多千米的历代长城正在迅速“缩水”。

（3）新颖。要尽量用别人没用过的材料或新近发生的材料、不常用的材料，抓住那些新情况、新问题、新经验、新思路、新人、新事等，这样文章才有吸引力。新颖的材料常常成为新思想、新观点、新政策的有力支柱，令人耳目一新，从而使文章更深刻。如2023年4月5日，经文化和旅游部数据中心测算，2023年清明节假期（4月5日），全国国内旅游出游2 376.64万人次，较2022年清明节当日增长了22.7%；预计实现国内旅游收入65.20亿元，较2022年清明节当日增长了29.1%。清明节假日期间，全国共有14 952家A级旅游景区中正常开放12 635家，占A级景区总数的84.5%（来源于文化和旅游部网站）。这些材料截至发布时是最新的、首次公布的，所以极具新闻价值。

（4）切题。主旨是文章的灵魂，所以选材必须紧扣主旨，围绕主旨选材，与主旨无关的材料坚决舍弃。如果筛选出来的材料不符合题旨，不能说明政策观点，那么即使再真实、再新颖、再典型，也是无用的。

（三）旅游应用文的结构

1. 结构的概念

结构是文章的框架，是文章部分与部分、层次与层次、段落与段落之间的内部联系与外部形式的统一。

旅游应用文的结构是指对其内容进行组织安排，构建出内容与形式、观点与材料有机结合的骨架。旅游应用文的结构要求完整严谨，纲目清楚，层次分明，段落清晰，言之有序。

2. 结构的内容

（1）层次。层次是旅游应用文思想内容表现的次序。为了说明文章的主题——总观点，需要设若干个分观点，用一个层次来表述一个分观点，然后安排文章的各个层次。各层次所表述的分观点的总和就是旅游应用文的主题。

每个层次表述的分观点要具有相对的完整性，层次的划分要前后有序、条理清楚。因此，在文章写作前，必须精心设计文章结构，对所写的事物进行深入的分析，以使文章具有清晰的思路。

（2）段落。段落又称自然段，是构成文章的基本单位，即旅游应用文中能够表达一个完整意思而又相对独立的基本构成单位，是行文中由于转折、简析、强调等情况而自然形成的分隔、停顿。

段落划分的目的在于明晰层次结构，突出思路步骤，便于把握文章内容。段落划分的原则是单一、完整、明确。单一是指内容单一，一段只有一个意思。完整是指每段要相对完整地表达一个中心意思，不要把一个完整的意思分成几段来写，也不能把不相关的意思放在一个段内。明晰是指每段要有明晰的段旨。

（3）过渡。过渡又称衔接、承上启下，是指把相邻的层次段落从内容上串联起来，使其有明显的联系标志，从而使读者更好地把握文章内容。

旅游应用文常用的关联词，如“综上所述”“总之”“为此”“但是”等，过渡句或过渡段在文章中起衔接作用，以连接文意，使文章脉络畅通、结构紧凑。

（4）照应。照应是指互不相邻的内容相互关照、呼应，即前面提示的内容，后面要有连续、回应，后面表述的内容前面应有明示，其作用在于保持前后一致，增强说服力。

旅游应用文的照应比较简单，没有文学作品那样复杂、刻意。照应的方法有首尾照应、文中照应、内容与标题照应等。

（5）开头。旅游应用文的开头要求简洁，直截了当，开门见山。在开端处用极简要的文句说明全文的目的或结论等。常用的开头方式有：

概述式，即用叙述的方法，概括地写出基本情况、问题，或写出基本过程。这种写法多用于报告、总结、决定等。

目的式，即用简明的语言说明文章的目的，或开头概述情况，然后引出主旨。这种写法多用于通知、通告、决定、规则等。

缘由式，即以上级文件、领导指示或有关法规、规定作为行文的依据和出发点。这种写法多用于通知、通告等。

提问式，即先提出问题，然后引出下文。这种开头方式易引起读者的注意和思考。这种写法多用于调查报告的写作。

结论式，即对情况或工作进行总结，做出评价，提出看法，然后再分别加以论述。这种写法多用于总结、报告等。

（6）结尾。结尾是全文的收尾部分。结尾一般应根据行文需要，“止于所当止”，有话则说，无话则止，简明概括。常用的结尾方式有：

总结式，即对全文内容和基本思想做进一步的概括和归纳，以加深认识，明确写作意图。

请求式，即正文之后提出贯彻、执行要求，或提出请求。

展望式，即结尾处发出号召，或者提出鼓励。

公文式结语，即表明内容结束，用“特此通知”“此复”等结尾语结束。

3. 结构的要求

（1）结构要为文章主旨服务。旅游应用文都是有“事”而为。为了让这个“事”得到更加鲜明的体现，更充分的说明，更有效的实施，在表现这个“事”的时候，就必须考虑如何突出这个“事”，所以要养成从各个角度去阐述一个观点的应用写作结构思维习惯，利用应用写作的规范性特点，在文章的起承转合中，顺势安排，凸显主题。如《试论中国工业旅游的发展现状和推进对策》是一篇旅游工作研究应用文，其主旨是探讨中国发展工业旅游的途径，因此在安排结构时，应处处紧扣这一主题。第一部分介绍工业旅游的基本概念；第二部分分析中国工业旅游发展的现状和存在的问题；第三部分提出推进中国工业发展的对策。这样安排文章的结构，完全满足了突出主题的需要。

（2）结构要为文章文体服务。应用文已形成约定俗成的程式，它的实践作用也规定了它的格式不能随意变化。在安排旅游应用文的结构时，要服从这个特点的需要。旅游应用文写作不能别出心裁，如报告，在公务文书和事务文书中其写法就有不同的要求，具体写作时要根据具体的情况来确定结构，以求更适当、更明确的表达效果。

（3）结构安排要合乎逻辑。首尾照应、衔接紧密、层次清晰、段落分明是合乎逻辑结构要求的，而前后矛盾、序列混乱、层次模糊、段意交叉则是结构不当的表现。

（4）结构要有利于材料的取舍。在安排结构时，可以根据需要对材料重新取舍，重新归位，无论是什么文体，都是如此。在国家旅游局2003年工作总结中提到一系列的会议，如8月召开的中、日、韩三国旅游部长会，10月世界旅游组织第八届全体大会，11月在昆明成功举办的中国国际旅游交易会，这些会议若在往年，都是正常的业务会议，在工作总结中不一定提及，或者一笔带过。但是，2003年我国遭遇了一场过去从未出现过的“非典”疫情，这些材料恰恰生动有力地反映了在有效遏制“非典”疫情过后，国家旅游局努力把握“恢复与振兴”这一中心工作。因此，在安排结构时，应把这些会议情况放在非常突出的位置加以应用。

4. 结构的常式

（1）总分式，即总起分述。可以先总后分，也可以先分后总，还可以总分总。先总就是先总体介绍，先提出总的观点、总的问题；后总就是最后归纳、提升、综合或补充。分则是从不同的层面、角度来分说、分析，来为“总”服务。总是分的根据，分是总的证明。一般通报、报告、总结等常用这种结构。

（2）并列式。文章要表达的事情各成一体，各具一定的独立性，可用并列式结构。这样的结构特点清晰、明了，事情说得完整，读者看得明白。一般条例、计划、合同等可用分条并列的方法表现主旨。

（3）递进式。如果文章具有较强的说理性、分析性，递进式结构是较好的选择。各层次的内在意义在层层递进中被一步步推出，最终得出令人信服的结论。这样的结构也符合人们的普遍认识规律，体现思维的逻辑性、严谨性。一般调查报告、可行性分析报告等常用这种结构。

以上三种结构方式在一篇文章中并不是只能选择一种，作为“常式”，可根据行文需要做多种组合，综合表现文章的主旨。

（四）旅游应用文的语言

1. 语言的概念

语言是人类思维和交际的工具，是一种音义结合的符号系统。它是文章的细胞。

如果说主旨是解决“言之有理”，材料是解决“言之有物”，结构是解决“言之有序”，那么语言就是解决“言之有文”。

2. 旅游应用文对语言的要求

旅游应用文作为一种实用性文体，语言上与其他文体相比较，主要有以下特征。

（1）严谨庄重。应用文中的公文代表机关发言，具有法定的权威性，其用语应当严谨庄重，以体现公文的严肃性，因此既不宜使用口语，也不宜运用文学语言，而要使用规范化的书面语言和专用词语。

（2）准确贴切。正确地记载和传递信息是撰写应用文的基本要求。遵循这一要求，旅游应用文的语言必须符合客观实际、合乎逻辑、精心选词、严密组句，不能模棱两可、含糊不清、出现歧义。语法修辞也要符合规范。

（3）朴实得体。应用文是处理、办理事务的工具，也是沟通信息的基本方式，具有明确的实用性，因此遣词造句必须朴实无华，不追求华丽的辞藻。语言适应不同文体的需要，讲究分寸、适度。

（4）简明易懂。为了加快阅文办事的节奏，应用文用语必须简明精练，做到言简意赅。另外，应用文的阅读对象较为广泛，要让人看懂，语言的表达就必须通俗易懂，绝不能脱离群众，故作高深。

二、旅游应用文的表达方式

文章常用的表达方式有叙述、描写、议论、说明、抒情五种。这些表达方式均适用于旅游应用文。

（一）叙述

1. 叙述的概念

所谓叙述，是以记述人物或事件的发展变化过程以及场景、空间的转换来表达思想的一种表达方式。如：

弯弯曲曲走了一会儿，上上下下四五次，才到洞口。进入洞口中几丈远，有一处洞穴很狭窄，像个瓮口，人需要头和身贴着地面才能进去。到这儿才开始点起火把，一望无际。刚刚放开脚步走，走了几十步，忽然又闭塞了……

这是明朝作家袁宗道《上方山四记》描写“云水洞”的一段译文节选。袁宗道对游云水洞的经历及场景、空间的转换做了条理清楚的叙说和交代。这就是一段记叙。

2. 叙述的种类

（1）顺叙。顺叙是按照事件发生、发展到结局的顺序进行叙述。这种方式有利于将事件的来龙去脉交代清楚，给人以完整的印象。

（2）倒叙。倒叙是根据表达内容的需要，把事件的结局或某个精彩的、突出的片段提到开头叙述，然后再按照事件的发展顺序进行叙述。倒叙运用得当可造成悬念，提高读者的阅读兴趣，能更好地表现文章的主旨。倒叙多用于新闻报道，一般不能用于公文写作。

（3）概叙。概叙是用概括、简洁的语言将事件的全貌和本质交代清楚，给人以整体的认识。应用文普遍采用概叙的方式。

（4）夹叙夹议。夹叙夹议是以叙述为主，又加以分析评论的叙述方法。在调查报告等写作中广泛运用，可将材料与观点结合起来，更好地表现文章的主旨。

3. 旅游应用文对叙述的要求

旅游应用文写作中的叙述，与一般文章（尤其是文学作品）还是有较大区别的。

文学作品中的叙述要求具体、详尽，往往与描写相结合。为了能够感染读者，还充分运用各种修辞手法，如夸张、比喻等，使主题表现更为深刻。

旅游应用文写作中的叙述大多是概述，它不要求具体、详尽地叙述人物和事件，而是要求简要地叙述事实本身，做到重点突出，层次清楚，应根据文体表述的需要，选择合适的叙述方式。

（二）描写

1. 描写的概念

所谓描写，是以形象、感性的语言来描绘、摹写人物、事件及景物的形态与特征的一种表达方式。如：

一座座雪峰插入云霄，峰顶银光闪闪。大大小小的湖泊，像颗颗宝石镶嵌在彩带般的沟谷中。湖水清澈见底，湖底石块色彩斑斓。从河谷至山坡，遍布着原始森林。每当天气晴朗时，蓝天、白云、雪峰、森林都倒映在湖水中，构成了一幅五彩缤纷的图画，难怪人们把这些湖泊叫作“五花海”“五彩池”呢。由于河谷高低不平，湖泊与湖泊之间恰似一级级天然的台阶。由此形成的一道道高低错落的瀑布，宛如白练腾空，银花四溅，蔚为壮观。

继续向纵深行进，四处林深叶茂，游人逐渐稀少。注意，这时你已经走到珍稀动物经常出没的地区。也许，就在不远处，有一只壮硕的金丝猴正攀吊在一棵大树上，眨巴着一对机灵的小眼睛向你窥视；也许，会有一群善于奔跑的羚羊突然窜出来，还没等你看清它们，又消失在前方的丛林中；也许，你的运气好，会在远处密密的竹丛中发现一只憨态可掬的大熊猫，正若无其事地坐在那里咀嚼鲜嫩的竹叶；也许，你还会看见一只行动敏捷的小熊猫，从山坡跑下谷底，对着湖面美滋滋地照镜子。

雪峰插云，古木参天，平湖飞瀑，异兽珍禽……九寨沟真是个充满诗情画意的人间仙境啊！

这是巴金先生描写九寨沟奇特景象的一段文字。运用了比喻、拟人等修辞手法，使九寨沟的景色更加生动、形象，引人入胜。

2. 描写的作用

描写是记叙性文书主要的表达方式，用于描述情景、刻画形象等。在议论文和说明文里，它作为辅助表达手段，也较为常用，尤其在导游词、景区景点介绍和广告等文体中较多使用，主要是为了增强形象性、生动性。

3. 旅游应用文对描写的要求

首先，要充分了解描写的对象；其次，要掌握描写的方法，如白描、工笔细描、侧面描写、烘托等；最后，还要注意描写是为文章主题服务的，不能为了描写而描写。

（三）议论

1. 议论的概念

议论是作者运用概念、判断和推理的逻辑形式，对客观事物进行分析、评价，以此表达自己立场的语言表达方法。

议论与叙述有着明显的区别：一是思维方法不同，议论用逻辑推理，叙述用的是形象思维；二是着眼点不同，议论重点在说理，叙述着眼于过程；三是语言不同，议论语言比较概括、抽象，叙述语言要求形象、具体。

2. 议论的论证方法

（1）对比法。对比法是通过正反对比、好坏对比、新旧对比等具有不同性质和特征的对照比较，使二者的本质完全显露，从而证明论点的方法。如：

北京到拉萨的最低火车票价约46美元，而飞机票约是这一票价的7倍，这让更多普通老百姓能承受“世界屋脊”旅游的费用……青藏铁路正在赢得全世界越来越多的赞许。

（2）因果分析法。因果分析法是通过分析问题，剖析事理，揭示论点与论据之间的因果关系，从而证明论点的方法。如：

××风景区管理机构的职工生活区均在景区内，现在职工已达3 200人，加上家属近8 000人。如此众多的人员在山上工作、生活（以上是原因），给××的环境质量造成严重损害，埋下诸多隐患（这是结果）。

（3）例证法。例证法是通过用具体事例或统计数字作为论据来证明论点的方法。如：

青藏铁路穿越海拔4 000米以上地段960千米，最高点5 072米，大部分线路处于“生命禁区”和“冻土区”，是世界上海拔最高、线路最长的高原铁路。从更广阔的范围着眼，青藏铁路通车不仅将推动中国西部地区的发展，也有利于中国与周边国家的经贸交流。中国和印度于2006年7月6日重新开放连接西藏和印度锡金段的乃堆拉山口边贸通道，恢复两国中断了40多年的边境贸易。

（4）引证法。引证法是通过引用权威性的论述，科学的公理、定理，生活中的道理等作为论据来证明论点的方法。如：

王之涣的诗句“欲穷千里目，更上一层楼”吟诵的就是这里著名的鹳雀楼。传说中四大美人之一的杨玉环就出生于永济的独头村。“一巷三阁老，对门九尚书。站在古楼往南看，二十四家翰林院。大大小小知州县，三斗六升菜籽官。”这句流传至今的顺口溜可以证明这里是出人才的地方。

（5）喻证法。喻证法通过比喻来阐明事理的方法。如：

这些千姿百态的旅游景观，就像一本百科全书，吸引着游客去阅览。而导游员作为“民间大使”，作为知识的传授者，美的传播者，也应该是一本小型的百科全书，要不断积累知识，要通过创作精彩的景区、景点介绍和旅游指南，把大自然和人类社会的各种美，如诗如画般展现给旅客，给人亲临其境的感受，使人获得悦耳、悦目、悦心、悦意、悦志、悦神的审美享受。

除上述几种论证方法外，还有类比法、归谬法、反证法等，在写作中要根据需要，恰当选用论证方法。

3. 议论的作用

议论在旅游应用文中是作者表达观点和用来说服读者的重要手段。不过，议论文里要有论点、论据，还要有完整的推理论证过程。公务文书、事务文书则只要把道理直接说出来就行了。长篇大论是应用文写作的大忌。

4. 旅游应用文对议论的要求

（1）论点：一要正确，二要鲜明，三要集中。

（2）论据方面：一要真实，二要充分，三要典型，四要新鲜，五要与论点有必然联系。

（3）论证方面：论证的过程实际上是提出问题、分析问题、解决问题的过程，并不是简单地摆出几个论据就可以了。

(4) 语言：议论语言的特点是抽象、概括、逻辑性强。所谓抽象，并不是空洞无物，而是要从具体事物中挖掘出事物的本质来。比如，我们说“21 世纪是中国旅游事业的黄金时代”，这个结论是考察了中国丰富的旅游资源，发现了中国发展旅游事业的有利条件，通过与其他国家和地区的比较，还充分研究了 21 世纪中国旅游事业的机遇等而得出的。以“黄金”来比喻，又使语言形象化，不至于枯燥无味。

(四) 说明

1. 说明的概念

说明是以客观的态度、平实的语言，对事物的形态、形式、特征、构造、成因、关系、功能等解说清楚的一种表达方法。如：

八达岭水关长城位于北京市西北 40 千米，此段长城是八达岭长城东段，因修建中国第一条自主设计的京张铁路而截断，水关长城是明长城的遗址，由抗倭名将戚继光督建，距今有四百余年历史。此段长城建于险谷口，与水门箭楼长城呈“V”字形，顺应山势而行，如巨龙、似鲲鹏展翅欲飞。箭楼即是敌楼，同时兼具水门功效，此种建筑方式在沿线长城中极为罕见，故名水关长城。水关长城地势险要，苍龙起伏于崇山峻岭之间，穿行于悬崖峭壁之上，城堡相连，烽燧相望，双面箭垛，拒敌万千。水关长城东起“川字一号”，西至京张铁路，全长 6.8 千米，以奇、险、陡、坚著称。

这段文字对八达岭水关长城的位置、修建、历史、功能、长度等方面进行了介绍说明。

2. 说明的方法

(1) 定义说明。定义说明是用最简洁的语言解释事物或事理的本质特征，使人们能明确概念、内涵的说明方法。如：

对联，俗称对子，又称联语、联句、楹帖、楹联。楹者，柱也。对联雅称“楹联”，原指悬挂于楹柱的书面联语。

(2) 解释说明。解释说明是对说明对象的性质、特点、规律等所做的解释说明，是对定义说明的补充。如：

对联，是中华民族独有的文化瑰宝，也是世界文艺园圃的一朵奇葩，是一种独立于诗、词、曲、赋等形式之外的传统文学样式。

(3) 举例说明。举例说明是用最典型的事例来说明事物、事理的一般原则、原理和特征的方法。如：

水关长城于 1995 年正式对外开放，接待游人 1 000 余万人次，篮球巨星乔丹、F1 赛车手蒙托亚都曾到水关长城观光游览，中国香港演艺界巨星刘德华演唱的《中国人》的音乐电视背景即为水关长城。水关长城越来越成为诸多长城景点中游客的首选之地。

(4) 比较说明。比较说明是用相同事物、事理之间的异同，或不同事物、事理之间的异同来突出说明被说明对象的方法。如：

长城四季美如画：春看山花烂漫，夏览草木蓊郁，秋观漫山红叶，冬游苍龙卧雪。

这里山清水秀，长城壮美，人杰地灵，古寺清幽。

（5）分类说明：把被说明对象按照统一的标准，划分成不同类别的方法。如：

按传统旅游资源观分类，我国旅游资源包括自然景观资源、人文景观资源、民俗风情资源、传统饮食资源、文化资源和工艺品资源以及都市和田园风光资源等。按现代旅游产业资源观分类，我国旅游资源包括观光型旅游资源、度假型旅游资源、生态旅游资源和滑雪、登山、探险、狩猎等特种旅游资源及美食、修学、医疗保健等专项旅游资源。

除上述说明方法外，还有数字说明、引用说明、作图表说明等方法，在写作中要根据需要选用恰当的说明方法。

3. 说明的作用

说明这种表达方式的运用非常广泛，旅游应用文写作离不开它。它的主要用途是介绍、讲解、注释等，在导游词、旅游说明书中应用广泛。

4. 旅游应用文对说明的要求

（1）说明要准确。要抓住被说明对象的特征，用语要恰当，分类要正确，一定要能够把被说明对象与其他相似事物区别开来。

（2）说明要客观。实事求是地对事物进行说明，以反映客观事物的本来面目。

（3）说明要科学。内容上要正确，选择的说明方法要得当。

（4）语言要平实。说明的语言要平易朴素，简明易懂。运用形象化说明要贴切，不要故弄玄虚。

（五）抒情

1. 抒情的概念

抒情是运用富于感情色彩的语言抒发作者内心感受的一种表达方式。

2. 抒情的方法

（1）直接抒情。直接抒情也叫直抒胸臆，即不借助客观事物，直接地把心中的情感抒发出来。

（2）间接抒情。间接抒情包括依事抒情、据理抒情、借景抒情等，都是把情感的抒发糅合在描写、叙述、议论之中。

3. 抒情的作用

旅游应用文写作具有较强的针对性、目的性，为了使读者接受文章的思想内容，有时就不能只满足于客观的叙事、冷静的说理，往往要借助于感情的抒发。但应用文写作的抒情一般是间接的，即在叙述和说明中蕴含感情色彩，很少直接抒情。在旅游应用文中，抒情多用于广告、导游词、通讯等文体，主要用于直接或间接抒发作者的情感和感受，以增加文章的感情色彩和文章的波澜，感染读者。如：

如今，作为在海内外享有盛誉的旅游纪念胜地，中山陵每年接待着来自世界各地的无数炎黄子孙与国际友人。人们怀着对中山先生伟大精神的崇敬与景仰来到这里凭吊拜谒。在统一成为大势所趋、人心所向的今天，面对目前海峡两岸的现状，海内外炎黄子孙都衷心期盼着祖国统一、繁荣昌盛的那一天早日到来。彼时彼刻，倘若孙先生泉下有知，也必会含笑长眠！

4. 旅游应用文对抒情的要求

抒情的基本要旨是感情真实、健康、自然，切忌虚情假意、矫揉造作。

任务二 旅游应用文的写作要求

任务导入

小张毕业后就职于某市旅游推广中心，岗位是办公室秘书，其中一项职责是要负责旅游推广中心的文书撰写。刚入职，小张就向办公室主任请教，如何提高自己的旅游应用写作水平。

理论点拨

一、旅游应用文的写作要求

旅游应用文虽然具有自身的特点，但它毕竟是人们写作活动中的一种，因此，旅游应用文的写作必须遵循写作活动的一般规律，掌握写作的基本知识和技能。在此基础上，结合旅游应用文自身的特点，贯彻旅游应用文写作的基本要求，在写作时才能得心应手，写出符合要求的旅游应用文。

（一）遵循党和国家的方针政策，具有良好的政治素养

党的路线、方针、政策，是全党、全国人民进行社会主义建设的根本遵循，代表了最广大人民的根本利益，国家的法律法规是我们事业胜利和工作成功的保证，同时也是旅游应用文写作的根本依据和规范。从本质意义上讲，旅游应用文的写作也是为了更好地体现、贯彻、实施党和国家的方针政策，是对它们的延伸和扩展，绝不能与之相违背。所以说，旅游应用文的写作绝不仅仅是一个技巧问题，更主要的还是思想水平、政策水平和法律法规意识的问题。

只有认真学习党的路线、方针、政策和国家的法律、法规，认真学习马克思列宁主义、毛泽东思想、邓小平理论、“三个代表”重要思想、科学发展观和习近平新时代中国特色社会主义思想，广泛、深入参加社会实践，在实践中经受锻炼，才能在复杂的市场经济活动中不迷失方向，全面贯彻党的二十大精神，才能对实际问题进行深入的分析和研究，才能提出正确的、符合客观实际的主张和办法，写出较高水平的旅游应用文。

（二）积累丰富的专业知识和实践经验，具有较强的业务水平和职业技能

旅游应用文是用来指导实际工作、解决实际问题的。它的写作与旅游业务工作有着极为密切的关系，如果不了解、不熟悉旅游业务，就无法在实际工作中发现问题，也谈不上对问题进行深入的分析和研究，更不要说看清问题的本质，找到解决问题的方法了。要写好旅游应用文，不仅要有本行业、本部门、本系统的专业知识，还要掌握其他必要的综合性的知识，才能提高旅游应用文写作的水平。

我们一方面要从书本上学习业务知识，另一方面更要积极投身业务实践，深入实

际，积累丰富的专业知识和实践经验，积极开展调查研究，掌握真实可靠的第一手资料，才能写出合乎客观规律的旅游应用文。

（三）掌握写作规律，具有熟练写作旅游应用文的能力

旅游应用文的写作除必须遵循写作活动的一般规律，即力求做到主题集中、重点突出、详略得当、结构完整、表达畅通等外，还要根据旅游应用文的特点，注意以下问题。

1. 立意要高、新、实

旅游应用文的写作是代表一级组织、机关、单位发言或从事公务活动。因此，文章首先要有较高的起点，要从党和国家的方针政策出发，从人民群众的利益出发，从全局、整体的角度看问题；其次，要结合本单位、本行业、本系统的新情况、新事物、新经验、新特点，力争有所创新，有所突破；最后，一切都应从实际出发，尊重客观事实，讲究实际效果。

2. 观点材料要一致

旅游应用文的写作必须做到观点和材料的高度统一。材料是观点产生的基础，而观点一旦确立又要反过来统帅材料；观点依据材料而形成，材料又必须能充分说明观点。为了主旨的鲜明、准确，必须选用最典型、最真实、最有说服力的材料。

3. 体裁格式要正确

要根据发文内容和实际工作的需要，正确选用旅游应用文的文种，尤其注意相近文种的区别。文种一旦确定，就要严格按照该文种的特点、格式、要求撰写文稿。特别是撰写行政公文时，要严格按照 2012 年 4 月 16 日中共中央办公厅、国务院办公厅印发的《党政机关公文处理工作条例》的有关规定行文。

（四）加强思维训练，具有良好的逻辑思维能力

写作活动实际上是一种思维活动。文学作品主要是用形象思维反映现实生活，塑造艺术形象，表达思想感情。旅游应用文则主要是用逻辑思维来分析问题、研究问题、解决问题。

逻辑思维是一种依靠概念、判断、推理来进行的思维活动，以分析、综合、抽象、概括为思维的基本过程。应用文写作的过程，实际上就是运用概念、判断、推理等逻辑思维方式对搜集来的材料进行由表及里、由此及彼、去粗取精、去伪存真的分析综合、分析研究的过程。逻辑思维能力的强弱与应用文写作的构思关系极大，因此，注重培养、训练和提高逻辑思维能力对提高旅游应用文的写作水平具有积极作用。

二、旅游应用文的学习方法

（一）学好理论，指导写作

应用文写作的理论对应用文写作实践有直接的、具体的指导作用。掌握其理论，正确认识各类应用文的特点和写法，是我们进行应用文写作的基础。只有认真掌握应用文写作的基本概念，理解本门课程的理论框架，熟悉范文，把握应用文写作的规律，把知识转化为能力，才能写好旅游应用文。

(二) 模仿例文，借鉴学习

旅游应用文写作的学习一般需要经历模仿、熟悉、自如写作三个阶段。第一阶段，阅读例文、模仿例文写作；第二阶段，熟悉旅游应用文的格式，领会各类文种的写作思路；第三阶段，反复练习最终自如写作。因此，对例文的分析和模仿是学习旅游应用文的重要途径，我们只有从范文中吸取营养才能加深对理论知识的理解，掌握写作的方法。

(三) 强化训练，提高技能

要将旅游应用文写作知识转化为写作能力，只有通过有目的、有计划的反复练习才能熟练掌握。因此，学习旅游应用文的写作必须重视训练，还要结合旅游从业人员自身的工作、学习和生活，理论与实践相结合，才能真正提高旅游应用文写作的水平。

三、提高旅游应用文写作水平的根本途径

要写出较高水平的旅游应用文，作者不仅要具备较高的语言水平、应用文写作知识，而且必须全面提高自己的修养。人们习惯于将修养归结为德、才、学、识四个方面，其实这四个方面不是孤立的，而是相互联系的。可以通过以下途径提高旅游应用文的写作水平。

(1) 阅读。阅读可以获得知识、激发潜能、创新思维。通过阅读，掌握各种知识，保证旅游应用写作不偏离方向、不脱离轨道，为资料索引、论据支撑提供资料库。

(2) 实践。提高旅游应用文写作水平，仅仅停留在阅读阶段是远远不够的。只有在广泛阅读的基础上，重视实践写作，在实践中获得写作素材，体会写作规律。只有这样，写作能力才能不断得到提高。

(3) 思考。如果我们仅仅重视学习，强调实践，但不注重思考，则可能事倍功半。只有在重视学习与实践的同时，又能善于思考总结，我们才会取得事半功倍的效果。

同步习题

1. 旅游应用文写作和文学创作有什么区别？
2. 旅游应用文的主题有哪些要求？
3. 旅游应用文的语言有哪些特色？
4. 你将如何学习“旅游应用文写作”这门课程？

项目二

党政机关公文

知识目标

（1）了解党政机关公文的概念、特点；

（2）重点掌握党政机关公文的格式及行文规则；

（3）掌握常用公文的写作要求。

能力目标

（1）能够在具体公务中正确选用文种，撰拟通告、通知和通报；

（2）能够在具体公务中正确选用文种，撰拟报告、请示、批复；

（3）能够在具体公务中正确选用文种，撰拟函和纪要。

项目概述

我国早在公元前 13 世纪，殷商奴隶社会国家机关就开始广泛地应用文书作为管理国家的工具，产生了我国最早的公务文书，并建立了一定的文书工作制度。今天，公务文书应用范围十分广泛，它是党政机关和企事业单位在行政管理过程中形成的具有法定效力和规范体式的文书，是依法行政和进行公务活动的重要工具。

一、党政机关公文的概念

“公文”即公务文书的简称，是人类在治理社会、管理国家的公务实践中使用的具有法定权威和规范格式的应用文。作为表述国家意志、执行法律法规、规范行政执法、传递重要信息的最主要的载体，从某种程度上来说，公文是国家法律法规的延续和补充。对人们通常所说的公务文书这个概念，有广义和狭义两种理解。广义的公文是指党政机关、企事业单位及社会团体在公务活动中所用的各类文字材料。狭义的公文专指行政公文。

2012 年 4 月 16 日，中共中央办公厅、国务院办公厅联合印发的《党政机关公文处理工作条例》指出，党政机关公文是党政机关实施领导、履行职能、处理公务的具有特定效力和规范体式的文书，是传达贯彻党和国家的方针政策，公布法规和规章，指导、布置和商洽工作，请示和答复问题，报告、通报和交流情况等的重要工具。

二、党政机关公文的特点

（一）高度的政策性

公文是处理公务活动的工具，承担着传达、贯彻党和国家的方针、政策，发布行政法规和规章制度，施行行政措施等政治任务，具有高度的政策性。

（二）法定的权威性

公文是国家行政机关在行政管理过程中按照法律规定，依照法定权限和职能制发公文，不能越权行文、违法行文。公文也必须履行法定程序方可生效。公文一旦生效，各级受文单位必须严格执行。

（三）作者的法定性

公文的作者是指依法成立并能以自己的名义行使职权和承担义务的机关或组织。只有这些机关和组织才有权制发公文，也只有这些机关和组织制发的公文，才能发挥相应的效力。

（四）体式的规定性

公文是国家行政机关依法行政的重要工具，它有严格的规范性。公文的拟制必须遵守规范化的体式，不得随意私用公文文种名称、设置行文关系、更改固定的制发程序和规定的格式。

（五）明显的时效性

公文是在依法行政、实施管理过程中针对具体事务、具体问题而制发的，目的在于布置工作、解决问题。为了保证行政机关工作的优质、高效，以求在最恰当的时间内取得最佳效果，公文就必须写得及时、发得及时、办得及时，否则公文就失去了应有的作用。

三、党政机关公文的作用

（一）管理调控的作用

利用公文对国家进行行政管理，对国家机器的运转实施调控，是公文最基本、最首要的作用。公文作为信息沟通的桥梁，上情下达或下情上达，以利于各部门工作的顺利开展和完成。

（二）宣传指导作用

行政公文作为一种工具，承担着传达国家或上级各项方针政策的重要任务；同时，对各级相关部门和单位的工作做出相应的引导和指挥，以利于工作的有效进行。

（三）规范约束作用

公文的权威性决定了它的规范约束作用。公文的拟制是按照法定程序完成的，一经盖章发出，就具有了法定效力，对社会组织、社会成员的活动就具有约束规范的作用。

（四）依据凭据作用

行政公文是日常公务活动的有效证明和凭据，因此，各级机关和单位撰写的公文都需要归档保存，以便日后查找。

四、党政机关公文的种类

（一）党和国家机关通用公文的种类

《党政机关公文处理工作条例》规定，国家行政机关的公文种类主要有决议、决定、命令（令）、公报、公告、通告、意见、通知、通报、报告、请示、批复、议案、函、纪要 15 种。

（二）从行文关系上分，可分为上行文、下行文、平行文三种

上行文是指下级向上级机关呈送的公文，如请示、报告等。

下行文是指上级机关发给下级机关的公文，如命令、决定、指示等。

平行文是指同级机关或不相隶属机关之间互相往来的公文，如函等。

五、党政机关公文的格式

公文的格式是指文件的组成部分和印刷规范。它是公文权威性、严肃性在形式上的体现。公文的格式具有规范性和相对确定性。这在《党政机关公文格式》中有专门的规定，对公文的版头设计、版面安排、字体型号、字行字距间隔、用纸尺寸与规格等也做出了具体要求。

（一）党政机关公文用纸幅面尺寸及版面要求

1. 幅面尺寸

公文用纸采用国家标准（GB/T 148）中规定的 A4 纸，其成品幅面尺寸为：210 毫米×297 毫米。

2. 版面

（1）页边与版心尺寸。公文用纸天头（上白边）为 37 毫米±1 毫米，公文用纸订口（左白边）为 28 毫米±1 毫米，版心尺寸为 156 毫米×225 毫米。

（2）字体和字号。如无特殊说明，公文格式各要素一般用 3 号仿宋体字。特定情况可以做适当调整。

（3）行数和字数。一般每面排 22 行，每行排 28 个字，并撑满版心。特定情况可以做适当调整。

（4）文字的颜色。如无特殊说明，公文中文字的颜色均为黑色。

（二）党政机关公文格式各要素编排规则

1. 公文格式各要素的划分

版心内的公文格式各要素划分为版头、主体、版记三部分。公文首页红色分隔线以上的部分称为版头；公文首页红色分隔线（不含）以下、公文末页首条分隔线（不含）以上的部分称为主体；公文末页首条分隔线以下、末条分隔线以上的部分称为版记。

公文一般由份号、密级和保密期限、紧急程度、发文机关标志、发文字号、签发人、标题、主送机关、正文、附件说明、发文机关署名、成文日期、印章、附注、附

件、抄送机关、印发机关和印发日期、页码等组成。页码位于版心外。

2. 版头

（1）份号。如需标注份号，一般用6位3号阿拉伯数字，顶格编排在版心左上角第一行。

（2）密级和保密期限。如需标注密级和保密期限，一般用3号黑体字，顶格编排在版心左上角第二行；保密期限中的数字用阿拉伯数字标注。

（3）紧急程度。如需标注紧急程度，一般用3号黑体字，顶格编排在版心左上角；如需同时标注份号、密级和保密期限、紧急程度，按照份号、密级和保密期限、紧急程度的顺序自上而下分行排列。

（4）发文机关标志。该部分由发文机关全称或者规范化简称加“文件”二字组成，也可以使用发文机关全称或者规范化简称。

发文机关标志居中排布，上边缘至版心上边缘为35毫米，推荐使用小标宋体字，颜色为红色，以醒目、美观、庄重为原则。

联合行文时，如需同时标注联署发文机关名称，一般应当将主办机关名称排列在前；如有“文件”二字，应当置于发文机关名称右侧，以联署发文机关名称为准上下居中排布。

（5）发文字号。编排在发文机关标志下空两行位置，居中排布。年份、发文顺序号用阿拉伯数字标注；年份应标全称，用六角括号“〔〕”括入；发文顺序号不加“第”字，不编虚位（即1不编为01），在阿拉伯数字后加“号”字。

上行文的发文字号居左空一字编排，与最后一个签发人姓名处在同一行。

（6）签发人。由“签发人”三字加全角冒号和签发人姓名组成，居右空一字，编排在发文机关标志下空两行位置。“签发人”三字用3号仿宋体字，签发人姓名用3号楷体字。

如有多个签发人，签发人姓名按照发文机关的排列顺序从左到右、自上而下依次均匀编排，一般每行排两个姓名，回行时与上一行第一个签发人姓名对齐。

（7）版头中的分隔线。发文字号之下4毫米处居中印一条与版心等宽的红色分隔线。

3. 主体

（1）标题。一般用2号小标宋体字，编排于红色分隔线下空两行位置，一行或分多行居中排布；回行时，要做到词意完整，排列对称，长短适宜，间距恰当，标题排列应当使用梯形或菱形。

（2）主送机关。编排于标题下空一行位置，居左顶格，回行时仍顶格，最后一个机关名称后标全角冒号。如主送机关名称过多导致公文首页不能显示正文时，应当将主送机关名称移至版记。

（3）正文。公文首页必须显示正文。一般用3号仿宋体字，编排于主送机关名称下一行，每个自然段左空两字，回行顶格。文中结构层次序数依次可以用“一、”“（一）”“1.”“（1）”标注；一般第一层用黑体字，第二层用楷体字，第三层和第四层用仿宋体字标注。

（4）附件说明。如有附件，在正文下空一行左空两字编排“附件”二字，后标全角冒号和附件名称。如有多个附件，使用阿拉伯数字标注附件顺序号(如“附件：1.××××××”)；附件名称后不加标点符号。附件名称较长需回行时，应当与上一行附件名称的首字对齐。

(5) 发文机关署名、成文日期和印章。

① 加盖印章的公文。成文日期一般右空四字编排，印章用红色，不得出现空白印章。

单一机关行文时，一般在成文日期之上、以成文日期为准居中编排发文机关署名，印章端正、居中下压发文机关署名和成文日期，使发文机关署名和成文日期居印章中心偏下位置，印章顶端应当上距正文（或附件说明）一行之内。

联合行文时，一般将各发文机关署名按照发文机关顺序整齐排列在相应位置，并将印章一一对应、端正、居中下压发文机关署名，最后一个印章端正、居中下压发文机关署名和成文日期，印章之间排列整齐、互不相交或相切，每排印章两端不得超出版心，首排印章顶端应当上距正文（或附件说明）一行之内。

② 不加盖印章的公文。

单一机关行文时，在正文（或附件说明）下空一行右空两字编排发文机关署名，在发文机关署名下一行编排成文日期，首字比发文机关署名首字右移两字，如成文日期长于发文机关署名，应当使成文日期右空两字编排，并相应增加发文机关署名右空字数。

联合行文时，应当先编排主办机关署名，其余发文机关署名依次向下编排。

③ 成文日期中的数字。用阿拉伯数字将年、月、日标全，年份应标全称，月、日不编虚位（即 1 不编为 01）。

④ 特殊情况说明。当公文排版后所剩空白处不能容下印章或签发人签名章、成文日期时，可以采取调整行距、字距的措施解决。

(6) 附注。如有附注，居左空两字加圆括号编排在成文日期下一行。

(7) 附件。附件应当另面编排，并在版记之前，与公文正文一起装订。“附件”二字及附件顺序号用 3 号黑体字顶格编排在版心左上角第一行。附件标题居中编排在版心第三行。附件顺序号和附件标题应当与附件说明的表述一致。附件格式要求同正文。

如附件与正文不能一起装订，应当在附件左上角第一行顶格编排公文的发文字号并在其后标注“附件”二字及附件顺序号。

4. 版记

(1) 版记中的分隔线。版记中的分隔线与版心等宽，首条分隔线和末条分隔线用粗线（推荐高度为 0.35 毫米），中间的分隔线用细线（推荐高度为 0.25 毫米）。首条分隔线位于版记中第一个要素之上，末条分隔线与公文最后一面的版心下边缘重合。

(2) 抄送机关。如有抄送机关，一般用 4 号仿宋体字，在印发机关和印发日期之上一行、左右各空一字编排。“抄送”二字后加全角冒号和抄送机关名称，回行时与冒号后的首字对齐，最后一个抄送机关名称后标句号。

如需把主送机关移至版记，除将“抄送”二字改为“主送”外，编排方法同抄送机关。既有主送机关又有抄送机关时，应当将主送机关置于抄送机关之上一行，之间不加分隔线。

（3）印发机关和印发日期。印发机关和印发日期一般用4号仿宋体字，编排在末条分隔线之上，印发机关左空一字，印发日期右空一字，用阿拉伯数字将年、月、日标全，年份应标全称，月、日不编虚位（如1，不编为01），后加“印发”二字。

版记中如有其他要素，应当将其与印发机关和印发日期用一条细分隔线隔开。

5. 页码

一般用4号半角宋体阿拉伯数字，编排在公文版心下边缘之下，数字左右各放一条一字线；一字线上距版心下边缘7毫米。单页码居右空一字，双页码居左空一字。公文的版记页前有空白页的，空白页和版记页均不编排页码。公文的附件与正文一起装订时，页码应当连续编排。

国家党政机关公文版式可参阅图2-1至图2-3。

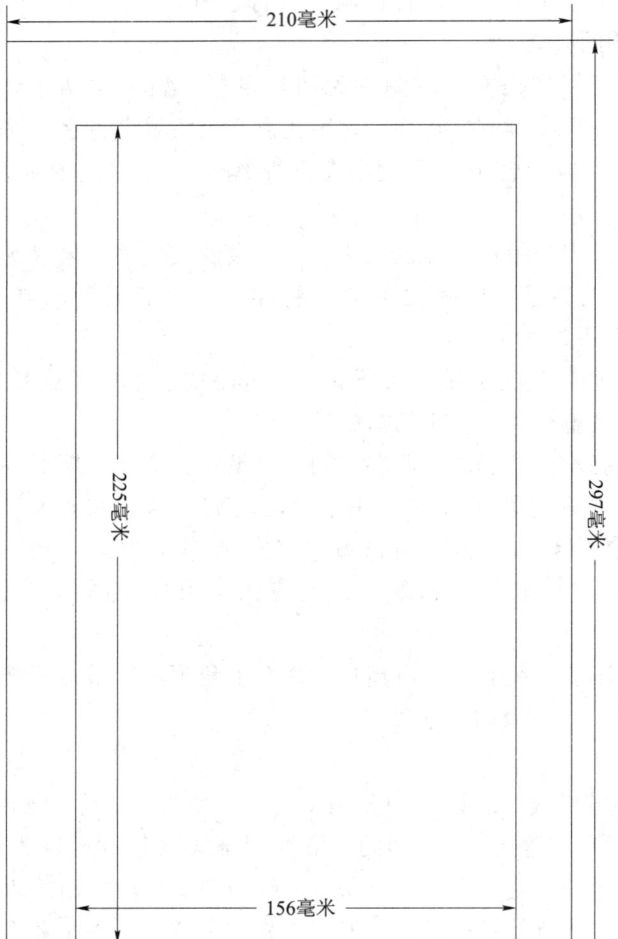

图 2-1　幅面尺寸及版心尺寸

000001
绝　密★3年
特　急

××××××文件

×××〔20××〕×号

×××关于×××××的通知

×××、×××、×××，×××、×××、×××，×××：
　　××。
　　××××××××××××××××××××××××××。

　　××××××××××××××××××××××××。
　　附件：1. ×××××××××
　　　　　2. ×××××××××

图2-2　党政机关公文首页版式

盖　章

20××年×月×日

（附注：××××××××××××××）

抄送：×××××，××××，××××，××××，××××，××××。

×××××××××　　　20××年×月×日印发

图 2-3　党政机关公文末页版

六、党政机关公文语言的要求

党政机关公文写作的要求很高，尤其是要求起草者具有工作实践的基础，懂得工作中许多微妙的关键点，而在具体起草中要有较好的语言文字功夫。党政机关公文语言总的要求是庄重、平实、概括。公文语言功夫的核心是选词。选词一要根据所反映的客观实际需要；二要符合明晰、确切、简练的标准；三要根据具体的语言环境，为避免上下文重复而选择不同的词语，注意文中涉及对象和阅读对象。多用书面语和文书用语，少用形象和描绘性词语和口语，不用方言土语。

党政机关公文的语言不同于一般文章和文学作品，更不同于日常生活的特点、要求、语法特征和表述方式，可理解为“三多一恰当”。

（1）专用词语多，可分为十类。

开端用语：根据、遵照、按照、为了、近查、兹因、兹有、关于等。

称谓词用：本局、我单位、贵处、你方、该单位等。

经办用语：责成、已经、兹经、业经、现将等。

引述用语：悉、近悉、收悉、前接、近接等。

表态用语：同意、不同意、可行、不可、应予否定、确应、照办、遵照执行等。

期请用语：请、拟请、恳请、务必、即请查办、希执行等。

征询用语：妥否、当否、可否、是否同意等。

期复用语：请回复、请审批、请告知、请转发等。

承启用语：为此、由此等。

结尾用语：为要、为盼、为荷、特此函复、特此报告等。

（2）多用介词结构，如因、为了、根据、通过等。

（3）多使用缩略语或标数式简称，如中共中央（中国共产党中央委员会）、三夏（夏收、夏种、夏管）、四化（工业现代化、农业现代化、国防现代化、科学技术现代化）等。

（4）恰当使用模糊语言，如基本上、长期以来、大多数、程度不同等。

七、党政机关公文的行文规则

党政机关公文按照“确有必要，注重效用”的原则来确定相应的规则。行文关系根据隶属关系和职权范围确定。一般不得越级行文，特殊情况需要越级行文的，应当同时抄送被越过的机关。

（1）向上级机关行文，应当遵循以下规则：

① 原则上主送一个上级机关，根据需要同时抄送相关上级机关和同级机关，不抄送下级机关。

② 党委、政府的部门向上级主管部门请示、报告重大事项，应当经本级党委、政府同意或者授权；属于部门职权范围内的事项应当直接报送上级主管部门。

③ 下级机关的请示事项，如需以本机关名义向上级机关请示，应当提出倾向性意见后上报，不得原文转报上级机关。

④ 请示应当一文一事。不得在报告等非请示性公文中夹带请示事项。

⑤ 除上级机关负责人直接交办事项外，不得以本机关名义向上级机关负责人报送公文，不得以本机关负责人名义向上级机关报送公文。

⑥ 受双重领导的机关向一个上级机关行文，必要时抄送另一个上级机关。

（2）向下级机关行文，应当遵循以下规则：

① 主送受理机关，根据需要抄送相关机关。重要行文应当同时抄送发文机关的直接上级机关。

② 党委、政府的办公厅（室）根据本级党委、政府授权，可以向下级党委、政府行文，其他部门和单位不得向下级党委、政府发布指令性公文或者在公文中向下级党委、政府提出指令性要求。需经政府审批的具体事项，经政府同意后可以由政府职能部门行文，文中须注明已经政府同意。

③ 党委、政府的部门在各自职权范围内可以向下级党委、政府的相关部门行文。

④ 涉及多个部门职权范围内的事务，部门之间未协商一致的，不得向下行文；擅自行文的，上级机关应当责令其纠正或者撤销。

⑤ 上级机关向受双重领导的下级机关行文，必要时抄送该下级机关的另一个上级机关。

（3）同级党政机关、党政机关与其他同级机关必要时可以联合行文。属于党委、政府各自职权范围内的工作，不得联合行文。

党委、政府的部门依据职权可以相互行文。

部门内设机构除办公厅（室）外不得对外正式行文。

八、党政机关公文的写作要求

党政机关公文的撰写要求与其他文章有很多共同之处，如主题鲜明、结构完整、观点与材料统一、文字准确、鲜明生动等。《党政机关公文处理工作条例》中明确规定公文起草应当做到：

（1）符合党的理论路线方针政策和国家法律法规，完整准确体现发文机关意图，并同现行有关公文相衔接。

（2）一切从实际出发，分析问题实事求是，所提政策措施和办法切实可行。

（3）内容简洁，主题突出，观点鲜明，结构严谨，表述准确，文字精练。

（4）文种正确，格式规范。

（5）深入调查研究，充分进行论证，广泛听取意见。

（6）公文涉及其他地区或者部门职权范围内的事项，起草单位必须征求相关地区或者部门意见，力求达成一致。

（7）机关负责人应当主持、指导重要公文起草工作。

需要特别指出的是，由于正文是公文的核心部分，因此需要特别注意。一般来讲，正文内容要准确地传达党和国家的有关方针、政策，实事求是，有的放矢，明确具体；写作上要力求条理清楚、简洁规范，切忌杂乱分散、拖沓。除综合性内容的公文外，一般要求一文一事，以便于分送和处理。

任务一　通知、通告、通报

任务导入

2023扬州鉴真国际半程马拉松暨大运河马拉松系列赛（扬州站）将在江苏省扬州市举行。为确保比赛顺利进行，市区部分路段交通处于管控状态。那么作为道路交通的主管部门扬州市公安局交通警察支队将以什么文种来告知百姓呢？

理论点拨

一、通知

（一）通知的概念和特点

通知是适用于发布、传达要求下级机关执行和有关单位周知或者执行的事项，批转、转发公文的公文。它是最常用的行政公文，根据其作用可分为五种：发布性通知、批转性通知、事项性通知、会议通知和任免通知。其特点：

1. 应用广泛

在所有公文中，通知的使用是最广泛的。首先，不受机关或组织性质、级别的限制。其次，通知不受内容轻重繁简的限制，比较灵活、实用。

2. 使用频率高

因为通知适用范围广泛，行文简便，写法多样，所以在现行公文中使用频率最高。

3. 内容单纯，行文简便

一件通知一般只布置一项工作事项，对写作的格式无严格要求，与其他指令性公文相比较，显得灵活简便。

（二）通知的种类

（1）发布性通知。发布性通知是上级机关发布一般行政法规、条例、办法等公文时所用的通知。

（2）批转性通知。批转性通知包括批转通知、转发通知两种。

① 批转通知。它是用于上级机关单位认为某一下级机关单位上报的报告或其他文件具有普遍意义，于是对下级机关单位的文件加上批语，用通知的形式发给所属各下级机关单位，做工作借鉴、参考或执行。

② 转发通知。它是上级机关单位、同级机关单位或不相隶属机关单位发来的公文，对本机关所属下级机关单位具有指示、指导或参考作用，加上按语，用通知形式转发给下级机关。

（3）事项性通知。事项性通知是对下级机关工作有所指示和安排，将最近决定的有关事项告知受文单位的通知。

（4）会议通知。会议通知是召开比较重要的会议之前，把有关事项告知给有关单位和人员时使用的通知。

（5）任免通知。上级机关在任免下级机关的领导人或上级机关的有关任免事项需要下级机关知道时，要发任免通知，如《××旅游学院关于李××等三位同志担任处长职务的通知》。

（三）通知的结构和写法

通知一般由标题、主送机关、正文三部分组成。

（1）标题。通知的标题一般有两种写法：

一是完全式标题，即由发文机关、事由和文种构成。如“文化和旅游部办公厅关于进一步规范旅游市场秩序的通知”。

二是由事由和文种构成，如某县发的“关于启动中国旅游强县创建试点工作的通知”。如果通知的内容紧急，可在标题中“通知”二字前加上“紧急”二字，如“武汉市文化和旅游局关于切实做好元宵节期间旅游安全工作的紧急通知”。

批转性通知的标题按照条例“准确简要”的规定，省略文种，即“批转（或转发）+（始发机关）原文标题”，如“安徽省文化和旅游厅转发文化和旅游部办公厅关于恢复旅行社经营中国公民赴有关国家和地区（第三批）出境团队旅游业务的通知”。

（2）主送机关。通知通常有特定的受文者，要标明主送机关。有些在大众媒介上发布的告知性通知，因受文范围广，可不写主送单位名称。主送机关在标题下，正文前顶格书写。

（3）正文。通知的正文一般包括通知缘由、通知事项、通知要求三部分。不同种类的通知正文写法不完全相同。

① 发布性通知的正文都很简短，只需写明发布的意义和目的，提出执行的要求就可以了。

② 批转性通知的正文一般包括转发对象和批示意见两个部分。转发对象部分要写明被转发的公文的名称及原发单位名称。批示意见根据实际情况，可长可短。不仅要表明本机关的态度，还要结合本地区、本单位、本部门的实际情况做出具体的指示性意见。对下级机关要求的通常用语有“参照执行”“遵照执行”“研究执行”“认真贯彻执行”等不同的提法。要根据所批转或转发文件的具体情况，选择合适的词语。

指示性通知的正文的缘由部分可以写发出本通知的依据和目的，也可写发出本通知的意义，文字应力求简短概括，然后用“特作如下通知”或“特通知如下”转入通知的内容。通知的事项大多分条写明，具体地提出要求和措施、办法。指示要明确，要切合实际。

③ 会议通知的正文一般包括召开会议的机关、会议名称、会议起止时间、会议地点、会议内容和任务、参加会议人员的条件和人数、报到时间及地点、与会人员所携带的文件材料等内容。

④ 任免通知的正文要写清决定任免的时间、机关、会议或依据文件以及任免人员的具体职务。

⑤ 一般性通知的正文要交代需办什么事、什么时间完成和要求等。

（4）落款和成文日期。通知落款的写法与其他公文落款的格式基本相同。如果发文机关的名称在标题中已经写明，正文之后也可以不写落款，但应加盖机关印章。成文日期可写在全文末尾的右下方，有的也可以提前，置于标题之下。

（四）通知的写作要求

拟写通知，主题要集中，重点要突出，措施要具体，并且还要讲求实效，以便提高效率，不要贻误时机。

☞【同步案例 2-1】

文化和旅游部办公厅关于公布2023年文化和旅游部部级社科研究项目委托立项名单的通知

办科教发〔2023〕66号

各省、自治区、直辖市文化和旅游厅（局），新疆生产建设兵团文化体育广电和旅游局，本部各司局，中国艺术研究院、国家图书馆、故宫博物院、中国国家博物馆、中国歌剧舞剧院、国家艺术基金管理中心、中国旅游研究院、文化和旅游部旅游质量监督管理所：

2023年文化和旅游部部级社科研究项目推荐工作已完成，经评议，共35个项目获得委托立项，现将名单予以公布。

请各有关推荐单位加强管理，指导各项目组按时高质量完成课题研究、成果报送和结项等相关工作。

特此通知。

附件：2023 年文化和旅游部部级社科研究项目委托立项名单

文化和旅游部办公厅

2023 年 3 月 31 日

（资料来源：文化和旅游部网站）

【同步案例 2-1】分析

这是一则发布性通知。正文内容简短，并提出要求。当有多个主送机关时，分类书写，并用逗号隔开，每类中不同机关用顿号区别，最后写上冒号。

☞**【同步案例 2-2】**

文化和旅游部公共服务司关于做好 2023 年全国“村晚”示范展示活动有关事项的通知

公共函〔2023〕1 号

各省、自治区、直辖市文化和旅游厅（局），新疆生产建设兵团文化体育广电和旅游局，文化和旅游部全国公共文化发展中心：

根据《文化和旅游部公共服务司关于开展 2023 年全国“村晚”示范展示活动的通知》（公共函〔2022〕24 号）要求，文化和旅游部公共服务司在各省级文化和旅游行政部门申报推荐的基础上，经研究确定了 2023 年全国“村晚”示范展示点名单。现将名单予以公布，并就做好 2023 年全国“村晚”示范展示活动有关事项通知如下：

一是深入学习宣传贯彻党的二十大精神。紧紧围绕学习宣传贯彻党的二十大精神，依托“村晚”编排创演群众喜闻乐见的文艺节目，以生动鲜活的方式，推动党的二十大精神在基层落地生根。

二是安全有序开展。统筹做好疫情防控和文化惠民工作，活动实施要根据疫情形势动态调整，严格落实安全生产责任制和意识形态工作责任制，推动“村晚”活动线上线下有序开展。

三是精心组织实施。创新“村晚”形式，彰显区域特色，积极参与小年接力展播等全国活动。做好直录播工作，及时向全国公共文化发展中心提交直录播申请。向基层群众推送“村晚”观看指南，组织引导群众线上线下观看“村晚”，制作“村晚”短视频，参与短视频平台“我的村晚我的年”话题，扩大活动覆盖面，丰富基层群众文化生活。全国乡村村晚联盟成员单位积极参加 1 月 15 日在浙江省丽水市举办的 2023 全国乡村村晚联盟大会暨“百县万村”网络联动活动。

四是加大宣传推广力度。配合央视频、国家公共文化云等做好宣传推广工作，充分协调发动各级各类媒体宣传推介“村晚”相关活动。

五是做好信息报送工作。在活动实施过程中注意收集、整理相关文字、图片及视频资料，统计“村晚”活动场次、参与人次等信息，总结2023年“村晚”活动的新趋势、新特点，并于2月6日前报送文化和旅游部公共服务司。

联系方式：

（一）文化和旅游部公共服务司

010-59881722，ggshdc@mct.gov.cn（邮箱）

（二）文化和旅游部全国公共文化发展中心

刘晶13146563150，42809286@qq.com（邮箱）

特此通知。

附件：2023年全国“村晚”示范展示点名单

文化和旅游部公共服务司

2023年1月6日

（资料来源：文化和旅游部网站）

【同步案例2-2】分析

这是一则事项性通知。通知关于举办全国“村晚”示范展示活动的有关事项，并要求遵照执行。正文开头说明根据，主体部分分条列项说明，最后自然收尾，并附附件；落款盖章，成文时间采用阿拉伯数字。

☞**【同步案例2-3】**

××部办公厅关于批转《国家民航局关于运输动物菌毒种样本病料等有关事宜的通知》的通知

×办［2017］55号

各省、自治区、直辖市畜牧兽医（农业、农牧）厅（局、办、委），新疆生产建设兵团农业局、中国动物疫病预防控制中心、中国兽医药品监察所、中国动物卫生流行疾学中心、中国农业科学院哈尔滨兽医研究所、中国农业科学院兰州兽医研究所：

为做好通过民用航空运输动物病原微生物菌（毒）种或者样本以及动物病料，近日国家民航局下发了第4487号文件，关于运输动物菌毒种样本病料等有关事宜。现转发给你们，请按照国家民航局的要求，加强与当地机场与航空公司联系，切实做好民用航空运输动物病原微生物菌（毒）种或者样本以及动物病料工作。

附件：关于运输动物菌毒种样本病料等有关事宜的通知

××部办公厅

2017年12月25日

【同步案例 2-3】分析

这是一则批转、转发性通知，该通知存在多处错误。

（1）标题错误。首先，除法规、条例和规章加书名号之外，标题中一般不出现标点符号；其次，此文属于转发不相隶属机关之间的公文，使用“转发”，而非“批转”，因为“批转”适用于批转下级机关的公文；最后，“××部办公厅”后的“关于”与“国家民航局”之后的“关于”使用重复，删去第一个“关于”，标题文种表述重复，删去多余的“的通知”。因此，标题的正确表述应该为“××部办公厅转发国家民航局关于运输动物菌毒种样本病料等有关事宜的通知”。

（2）发文字号中的括号使用不规范，应该为六角括号〔2017〕，而非四角括号［2017］。

（3）在批转、转发行通知中，正文应写明被转发文件的全称和文号，因此可以改为“近日国家民航局下发了《关于运输动物菌毒种样本病料等有关事宜的通知》（局发明电〔2017〕4487 号）”。

二、通告

（一）通告的概念和特点

通告是在一定范围内公布应当遵守或者周知的事项。其特点：

（1）知照性。通告的内容均为需要相关机关、单位和个人周知的事项。

（2）实用性。通告往往用于说明或解决具体问题而制发。

（3）广泛性。通告的使用范围非常广泛。

（4）法规性。通告在某种情况下具有法律效力与行政约束力。

（二）通告的种类

1. 知照性通告

这类通告为告知一些应当知道或需要遵守的简单事项，如“关于治理、整顿旅游景点的通告”。

2. 办理性通告

这类通告为办理一些例行事项，其内容如注册、登记、年检等。

3. 行止性通告

这类通告为公布一些令行禁止类事项，其内容如查禁淫秽书刊、收缴非法枪支、加强交通管理、查处违禁物品等。

（三）通告的格式与写法

（1）标题。通告的标题有三种组成方式。

①“发文机关+事由+文种”，如“中华人民共和国公安部关于收缴非法持有的枪支弹药的通告”。

②“发文机关+文种”，如“××省文化和旅游厅通告”。

③“事由+文种”，如“关于禁止学生酗酒的通告”。

（2）正文。通告正文一般包括通告缘由、通告事项或通告规定、通告结语三部分内容。

① 通告缘由。这部分要写明发布本通告的原因、依据和目的，要求说理充分，文

字简明，末句用“特通告如下”或“现将有关事项通告如下”等惯用语引起下文。

② 通告事项或通告规定。这部分是正文的核心，要具体写明本通告的有关事项和有关规定。如果事项或规定的内容较多，可用分条列项的办法写出，一条写一个内容，文字表达要准确、严密、通俗，语气要坚定庄重。

③ 通告结语。要简明扼要地提出执行日期、措施及希望、要求等，或采用“特此通告”之类惯用语作为结尾。有些通告，也可以没有结语。

④ 印章与发布日期。与其他公文相同，有的通告，发布日期也可以写在标题之下。

（四）通告的写作要求

（1）通告的内容要一文一事，实事求是，主旨明确。

（2）通告的事项要能阐明中心并做到条理清晰，结构严密。

（3）通告的文字要力求明白确切，语气严肃庄重。

☞【同步案例 2-4】

关于文化部直属企业负责人 2016 年度薪酬情况的通告

为加强文化部直属企业负责人薪酬信息公开工作，更好地接受职工监督，根据人力资源和社会保障部有关通知精神，现将文化部直属企业负责人 2016 年度薪酬情况予以公开披露，详见以下相关链接。

中国对外文化集团公司

http：//caeg. cn/whjtgs/jtdt/201711/c832cfce31a0463e8cd485b630256018. shtml

中国文化传媒集团有限公司

http：//www. ccmg. cn/xinwen/yaowen/201711/p020171108509065286385. pdf

中国东方演艺集团有限公司

http：//www. dfyanyi. com/NewsDetail. aspx？PartNodeId = 7&ArticleID = 4691

中国动漫集团有限公司

http：//www. acgnet. cn/code111/gsgg2/201711/570bed9af1b24856b218e2ad7401a7e6. shtml

中国数字文化集团有限公司

http：//www. cdcgc. com. cn/zxyw_ xx. asp？id = 588&lb = 7

各企业负责人 2016 年度薪酬情况表中披露薪酬为全部应发税前薪酬。其中，“应付薪酬”项由文化部核定。

文化部人事司

2018 年 2 月 25 日

（资料来源：原文化部网站）

【同步案例 2-4】分析

这是一则事项性通告。通告的标题表明事由，省略收文单位，开头阐述发文事由，内容直接在正文中表述出来，告知具体通告事项。

☞【同步案例 2-5】

北京园博会期间对部分道路采取交通管理措施的通告

第九届中国（北京）国际园林博览会（以下简称“园博会”）定于 2013 年 5 月 18 日至 11 月 18 日在北京市丰台区长辛店北部举行。为保证“园博会”期间道路交通安全畅通，根据《中华人民共和国道路交通安全法》的有关规定，决定自 5 月 18 日起至 11 月 18 日止，对丰台区园博园地区及周边道路分时、分段采取交通管理措施。现通告如下：

一、5 月 18 日至 11 月 18 日，每日 7 时至当日活动结束，园博大道由园博园南路口（不含）向北经园博大道、射击场路至射击场路中口（不含）双方向道路，除持有“园博会”组委会核发专用车证的车辆、公交专线车、公交接驳车辆外，禁止其他社会车辆通行。

二、5 月 18 日至 11 月 18 日，每日 8 时至 20 时，园博园南路由园博园桥（不含）至张郭庄路口（不含）、北宫路由北宫路北口（不含）至园博大道西口（不含）双方向道路，园博大道、长顺一路、长顺二路、园博西一路，禁止货运机动车、危化品运输车通行。

三、“园博会”期间，请观众尽量选择乘坐公共交通工具前往。观众可由北京南站、北京西站、地铁慈寿寺站、地铁西局站换乘公交专线车或乘地铁 14 号线前往园博园。公交专线车开通时间和线路，由公交部门另行发布。

四、“园博会”期间，通行京港澳高速公路、莲石路、梅市口路的过境车辆，可分别由下列道路绕行：

1. 城区前往门头沟地区的车辆，可由阜石路绕行。

2. 经京港澳高速公路杜家坎收费站出京的车辆，可由大广高速公路、西六环路绕行。

请社会单位及各界群众提前安排出行路线，并给予理解支持，自觉遵照执行。

特此公告。

【同步案例 2-5】分析

本则通告存在下列错误。

（1）标题此处的发文机关名称不能省略，因为文后落款处已省略，所以应加上发文机关名称“北京市公安局”，或在落款处署上“北京市公安局”。

（2）本文为通告，而非公告，因此正文结尾处的习惯用语应改为“特此通告”。

三、通报

（一）通报的概念和特点

通报适用于表彰先进、批评错误、传达重要精神和告知重要情况。

通报的特点：

（1）反映问题的真实性。通报的内容必须真实准确，应经过核实，做到确凿可靠。

（2）反映事物的典型性。无论是表彰还是批评或者是告知情况，所反映的事物都必须具有代表性和典型性，这样才能起到感召、宣传、教育的作用。

（二）通报的种类

（1）表扬性通报。它主要用于表彰先进，即选择典型，在一定范围内加以表扬，号召大家学习。

（2）批评性通报。它主要用于批评错误、揭露问题，处理责任事故，达到惩戒、教育的目的。

（3）情况通报。它主要用于传达上级指示或会议精神，通报工作与活动的进展情况及动向、问题。

（三）通报的结构和写法

通报一般由标题、主送机关、正文组成。

（1）标题。通报一般为完全式标题，即由发文机关、事由和文种构成。有的可省略发文机关，由事由和文种构成，如“关于××情况的通报”。

（2）主送机关。通报一般需要写明主送机关，如果受文范围较广，可省略不写。其书写格式与其他公文相同。

（3）正文：通报的正文通常由以下部分组成。

① 主要事实。这一部分主要写明典型事例发生的时间、地点、有关人物或单位、事情的主要经过和情节、表现等。叙述事例文字应详略得当，表述要简洁平实。

② 分析事例的教育意义。这一部分应着重指出通报事例的重要意义或严重后果，揭示其中实质性问题，从现象到本质加以认真分析，使人们对其有较为完整的认识。此部分内容分析要切合实际，议论要有分寸。批评性通报中对原因的分析是重要部分，要抓住问题的实质，指出其严重性和危害性，以引起普遍重视。

③ 提出要求。根据不同的实际情况，表明发文机关对事件或人物做出的处理、表彰决定，向下级机关提出要求、应采取的措施和规定。

（四）通报的写作要求

（1）及时、快速。

（2）材料必须新颖、典型，具有代表性。

（3）通报的材料必须调查核实。

【同步案例 2-6】

文化和旅游部关于公布文化和旅游市场信用经济发展试点工作验收结果和对典型经验做法给予表扬的通报

文旅市场发〔2023〕20 号

各省、自治区、直辖市文化和旅游厅（局），新疆生产建设兵团文化体育广电和旅游局：

为贯彻落实党中央、国务院关于健全社会信用体系的决策部署，文化和旅游部开展了为期一年的文化和旅游市场信用经济发展试点工作。根据《文化和旅游部办公厅关于开展文化和旅游市场信用经济发展试点验收工作的通知》（办市场发〔2022〕157号）有关安排，经自查自评、省级初审、专家评审、台账校验、监测评估等程序，完成了试点验收工作。现将有关情况通报如下。

一、试点验收结果

辽宁省大连市、上海市黄浦区、重庆市武隆区、四川省乐山市峨眉山市 4 个试点地区验收结果为优秀。

江苏省镇江市、浙江省宁波市奉化区、山东省威海市荣成市、山东省日照市、湖北省武汉市、广东省广州市、广西壮族自治区桂林市、重庆市铜梁区、甘肃省张掖市、青海省海西州 10 个试点地区验收结果为合格。

上述 14 个试点地区在文化和旅游市场信用经济发展试点工作中充分发挥积极性、主动性和创造性，在提升信用监管效能、探索信用交易模式、拓展信用应用范围等方面形成了一批典型经验做法。对上述试点地区和负责单位予以通报表扬。

二、工作要求

各级文化和旅游行政部门要坚决贯彻落实党中央、国务院关于健全社会信用体系的决策部署，深刻认识信用经济发展的重大意义，着力推动理念创新、制度创新、管理创新、模式创新，充分发挥信用在助企纾困、扩大消费、激发市场活力方面的基础性作用。要主动对标先进，立足本地实际，学习借鉴典型经验做法，加强组织领导，结合工作职责，积极协调、指导推进典型经验做法的宣传和推广工作。各省级文化和旅游行政部门要加强跟踪督促，在推广典型经验做法中遇到的相关问题，及时报送文化和旅游部市场管理司。

文化和旅游部

2023 年 2 月 14 日

（资料来源：文化和旅游部网站）

【同步案例 2-6】分析

这是一则考核结果的表扬通报。首先，通报了文化和旅游市场信用经济发展试点工作验收结果；其次，对上述试点地区和负责单位予以通报表扬；最后，对各级文化和旅游行政部门提出要求。整篇通报既对优秀旅游企业起到表扬宣传的作用，又对涉及的旅游企业提出要求，全文简洁明了，语气庄重，体现了上级机关的权威性。

☞**【同步案例 2-7】**

×××地方税务局关于“全省地税系统优秀税官”的通报

×地税发〔14〕70 号

各省辖市地方税务局、本局各单位、各党委：

近年来，全省地税系统广大干部职工认真学习贯彻党的十八大精神，全面贯彻落实科学发展观，坚持“聚财为国，执法为民”的税收工作宗旨，紧紧围绕富民强省和“两个率先”工作大局，努力打造“三个一流”，涌现出一大批开拓进取、爱岗敬业，在本职工作岗位上做出突出贡献的先进个人。为表彰先进，树立典型，激励广大地税干部为地税事业又好又快发展多做贡献，经研究给予通报表彰。

希望大家谦虚谨慎，珍惜荣誉，再接再厉，在今后的工作中做出新的更大的成绩。全省地税系统广大干部职工要以先进典型为榜样，学习他们的优秀品质和先进事迹，努力营造崇尚先进、学习先进、争当先进的良好氛围，立足本职，开拓创新，奋发进取，积极投身到打造“三个一流”工程中去，为地税事业又好又快地发展做出自己应有的贡献。

附件：《全省地税系统优秀税官名单》

二零一四年七月五日

【同步案例 2-7】分析

这是一则表彰性通报，存在几处错误。

（1）标题中的引号删去，另外，从正文中我们可以得知此通报为表彰性通报，因此在“关于”后一般要加上“表彰”字样。

（2）发文字号六角括号中的年份要写完整，应改为〔2014〕。

（3）发给直属下级的各主送机关一般为同一系统的平级机关，而文中的“各党委”与发文机关不属于同一系统。

（4）正文中对表彰对象表述模糊，既然是优秀税官，而且文后附有名单，就说明不是所有的税务工作者，相应的第二段第一句“希望大家”改为“希望受到表彰的同志”。

（5）附件内容不加书名号，应删去。

（6）成文时间应为阿拉伯数字，即 2014 年 7 月 5 日。

任务二　报告、请示、批复

任务导入

小张毕业后就职于某市旅游推广中心。某日，办公室李主任给他布置了一项写作任务：由于公司新招聘了一批员工，现有的办公设备（电脑、打印机等）无法满足工作需要，需要向总公司申请购买一批新的办公设备（电脑、打印机等）。小张思考了一下，撰拟了一则《关于购买办公设备的报告》，可李主任阅后却说文种选择错误。那么小张应该选择什么文种呢？

理论点拨

一、报告

（一）报告的概念和特点

报告是下级机关向上级机关汇报工作，反映情况，回复上级机关的询问时使用的公文。其特点如下。

（1）汇报性。报告的汇报主要以事实和具体数据为主，多采用叙述的方式，直陈其事。

（2）单向性。报告的行文方向具有单向性，是下级机关向直属上级或业务主管部门汇报工作、反映情况，一般不要求得到回复或批示。

（二）报告的种类

（1）工作报告。它是指工作进行到一定阶段，以书面形式向上级机关汇报的材料。

（2）情况报告。它是指就某一问题或某一偶发事件，向上级写的情况汇报。

（3）呈转报告。它是指下级机关向上级机关提出自己的工作安排、设想和建议，期望得到上级的认可和采纳，转有关单位执行的报告。其结束语是“以上报告如无不妥，请批转有关单位执行”。

（4）答复报告。它是下级机关答复上级机关询问时使用的报告。

（5）报送报告。它是下级机关向上级机关报送文件、物件时，随文随物写的报告。

（三）报告的基本格式和写法

报告一般由标题、主送机关、正文组成。

1. 标题

报告的标题，通常有两种组成方式：

一是完全式标题，即由发文机关、事由和文种构成，如“文化和旅游部积极保护文化遗产的工作报告”。

二是由事由和文种构成，省略发文机关，如“关于2013年度旅行社安全检查情况报告”。

有的报告内容紧急，则在标题中“报告”两字前加上“紧急”字样。

2. 主送机关

主送的领导机关名称应在标题下、正文前顶格写明。

3. 正文

报告的正文一般由以下几部分组成。

（1）报告的缘由。以简要概括的语言，写明报告的原因、依据和目的，要开门见山，直陈其事。而后用“现将有关情况报告如下”之类承启语，转入报告主体。

（2）报告的事实和问题。本部分为报告的核心、主体。要重点写明工作进展情况，采取的措施及取得的成效，存在的问题、不足，对今后工作的意见；或写明事情发生的基本情况，对事情做出准确分析、评价，说明处理结果或提出处理意见等。

（3）结束语。常见的报告结束语有两种：一种是根据报告的事实或问题提出几点建议或意见，供领导参考；另一种是用“特此报告”或“请指正”“请审查”等作结束语。呈转报告常用“以上报告如无不妥，请予批转执行”等结束语。

（4）落款和日期。写在正文之后，写法与一般公文相同。

（四）报告的写作要求

（1）要明确写作目的。一是要根据目的确定报告的种类，二是要根据目的选择典型材料和重点内容。

（2）报告的内容要真实、可靠，不能弄虚作假。

（3）报告要及时。完成某项工作或者解决问题之后，及时报告。

撰写报告，必须掌握实际材料，让事实说话；还要及时报告，不失时机；另外，在报告中不能夹带请示事项。

☞【同步案例 2-8】

贯彻省政府《关于加快旅游产业发展的若干意见》的情况报告

省政府：

20××年，全省旅游产业发展大会圆满召开后，××省人民政府于5月9日正式下发了《关于加快旅游产业发展若干意见的通知》，省旅游局高度重视抓好文件的贯彻落实，及时将新出台的通知转发到各设区市、县旅游局，国家旅游度假区，四星级以上旅游饭店，国际旅行社，推进各设区市的旅游业发展。紧接着省政府召开了专题会，对落实政策问题进行了任务分解，由有关处室与省直有关单位进行具体协调。省政府办公厅于8月18日正式下发《××省人民政府办公厅印发关于加快旅游产业发展若干意见的任务分解表的通知》，我局及时给予转发，有力推动了省政府扶持旅游业发展政策的贯彻落实，进一步推动了我省旅游业快速发展。20××年，全省接待入境游客172.90万人次，比上年增长15.5%。旅游外汇收入10.65亿美元，比上年增长16.4%。接待国内游客4 643万人次，比上年增长25.1%；国内旅游收入462.59亿元；旅游总收入550.74亿元，比上年增长42.2%，相当于我省国内生产总值的9.17%。

半年多来，省旅游局为推动有关政策贯彻落实，进行了反复协调、联络、督办，取得了较好成效，6月至7月，先后两次专门下文给各设区市旅游局，要求及时汇报各设区市贯彻省政府扶持旅游产业发展政策的进展情况。并于12月对该项工作落实情况进行汇总。目前，全省已有9个设区市政府成立了旅游产业领导小组，8个设区市召开了旅游产业发展工作会议，8个设区市出台了加快旅游产业发展扶持政策。省直有关部门认真采取切实措施，落实相关工作任务，扶持旅游产业发展的优惠政策和文件都已拟制或正式出台。现将主要情况汇报如下。

一、各设区市的贯彻情况

（一）迅速行动，认真抓好传达贯彻工作。（略）

（二）抓紧成立各设区市旅游产业发展领导小组。（略）

（三）研究出台本市扶持旅游产业发展的政策。（略）

二、省直有关部门贯彻落实优惠政策的情况

（一）广辟筹资渠道，加大投入力度，做好旅游资金的科学分配和投入，积极扶持旅游行业加快发展。（略）

（二）加快以旅游交通为重点的旅游基础设施建设，完善和加强旅游网络基础设施建设。（略）

（三）关于免征客运附加费，财政贴息贷款买车的问题。（略）

（四）星级宾馆、饭店用水、用气实行工业企业用水、用气价格以及对旅游团入住

星级饭店免征副食品价格调节基金等有关事项。(略)

(五) 关于减半征收电话中继线管理费问题。(略)

(六)《××省旅游产业奖励办法》经省旅游局各处室多次会稿修改，并与省财政厅进行多次会商，现已完成第五稿，拟以××省旅游产业发展领导小组名义出台。(略)

三、省旅游局的贯彻情况

(一) 科学规划，有效整合旅游资源，组织专家完成全省滨海旅游总体规划，确保旅游产业可持续发展。(略)

(二) 扩大开放，拓展旅游区域协作。(略)

(三) 加强调查研究，争取尽快出台《××省旅游资源开发管理办法》，促进旅游资源有序开发。(略)

(四) 合理安排旅游节庆活动，侧重抓好新闻媒体宣传，不断加大宣传力度。

(五) 进一步整顿和规范旅游市场秩序，强化旅游行业管理。(略)

(六) 整合教育资源，加强全省各级、各类旅游专业建设。(略)

特此报告，请审阅。

××省旅游局

20××年××月××日

【同步案例 2-8】分析

这是一则情况报告。就本单位如何贯彻省政府《关于加快旅游产业发展的若干意见》向上级做了报告。首先，概述了半年来贯彻省政府《关于加快旅游产业发展的若干意见》所取得的成绩；其次，具体阐述了贯彻省政府《关于加快旅游产业发展的若干意见》的一系列做法；最后，落款。

二、请示

(一) 请示的概念和特点

请示是下级机关向上级机关请求指示、批准时使用的公文。上级机关指有隶属关系的上级机关，即本机关的直接上级机关，包括领导与被领导的关系和业务上指导与被指导两种情况。其特点：

(1) 单一性。请示的内容单一，一般要求一文一事。

(2) 期复性。请示是请求得到上级机关的指示和批准，希望得到明确答复。

(3) 时效性。上级机关受文后要及时研究，无论同意与否，都应尽快做出批复，不宜拖延不复，否则将影响下级机关正常工作的开展。

(二) 请示的种类

根据行文目的可分为请求指示的请示、请求批准的请示、请求批转的请示、请求帮助的请示等。

(三) 请示的基本格式和写法

请示一般由标题、主送机关和正文组成。

1. 标题

请示的标题，通常有两种写法。

一是完全式标题，即由发文机关、事由和文种构成，如“广东省文化和旅游厅关于旅行社企业在本省区域内开展团队旅游经营活动有关事宜的请示”。

二是由事由和文种组成，省略发文机关，如“关于参加华东五省旅游宣传促销活动的请示”。

请示的标题在使用动词时，不能与文种词语重复，即一个标题中不能出现两个请示。在表述主要内容时，一般只宜使用一个动词，如“关于请求批准购买×××的请示”这个标题，其中“请求批准”应删去。

2. 主送机关

请示的主送机关只能写一个，即上级主管机关的名称。

3. 正文

请示的正文一般由以下部分组成。

（1）请示缘由。这部分是请示全文的导语，应开门见山，直接写明提出请示的原因、理由。文字要简洁，一般用叙议结合的表达方式，要求理由充分，言简意赅，清楚明白，尤其要注意行文语气，不可摆出论辩架势或使用教训口气。

（2）请示的具体事项和意见。这部分是全文重点，在向上级说明缘由之后，要提出请示的具体事项，即要求上级给予指示、批准的具体内容。请示事项要求真实、具体、准确，不能含糊笼统。有时还可以提出自己的意见和建议，供上级选择。但是行文者必须表明自己希望上级批准哪种意见，并说明理由，不能只是提出问题，期待给予答复。

请示是请求上级办事，因而行文语气要委婉，要体现出对上级的尊重，尽量用商量的口吻提出看法和要求。

（3）请示结束语。可用“特此请示”“专此请示”“以上请示当否请批复”等作结语，一般应另起一行书写。

4. 落款和日期

如果标题中已有发文机关名称，落款可省略，只要在正文之后标明成文日期即可。如果标题中没有发文机关名称，则在文后先落款再写上成文日期。

（四）请示的写作要求

（1）贯彻“一文一事”的原则，如请求解决的问题多，可分几次写。

（2）明确呈报的主送机关，不要搞多头请示。

（3）一般不得越级请示。

（4）请示应主动提出解决问题的意见、建议方案、办法，供上级研究时参考。

（5）请示的篇幅一般不宜过长，如果需要反映某些详情和数据，可列入附件。

（五）请示与报告的区别

请示与报告都是上行文，都要反映情况，陈述意见，使用时要明确两者的区别：

（1）行文目的不同。请示的主要目的是向上级机关请求指示和批准，它需要上级机关对所请示的事项给予答复、审批或解决；报告的主要目的是供上级了解情况，以便上级加强领导，它一般不需要回复。

（2）行文时限不同。请示必须事前行文，请求批复，按照组织原则和职权范围，不能先斩后奏；报告则事前、事中、事后都可以行文。

（3）内容结构不同。请示一般要求一文一事，内容具体单一，行文结构较为稳定；报告内容广泛，可一文一事，也可反映多方面的情况，结构不拘一格。

☞【同步案例 2-9】

无锡市旅游局关于创建“国家全域旅游示范区”的请示

锡旅发〔2017〕17 号

无锡市人民政府：

根据国家旅游局关于开展“国家全域旅游示范区”创建工作的通知要求，经研究，无锡市拟申报全域旅游示范市。

无锡自然人文旅游资源丰富，旅游开发较早，经过 30 多年的发展，已成为中国优秀旅游城市、中国旅游知名品牌和全国十佳生态休闲旅游城市。拥有省级以上旅游度假区 7 家、国家等级景区 59 家、旅游饭店 126 家、旅行社 189 家、省星级乡村旅游区（点）86 个，旅游产业的规模在全省位居前列。2016 年，全市实现旅游总收入 1 555.62 亿元，占全省的 15.16%；接待国内外旅游者 8 629.95 万人次，占全省的 12.67%；游客满意度位居全省第一位。各项旅游指标均位列全省前列，无锡已成为我省乃至长三角的旅游大市。

近年来，无锡旅游业紧紧围绕建设“强富美高”新无锡的总体目标，以创新、协调、绿色、开放、共享发展理念为指引，以旅游业供给侧结构性改革为统领，以加快转变旅游发展方式为主线，以提升游客满意度为宗旨，大力推动全域旅游发展。一是坚持规划引领。围绕市委关于“树立‘大旅游’理念，确立旅游战略性支柱产业地位，积极推进旅游产业融合发展”的目标要求，先后编制完成《无锡市“十三五”旅游业发展规划》《无锡市“十三五”乡村旅游发展专项规划》《无锡市城乡旅游交通专项规划》和《无锡市“十三五”旅游休闲度假目的地建设总体策划》，全域旅游发展蓝图基本构建完成。二是加大政策扶持。市委、市政府先后出台《关于加快旅游度假胜地建设的意见》《关于推进现代产业发展的政策意见》《无锡市推进旅游业供给侧结构性改革创新发展行动计划（2017—2020）》等，全方位支持旅游产业发展。三是加快产业融合。推动旅游与工业、农业、文化、教育、医疗、体育、商贸、金融、科技等产业的相互融合，积极培育“旅游+”特色休闲旅游业态，开展“旅游+”特色休闲业态评选活动，满足广大游客多元化、多层次的旅游产品需求。四是完善旅游服务体系。围绕省委常委、市委书记李小敏同志关于“把城市建设与旅游发展结合起来，健全完善旅游基础设施和旅游服务体系，实现城市建设与旅游发展互动并进”的指示精神，持续推进“旅游公共服务提升工程”，加大旅游厕所、停车场、旅游交通标识牌等旅游基础设施建设力度，完善旅游咨询服务体系，建设智慧旅游城市。五是强化旅游市场监管。建立无锡市旅游市场综合监管工作小组，完善环境整治长效机制，落实规范化管理，强化退出机制。积极倡导旅游志愿服务，正式成立无锡旅游志愿者总队。这些都为无锡创建国家全域旅游示范区打下了坚定的基础。

按照“国家全域旅游示范区”创建工作要求，经认真评估、组织材料，认为我市已符合创建“国家全域旅游示范区”的申报条件，现拟向省旅游局正式申报。

特此请示，请予回复。

无锡市旅游局

2017 年 5 月 19 日

（资料来源：原无锡市旅游局网站）

【同步案例 2-9】分析

这是一则请求批准的请示。首先，充分陈述了无锡市申报全域旅游示范市的理由：一是无锡市各项旅游指标均位列江苏省前列，无锡已成为江苏省乃至长三角的旅游大市；二是从五个方面阐述近年来无锡市旅游业紧紧围绕建设“强富美高”新无锡的总体目标，大力推动全域旅游发展所做的努力。其次，提出请示的事项。

☞**【同步案例 2-10】**

关于要求核拨江北区全域旅游发展总体规划编制经费的请示

北区旅〔2018〕7 号

江北区人民政府：

全域旅游是当前国家和省市对旅游工作的重大战略部署。《政府工作报告》提出要创建全域旅游示范区，省委、省政府提出“大花园”“大景区”的建设要求，全市旅游发展大会也发出了加快推进全域旅游发展的动员令。江北区作为宁波的中心城区，一直高度重视休闲旅游业发展，明确四大核心功能的产业定位，以农旅融合为主抓手，深入实施“城乡一体化、全域景区化”发展战略，相继成功入选首批国家农村产业融合试点示范区和第二批省全域旅游示范县（市、区）创建名录。

为加快国家农村产业融合试点示范区和省全域旅游示范区建设，需进一步强化旅游规划的引领和指导作用，并与城乡建设规划、土地利用规划、生态环境保护等相衔接，探索破解农旅项目落实缺乏上位规划难题，系统研究省全域旅游示范区创建。鉴于此，急需委托专业机构编制《江北区全域旅游发展总体规划》，科学指导农旅项目的落地和全域旅游示范区创建。特提请预拨规划编制经费 180 万元。

特此请示，请予批复为盼。

宁波市江北区风景旅游管理局

2018 年 3 月 9 日

（资料来源：原宁波市江北区风景旅游管理局）

【同步案例 2-10】分析

这是一则请求帮助的请示。首先汇报了江北区创建全域旅游取得的成果，接着进一步提出了需要上级帮助的事项“预拨规划编制经费 180 万元”。

三、批复

（一）批复的概念和特点

批复是上级机关答复下级机关请示事项时使用的公文。其特点：

（1）针对性。批复是专门针对请示而制发的。

（2）权威性。批复一经制发就具有约束性，下级机关必须遵照执行。

（3）政策性。批复必须以一定的方针政策为依据，坚持原则，照章办事。

（4）简明性。批复中所回答的内容要紧紧围绕具体的请示事项，态度明确，切忌模棱两可，含糊不清。

（二）批复的格式和写法

1. 标题

批复的标题，要写明批复机关名称、内容与文种。

（1）单介词结构。与一般公文标题的主要内容表述形式基本相同，如“国家旅游局关于开展中蒙边境一日游活动的批复”。

（2）双介词结构。它的表述形式为：（上级发文机关）介词（答复事项）介词（下级受文机关）。如“国务院关于同意在沈阳市进行经济体制综合改革试点给辽宁省人民政府的批复”。

2. 主送机关

主送机关一般为“请示”的来文单位。

3. 正文

批复的正文由以下部分组成。

（1）批复依据。批复的开头通常要引述请示的来文作为批复的依据。如“××××年××月××日来文收悉”或“××××年××月××日《关于××××××的请示》收悉”等。

（2）批复内容。针对请示的事项，做出明确具体的答复。答复事项针对性要强，表达准确。如果同意，必要时还可给予一定的指示；如果不同意，一定要阐明不同意的理由并且做出如何处理的指示，使下级机关有所遵循。

（3）结束语。一般用“特此批复”或“此复”作为结束语。

（4）制发机关印章与成文日期

批复的写法与其他公文相同。

撰写批复，用语要简要准确，语气要肯定，不能用模棱两可、含糊不清的词语。

（三）批复的写作要求

（1）写批复意见必须依照党和国家的方针、政策，针对所请示的问题，并核实请示缘由的真实性，实事求是地给予明确答复。

（2）写批复、意见要明确，不可模棱两可，意见还应力求具体，以利于下级机关执行。

（3）批复是答复请示事项的公文，对请示事项的答复，一定要及时，以免误事。凡请示事项涉及其他部门或地区的问题，批复前要尽快与其协商，取得一致意见，然后统一写成批复意见，以利于下级机关的实施，避免造成政出多门的局面。

（4）批复是一种针对“请示”而发的下行文，起草者必须是受文机关的上级领导或指导机关，否则不能使用这一文种。

☞【同步案例 2-11】

国务院关于同意在海南省暂时调整实施有关行政法规规定的批复

国函〔2023〕23 号

海南省人民政府，海关总署、发展改革委、司法部、财政部、税务总局：

你们关于优化海南离岛免税政策提货方式的请示收悉。现批复如下：

一、同意在海南省暂时调整实施《中华人民共和国海关事务担保条例》的有关规定（目录附后），自 2023 年 4 月 1 日起对符合规定的离岛免税品可提交担保后提前放行。

二、海关总署、海南省人民政府要根据上述调整，及时对本部门、本省制定的规章和规范性文件作相应调整，建立相适应的管理制度。

三、国务院将根据有关政策在海南省的实施情况，适时对本批复的内容进行调整。

附件：国务院决定在海南省暂时调整实施的有关行政法规规定目录

国务院

2023 年 3 月 3 日

（资料来源：中国政府网）

【同步案例 2-11】分析

这是一则表态性批复。来文先引标题，便于受文者明确这是自己哪则请示的批复，然后对请示表态，简洁明了。

☞【同步案例 2-12】

××市文化广电和旅游局文件

×文广旅发〔2022〕29 号

关于同意成立“××旅游开发有限公司”的批复

××乡××村民委员会：

你们报来的关于成立××旅游开发有限公司的申请已收悉。近年来，随着××旅游业的快速发展，对旅游项目开发提出了更高的要求，经审查研究，你村成立“××旅游开发有限公司”，符合《××市旅游发展总体规划》和××旅游业发展的需要。通过对经济、技术、社会影响等因素的综合评价，我局同意由××村民委员会和×××共同出资成立“××旅游开发有限公司”。

请你们按有关规定到工商等部门办理有关手续。

××市文化广电和旅游局办公室

2022 年 7 月 3 日

【同步案例 2-12】分析

这是一则表态性批复。但引述来文时没有具体告知所引请示的日期、标题和发文字号，不符合批复的写作要求。

任务三　函、纪要

任务导入

小张毕业后就职于某市旅游推广中心。某日，办公室李主任给他布置了一项写作任务：由于公司新招聘了一批员工，现要对这批新员工进行岗前培训，打算借用某高职院校的场地开展培训。李主任要求小张拟写一则公文，与高职院校联系借用培训场地。那么小张应该选择什么文种呢？

理论点拨

一、函

（一）函的概念和特点

函是平行机关或不相隶属机关之间相互商洽工作、询问和答复问题、请求批准和答复审批事项时使用的公文。其特点：

（1）功能的多用性。函既可用于平行或不相隶属单位之间就一般事项进行联系、商洽，也可用于平行或不相隶属单位之间对其主要业务范围的某一特殊具体事项的请求批准或予以答复。

（2）行文关系的灵活性。函主要用于平行或不相隶属的单位相互之间的往来。

（3）行文方向的双向性。函既有问函又有复函。

（二）函的种类

（1）按其内容、性质和用途划分，函可以分为商洽函、询问函、答复函、请示函。

（2）按函的行文方向划分，函可以分为发函和复函两大类。

无论是商洽工作、询问事情，还是请求批准事项，主动发函一方撰写的函称为发函，受函机关和单位针对来函所做的答复称为复函。

（三）函的基本格式和写法

函一般由标题、主送机关和正文组成。

1. 标题

函的标题一般为完全式标题，要写明是“函”还是“复函”。如“关于同意海南省三亚市开展对越南旅游业务的函”“西安市文化和旅游局对市政协十四届五次会议第058号提案的复函”。

2. 主送机关

写明受函单位名称。

3. 正文

函的正文一般由以下部分组成。

（1）开头。开头要开门见山，直截了当。如果是发函，开头应说明发函的目的、根据或理由。如果是复函，开头则先引述来文，然后用“经研究，现将有关问题函复如下”等，过渡到下文。

（2）主体。写明所商洽、询问、请示或答复的具体内容。内容要明确具体，条理清晰。

（3）结尾。函一般使用得体的收束语作结尾。如给下级发函常用“以函复为要”“以函复为盼”等；给平级发函常用“以函复为荷”“盼复”等；给上级发函常用“恳请函复”等。给上级回复常用“特此回复”“专此回复”等。

（4）落款和日期。正文结束以后，写上发函机关名称和发函日期。

拟写函，应简短明快，不用套话。平行函应注意措辞，语气要委婉、恳切，讲究礼貌，不可强人所难，忌用指令性的语言。

（四）函的写作要求

（1）表达要简要明白，切忌用语含糊或词不达意。

（2）行文要恳切实在，要直陈其事，切忌拐弯抹角或玩弄词句。

（3）措辞要礼貌得体，正确体现机关的职权范围，既不过分寒暄，也不简单生硬。

☞【同步案例 2-13】

××市旅游集团公司关于委托
××旅游学院举办管理人员培训班的函

××旅游学院：

为了培养新世纪的旅游管理高级人才，我集团公司拟委托你院举办一期管理人员培训班，时间 1 年，人数 30 人，采取脱产学习的形式。学费按你院有关规定支付。

能否接受，请予研究函复。

××市旅游集团公司（盖章）

2023 年 2 月 12 日

【同步案例 2-13】分析

这是一则请求函。由于是向不相隶属单位请求，故用函为合适。

☞【同步案例 2-14】

××旅游学院关于为××市旅游集团公司举办管理人员培训班的复函

××市旅游集团公司：

贵集团公司《关于委托××旅游学院举办管理人员培训班的函》（〔2023〕21 号）

来函已于2月15日收悉。

关于为贵公司举办管理人员培训班的问题，经研究答复如下：

一、同意为贵公司举办管理人员培训班，人数30人，时间1年，脱产学习，开学时间：2023年3月15日。

二、有关学籍管理及实习、收费标准等问题，请参照《××旅游学院关于举办管理人员脱产培训班的规定》中有关条款另议。

特此函复

附：××旅游学院关于举办管理人员脱产培训班的规定

××旅游学院（盖章）

2023年2月18日

【同步案例2-14】分析

这是一则答复函。开头先引来函标题，表示来文收到，然后是复函的意见与表态。最后是附件告知本单位关于培训的一些具体规定。

二、纪要

（一）纪要的概念

纪要是记载会议的主要情况和议定事项时使用的公文。其特点：

（1）提要性。所反映事物是“要”，而不是具体的过程。

（2）纪实性。会议纪要是会议的产物，其内容是对会议精神的真实记录和科学整理，不能有任何虚假成分。

（3）指导性。会议纪要应该成为会后传达贯彻会议精神的重要文件，是开展工作的依据，对会后的各项工作有指导作用。

（二）纪要的种类

指示性会议纪要、研讨性会议纪要和凭据性会议纪要。

（三）纪要的基本格式和写法

纪要一般由标题、正文两部分组成。

1. 标题

会议纪要的标题一般有两种形式。

一是单一式的，如“全国旅游市场研究会议纪要”。

二是复合式的，即正、副标题式，正标题概括会议主要精神，副标题一般由会议名称和文种组成，如“发扬协作精神开辟旅游院校建设新局面——东北三省十市旅游院校协作会议纪要”。

2. 正文

会议纪要的正文一般由以下部分组成。

（1）会议概况。在会议纪要开头部分，以简要的文字写出会议的时间、会期、会址、主持人、参加人员、主要议程和议题等。

（2）会议精神和决定事项。根据会议的原始材料，经分析、概括、加工、整理，把会议的主要精神和成果反映出来，具体写出会议研究的问题、讨论的意见、做出的决定等，这一部分为会议纪要的主体。这一部分常见的写法有：

① 综合记述式，即开门见山地把会议概况、议题、主要讨论意见、决议事项简明扼要地叙述出来。

② 归纳分类式，即把诸多问题分类整理，按其内容联系和逻辑关系等归纳成几个方面，突出会议的中心和目的。

③ 发言摘要式，即按与会人员发言的内容依次摘要整理，如实地反映会议讨论情况、不同的观点和发言人的主要意见。

（3）会议的希望。会议纪要的结尾，一般要提出希望、号召，要求执行会议精神。有些则是正文写完就是全文的结束。

（4）标注会议出席人员。标注出席人员名单，一般用 3 号黑体字，在正文或附件说明下空一行左空两字编排“出席”二字，后标全角冒号，冒号后用 3 号仿宋体字标注出席人单位、姓名，回行时与冒号后的首字对齐。

标注请假和列席人员名单，除依次另起一行并将“出席”二字改为“请假”或“列席”外，编排方法同出席人员名单。

（四）会议纪要的写作要求

（1）要真实、准确地概括会议内容，尤其是会议的决议事项。既要忠实于会议的实际内容，又要做好归纳整理工作。不能随主观意图增减、更改会议的内容。

（2）要突出反映会议的重点内容。这主要是指重点反映会议所讨论的问题及形成的统一意见。

（3）会议纪要的写作要及时，否则会给人以“时过境迁”的感觉，影响会议纪要的指导作用。

【同步案例 2-15】

关于“全域旅游”工作开展情况等工作的会议纪要

（2016 年 3 月 30 日）

3 月 22 日上午，县长毕××主持召开县政府 2016 年第七次常务会议，讨论研究关于“全域旅游”工作开展情况等工作。现纪要如下：

一、关于“全域旅游”工作开展情况

会议听取了县外事侨务旅游局关于 2015 年“全域旅游”工作开展情况及 2016 年工作思路的汇报，讨论了《随县“省级全域旅游示范区”创建工作实施方案》（征求意见稿）、《关于加快旅游业发展奖励办法》（征求意见稿）、《关于对旅行社招徕游客的奖励办法（暂行）》（征求意见稿）、《关于开展旅游扶贫促进农村民宿产业发展的实施意见》（征求意见稿）、《2016 年旅游工作考核办法》（征求意见稿）五个文件。

会议认为：实施“全域旅游”是县委、县政府 2014 年做出的重大决策，国家旅游局在今年全国旅游工作会议上也提出了“全域旅游”的理念，全县上下必须坚定发展旅游业的信心，充分利用随县丰富的旅游资源，举全县之力抓好旅游业发展。

会议议定：(1) 原则同意县外事侨务旅游局起草的《随县“省级全域旅游示范区”创建工作实施方案》(征求意见稿)、《关于加快旅游业发展奖励办法》(征求意见稿)、《关于对旅行社招徕游客的奖励办法（暂行）》(征求意见稿)、《关于开展旅游扶贫促进农村民宿产业发展的实施意见》(征求意见稿)、《2016 年旅游工作考核办法》(征求意见稿) 五个文件，由县外事侨务旅游局根据会议讨论意见进一步修改完善，提交县委常委会研究后以“两办”文件印发。(2) 原则同意成立旅游投资有限公司，由县外事侨务旅游局、县城投公司充分借鉴外地经验，提交县委常委会研究确定。

二、关于随县城区 2016 年第一批棚户区改造项目（一期工程）申请农发行贷款有关情况

会议听取了县城投公司、县财政局关于随县城区 2016 年第一批棚户区改造项目（一期工程）申请农发行贷款有关情况的汇报。

会议议定：同意随县城区 2016 年第一批棚户区改造项目（一期工程）申请农发行贷款 50 000 万元，由县城投公司与市农发行做好对接，争取延长还款期限，降低贷款利率，报县人大常委会审议通过后实施。

三、关于县政府门户网站管理办法（试行）有关情况

会议听取了县委宣传部（新闻中心)、县政府办、县绩效办关于《随县人民政府门户网站管理办法（试行）》有关情况的汇报。

会议认为：县政府门户网站是随县通过互联网对外宣传的重要平台，是政府信息公开的主渠道、公共服务的主窗口、公众互动的主平台，抓好网站建设，很有必要。县委宣传部（新闻中心)、县政府办公室等有关单位要下大力气抓好网站建设，把政府门户网站办成一个信息公开的网站，方便群众网上办事的网站。

会议议定：(1) 同意县委宣传部（新闻中心）起草的《随县人民政府门户网站管理办法（试行）》，县政府办公室对文字进一步审核把关后按照程序印发实施。(2) 同意将县政府门户网站建设纳入“随县绩效管理考核”，由县绩效办调剂 1～2 分作为网站建设考核分值。(3) 县财政每年安排 20 万元经费作为网站运营、维护费用。

四、关于市政府三届七次全体（扩大）会议精神

会议由县政府办、县监察局传达了市政府三届七次全体（扩大）会议精神。

会议要求：(1) 迅速成立随县“行政效率不高、行政执法不公”问题专项整治工作专班，由县委常委、常务副县长徐××同志负责，县监察局牵头，相关部门配合，切实抓好全县“两不”问题专项整治工作。(2) 迅速出台随县《关于开展行政效率不高行政执法不公问题专项整治工作方案》，明确整治时间要求，抓好工作落实，确保取得实效。(3) 迅速召开县政府二届五次全体（扩大）会议，对全县“两不”问题专项整治工作进行安排部署。(4) 工作专班要定期、专项研究“两不”问题专项整治工作，按照工作方案要求，一项一项抓好落实。不管是谁，只要触犯“两不”问题，该批评的要批评，该问责的要问责，要通过专项整治，使政府的工作机制、工作效能、决策机

制得到明显提升。

五、关于2016年财政预算编制有关情况

会议听取了县财政局关于2016年财政预算编制有关情况的汇报。

会议议定：原则同意县财政局提出的2016年财政预算编制方案，县财政局根据会议讨论意见修改完善，报县委常委会议研究后提交县人大常委会审议。

参会人员：××× ××× ××× ××× ×××

列席人员：××× ××× ××× ××× ×××

随县人民政府办公室

2016年3月30日印发

（资料来源：随县人民政府网站）

【同步案例2-15】分析

这是一则工作性会议纪要。会议共讨论了五项工作。用“会议听取了”“会议认为”“会议强调”“会议要求”等习惯用语综述了各项工作的综合意见，层次清楚，成为开展各项工作的依据。

同步习题

1. 2023年是九州旅行社成立20周年，旅行社计划开展系列庆典活动。请你拟定一份举行旅行社成立20周年庆典活动的通知。

2. 阅读下面材料，请为××市文化和旅游局撰写一则通报，要求本市各旅行社自通报发出之日起不许聘用该导游带团，如有违规将严肃处理。

导游张××，女，身份证号32110×××××××××××××，导游卡号××××××，导游证号×××××××，该导游在带团时遇到游客投诉，市文化和旅游局管理处多次联系该导游要求接受调查处理，该导游拒绝接受调查。据查实，该导游已三年没有参加年审，可目前依然在违规带团。

3. 为进一步拓展旅游市场，××市文化和旅游局计划开展促销活动，需要在报纸、电视、文化和网络等新闻媒体刊登广告进行宣传推广。请以此事为由向××市政府申请促销活动经费10万元。请你以××市文化和旅游局的名义撰写一则请示，再以××市政府的名义撰写一则同意拨款10万元活动经费的批复。

4. 九州行旅行社计划新开辟一条旅游线路，但是由于旅游目的地交通不便，想请当地的蓝天旅行社协助解决交通问题，共同开发，共同受益。请以九州行旅行社的名义撰写一则此项协商工作的函。

5. 试以所在班为单位，召开近期组织全班郊游活动的模拟筹备会，并根据会议情况撰写一份会议纪要。

项目三

事务文书

知识目标

（1）了解事务文书的概念、特点、分类；

（2）掌握计划的结构和写作方法；

（3）掌握总结的结构和写作方法。

能力目标

（1）能够在具体工作开始前制订计划；

（2）能够在具体工作结束后撰写总结。

项目概述

事务文书是一种实用性很强的文书，是应用写作的重要组成部分。工作开始前要制订“计划”，工作结束后要撰写“总结”。可见，在我们日常工作中，旅游事务文书发挥着越来越重要的作用。作为旅游从业者熟练掌握事务文书的写作是一项重要的技能。

一、事务文书的概念

事务文书是党政机关、社会团体、企事业单位或个人在日常工作或生活中处理日常事务的实用性文书。事务应用文因其在日常行政事务中被经常使用，也被称作“机关事务文书”。

二、事务文书的特点

（一）对象比较具体

事务文书虽然不像行政机关公文那样，必须写明有公文处理责任的主送机关，但其写作对象也是十分明确的。一份事务文书是为哪些人撰写的，要求哪些人了解并使用，都很具体。例如，一个单位的工作计划和总结，它的写作对象就是这个单位的职工。事务文书的撰写者，首先要对写作对象的范围和特点有充分的了解。

（二）格式比较固定

对事务文书的格式，虽然不像对行政机关公文那样，有着非常严格的规定，但在长期的使用中，各种事务文书也大都形成了比较固定的惯用格式。在写作中遵循这些规则，能使写出的事务文书合乎规范，便于人们使用。

（三）写法比较实际

各类事务文书都是为了解决实际问题、处理实际事务而撰写的，撰写事务性文书要以能够满足实际需要为原则。在事务文书写作中，观点的确立、材料的运用既要切合实际，又要具体扎实。

（四）时限比较紧迫

事务文书非常讲究时效性。为完成工作或解决问题而撰写的事务文书，只有在限定的时间内及时完成，才能发挥其应有的作用。例如，工作计划必须在工作开展之前写出，否则就失去了意义；工作总结则必须在工作结束之后不久写出，否则它的价值就会大大降低。

三、事务文书的分类

事务文书按照不同的标准，可以分为不同的种类。常用的事务文书有以下几类。

（1）计划类，如计划、规划、安排、要点、方案、设想等。

（2）总结类，如总结、述职报告、鉴定等。

（3）规章类，如条例、办法、规则、制度、章程等。

（4）信息类，如简报、信息、情报等。

（5）会议类，如开幕词、闭幕词、会议报告类。

任务一　计　　划

任务导入

小张毕业后就职于某市旅游推广中心。××市文化广电和旅游局下发了《××市文化广电和旅游局2023年度普法工作计划》。近日，办公室李主任给他布置了一项写作任务：要求小张结合市局的普法计划，制订旅游推广中心2023年度普法工作计划。小张要如何制订这份计划呢？

理论点拨

一、计划的概念

计划是国家机关、企事业单位、社会团体及个人对今后一段时间的工作、生产与学习提出预想的目标，并制订出实现这个目标的具体步骤、方法和措施所使用的应用文。

计划是计划类的统称。由于计划涉及内容和期限的不同，计划文书还有不同叫法。

规划。它是具有全局性的、较长时期的长远设想。

方案。它是从目的、要求、工作方式方法到工作步骤——对专项工作做出全面部署与安排的计划。

安排。它是对短期内工作进行具体布置的计划。

设想。它是初步的草案性的计划。

打算。它是短期内工作的要点式计划。

要点。它是列出工作主要目标的计划。

二、计划的特点

（一）预见性

计划是为做好未来的工作，完成今后的任务而制定的，具有明显的预见性。在制订计划时，必须总结前段工作经验教训，对现有的和可能具备的有利条件、不利因素等进行调查研究，做出科学分析，对计划执行中可能出现的各种情况都做出充分估计，并制定出相应的对策，安排好方法、步骤、措施。

（二）目标性

制订计划时要把在一定时期内，要完成什么基本任务，要达到什么预期目标，要实现什么效益等写清楚，这就是所谓的目标性。

（三）可行性

计划要指挥或者指导人们的行动，因此在制订目标、任务时要考虑自身的实际，确保目标的实现，不能好高骛远，措施、办法应切实可行。

（四）权威性

计划是要求单位内全体员工必须贯彻执行的，并且是必须努力完成的。一经法定的会议通过或行政机关批准，就具有正式文件的权威性和约束力，特别是国家的指令性计划，其本身就具有法定的权威性。

三、计划的种类

计划是个广义的概念，它包括诸如重点、要点、打算、规划、计划（狭义的）、安排、方案等许多具体种类。按照不同的标准，计划主要分为以下几类。

（1）按照性质分，计划分为专题性计划、购销计划、教学计划、科研计划、学习计划等。

（2）按照内容分，计划分为工作计划、生产计划、购销计划、教学计划、科研计划、学习计划等。

（3）按照时间分，计划分为长期计划、中期计划、短期计划（包括年计划、学期计划、季度计划等）。

（4）按照范围分，计划分为国家计划、部门计划、单位计划、个人计划等。

四、计划的结构与写法

计划的写作可以有多种格式，常见的有文字叙述式、条文式、表格式，有时几者兼而有之。一般由标题、正文和落款三部分组成。

（一）标题

标题主要有四种写法。

（1）单位名称、适用时间、计划内容和文种，如“××市文化和旅游局2023年工作要点”。

（2）计划内容和文种，如“关于提高接待质量的计划”。

（3）计划单位名称、计划内容和文种，如“××旅行社处理突发事件应急预案”。

（4）计划时间、计划内容和文种，如“2023年行政工作安排”。

（二）正文

计划的正文一般包括开头、主体、结尾三部分。

（1）开头。开头是计划的前言部分，主要阐明制订计划的背景、根据、目的、意义、指导思想等。

（2）主体。计划的主体一般由目标、措施、步骤三部分构成，分别回答“做什么”“怎么做”“什么时间做完”。

目标。目标是计划工作、活动要达到的标准和要求，通常被称作目标任务。

措施。措施是完成任务的具体方法。如采取哪些手段，需创造什么条件，运用哪些方法，具体做哪些分工等。

步骤。步骤主要指时间的分配，人力、物力、财力的调度安排。

（3）结尾。结尾即计划的结语，一般包括补充性说明，为完成目标任务而提出的希望、号召与建议，或执行计划应注意的事项等。有的计划也可无结语。

（三）落款

在正文的右下方写上制订计划者的名称或名字，并署上日期。如某计划作为文件外发，还要加盖公章。

五、计划的写作要求

（一）实事求是，统筹兼顾

撰写计划必须实事求是，要充分分析客观条件，所撰写的计划既要有前瞻性，又要留有余地，使计划执行者通过一番努力就能够完成。事关全局性计划，还应该把方方面面的问题考虑周全，将计划分解到部门，要处理好大计划与小计划之间的关系、整体与局部的关系，做到统筹兼顾。

（二）突出重点，条理清楚

一段时间内要完成的事情很多，先做什么，后做什么，主要做什么，次要做什么，必须有重有轻，有先有后，点面结合，有条不紊，这样才有利于工作的全面开展，收到事半功倍的效果。

（三）目标明确，步骤具体

计划的目标必须明确，才能使执行者明确努力的方向。步骤和进程具体，才有利于实施和检查。

☞【同步案例 3-1】

扬州市文化广电和旅游局 2020 年度普法工作计划

2020 年是贯彻落实“七五”普法规划的收官之年，为高质量地落实好“七五”普法计划，全面推动我局法治部门建设，特制订 2020 年普法工作计划。

一、指导思想

以习近平总书记系列重要讲话精神和依法治国理政新理念、新思想、新战略为指导，按照“全面建成小康社会、全面深化改革开放、全面依法治国、全面从严治党”战略布局，紧紧围绕我市建设国际文化旅游名城的总体目标，以“七五”普法规划为统领，将法治宣传与社会主义核心价值观体系结合、与法治实践相结合，大力弘扬社会主义法治精神，全面加强文化、文物、广电、旅游法律法规学习教育与培训，为推进法治部门建设和文化旅游高质量发展创造良好的法治环境。

二、工作目标

全面落实局党委中心组每月 1 次集中学法、公职人员每年学法不少于 40 小时、行政执法人员每年学法时间不少于 15 天要求。通过深入持久地开展普法教育宣传工作，全方位提升局党委依法决策水平，提高文旅系统干部职工法治素养和依法行政能力，提升文化市场综合执法支队依法查处能力。

三、工作任务

（一）深入学习宣传习近平新时代中国特色社会主义思想。紧紧围绕习近平新时代中国特色社会主义思想，推动学习宣传贯彻不断往深里走、往实里走、往心里走，引导广大党员干部牢固树立“四个意识”，坚定“四个自信”，坚决做到“两个维护”，自觉在思想上政治上行动上同以习近平同志为核心的党中央保持高度一致。把党的领导贯穿到普法依法治理的全过程、各环节，确保普法依法治理工作的正确方向。

（二）学习宣传《宪法》和国家基本法律制度。进一步学习宣传《宪法》，提高文旅系统干部职工的《宪法》意识，树立和维护《宪法》权威，进一步学习宣传国家基本法律制度，宣传《行政处罚法》《行政许可法》《行政诉讼法》等法律法规，增强广大干部职工的法制观念。

（三）建立健全机关干部学法制度。坚持领导干部学法用法制度，完善会前学法、重大决策前学法等机制。局领导干部带头学法、用法，党委中心组每月学习法律知识 1 次。坚持机关干部学法制度，定期组织机关干部学法。根据法律法规的修订，对普法内容进行优化和补充，注重普法的“新鲜度”，强化新法的传播普及。坚持文化市场综合执法人员学法制度，完善执法人员、法制人员法律知识学习培训长效机制。

（四）多种方式开展法律宣传。充分利用网络、电视、报刊、广场咨询等群众喜闻乐见的方式开展法治宣传；利用“4·26”世界知识产权日、“5·18”国际博物馆日、“5·19”中国旅游日、世界文化遗产日、“12·4”国家宪法日等活动开展法治宣传教育；利用法律“六进”方式，送法律到单位、企业、社区、学校。主动与宣传对象联系，开展法治讲座、实施法律咨询；通过开展专题培训进行法律宣传，对机关工作人员、行政执法人员进行法律知识专题培训。

（五）做好行政相对人普法宣教工作。全面提升普法教育针对性和科学性。对文化旅游相关从业人员、消费者和广大人民群众做好《中华人民共和国公共文化服务保障法》《中华人民共和国非物质文化遗产法》《中华人民共和国文物保护法》《中华人民共和国著作权法》《中华人民共和国旅游法》《广播电视管理条例》等国家法律法规以及《江苏省旅游条例》《扬州市非物质文化遗产遗保护条例》等地方法规的宣传教育工作。

（六）扎实推进普法责任制。全面落实"谁执法谁普法""谁服务谁普法"责任机制。局机关各处室、局属各单位结合部门职能职责，落实普法责任清单，大力推进普法与执法有机融合。认真开展文化市场综合执法典型案例的学习与宣传，充分利用典型案例开展普法，把典型案例依法处理的过程变成全民普法的公开课。

（七）坚持行政执法案卷评查制度。依据《行政处罚法》和省、市司法部门相关规定，采取互评互查、座谈讨论、集中点评的方式，从案卷的执法主体、处罚依据、执法程序等方面，对文化市场综合执法案卷进行评查。进一步规范行政执法程序，提升全市文化市场综合执法能力和案卷制作水平。

四、保障措施

（一）加强领导明确责任。成立以党委书记、局长季培均为组长，各副局长为副组长，各处室、直属单位负责人为组员的局依法行政（普法）工作领导小组。领导小组办公室设在局政策法规处，负责日常工作。

（二）落实任务扎实推进。全局干部职工要充分认识到全面推进"七五"普法的重要性和紧迫性，对贯彻落实实施方案进行研究和部署，确定工作目标，明确时间进度，突出工作重点，分解细化责任，分步实施。建立统一领导、统一协调的工作机制，把"七五"普法纳入重要的工作议事日程，形成主要领导亲自抓，分管领导具体抓、一级抓一级、逐级抓落实的工作格局。

（三）加强督查严格考评。各单位要将"七五"普法的各项任务目标列入年度考核内容，把"七五"普法作为领导干部任期目标考核、年度述职报告的基本内容，把法律知识培训情况、学习成绩和日常依法行政情况作为公务员年度考核的基本内容。严格目标责任考核，狠抓工作落实，确保普法及依法治理工作任务顺利完成。

附件：2020年扬州市文化广电和旅游局普法任务分工表

扬州市文化广电和旅游局

2020年3月11日

（资料来源：扬州市文化广电和旅游局网站）

【同步案例3-1】分析

这则旅游普法工作计划写得非常具体。计划开头部分交代了2020年旅游普法工作计划制订的背景和思路，接着介绍了2020年全市旅游普法工作总体目标，总体要完成七个方面的任务，最后从三个方面提出具体的保障措施。层次清楚，计划切实可行。

☞【同步案例 3-2】

公司员工外出旅游活动方案

一、活动目的

时值年中，全年的工作已进行到一半，为了缓解员工工作压力，使大家能以更好的状态投入下半年的工作当中，同时为了促进员工之间相互交流、沟通、了解，营造团结、积极向上的企业文化。

二、活动时间

2023 年 4 月 16 日—2023 年 4 月 18 日

三、活动对象

公司全体员工

四、活动地点

宁夏银川沙湖、影视城

五、活动具体行程安排

1. 路线安排：西宁—白银—银川—西宁

2. 时间及路线

第一天　　4 月 16 日

行驶路线：西宁—白银

行驶距离：西宁至白银全程共 280 千米，车程 4 小时

行程时间：

15:30　　到公司门口集合

16:00　　清点人数,确认无误后从公司出发至白银

20:30　　到达白银市

20:50　　到达白银饭店,就餐

21:30　　离开饭店,上车集合

21:50　　到达白银金源大酒店（西区北京路 299 号，北京路与天津路交叉口）取房卡分配房间，通知服务台早晨 6:30 叫醒服务

第二天　　4 月 17 日

行驶路线：白银市—镇北堡影视城—银川市—铁道宾馆

行驶距离：白银至银川全程 371 千米，车程 5 小时 30 分

银川至镇北堡约 45 千米，车程约 1 小时

老城区至新城区约 15 千米，车程约 20 分钟

景区活动时间：约 2 小时 30 分钟

行程时间：

6:30　　早晨叫醒服务

7:00　　早餐时间，在酒店用餐

7:20　　上车集合，检查房间，退房

7:30　　清点人数，出发去银川

13:50　　到达银川市镇北堡影视城
14:00　　到达镇北堡影视城十八里红餐厅就餐
15:00　　到达影视城景点，领票自行进入（游览时间为2小时30分）
17:30　　上车集合，清点人数，返回银川市
18:30　　到达银川市东来顺饭店，就餐
20:00　　就餐完毕（行政人事部人员上车前购买面包、熟肉等食品，晚餐在车上就餐）
20:10　　上车集合，清点人数，出发至宾馆
20:30　　入住铁道宾馆，取房卡分配房间，通知服务台早晨叫醒时间6:30分

注意：自由活动时间，必须结伴出行；同房间人员必须在同住人员较晚未回时，及时与本人进行联系或与活动负责人联系，确定人员安全。

第三天　　4月18日

行驶路线：银川市—沙湖景区—西宁市

行驶距离：银川市至沙湖全程56千米，车程约1小时

景区活动时间：约3小时30分钟

行程时间：

6:30　　早晨叫醒服务
7:00　　早餐时间，在酒店用餐
7:20　　上车集合，检查房间，退房
7:30　　集合清点人数出发去沙湖
8:20　　到沙湖景点旅游区（游览时间为3小时30分）
8:30　　领票，自行进入，通知集合时间和地点
12:00　　集合清点人数，到沙湖水鲜餐厅就餐
13:00　　就餐完毕，集合清点人数，返回西宁市
23:00　　到达西宁市，行程结束

沙湖自理费用（自选）：游艇（规定线路）100元/人，鸟表演30元/人

摇橹船（规定线路）130元/人，水上飞机/水上飞伞（规定线路）100元/人

湿地博物馆4D影院30元/人

六、费用及门票

费用合计：30 676元（实际费用）+4 324元（备用金）= 35 000元

七、活动要求

1. 全程活动中，要树立安全意识，乘车、乘船及游玩过程中安全第一。

2. 活动期间，请全体人员严格遵守时间，不得延误整个行程。

3. 自由活动须向人事行政主任请假，并及时归队。

4. 活动期间不得酗酒、醉酒。

5. 活动要有大局意识，互帮互助、团结友爱，不讲不利于团结的话、不做不雅的事。

【同步案例 3-2】分析

方案是计划中内容最为复杂的一种。它是指进行工作的具体计划或对某一问题制订的规划。如果说计划偏重于组织管理方式，那么方案则偏重于技术实现方式，它针对一定时期内某一项、某一方面的重要工作、重大活动。一般有指导思想、主要目标、工作重点、实施步骤、政策措施、具体要求等项目。本方案内容具体详尽，要求表述明确，比计划更具操作性。

任务二　总　　结

任务导入

小张毕业后就职于某市旅游推广中心。某日，办公室李主任请他就 2022 年本推广中心的具体工作，撰写一份年终总结。那么小张将要如何开展这项工作呢？总结包括哪几部分呢？

理论点拨

一、总结的概念

总结是党政机关、企事业单位、社会团体及个人对前一阶段社会实践活动进行系统回顾、分析评价，并从中得出规律性认识，以指导今后工作的一种事务文书。

二、总结的特点

总结的目的就是通过实践提高认识，掌握事物的发展规律，指导今后的实践活动。因此，总结的主要特点有以下三点。

（一）客观性

总结是事后回顾，所回顾的都是客观存在，做过什么、成功与否等都必须符合客观实际、实事求是。

（二）理论性

总结离不开实践，要用事实说话。但总结又不能停留在事实上，要透过现象看本质，发现规律，要对大量的感性材料去伪存真、去粗取精，抽取出规律性的认识。

（三）启发性

总结的意义并不停留在对实践有理性认识，主要是为了对今后的实践有启发和指导作用。通过总结，我们可以提高认识，加深理解，从而再接再厉，继续战斗；也可以在原有的基础上调整或整顿，避免重蹈覆辙，从而打开工作的新局面。

三、总结的分类

总结可以从不同角度分成许多种类，无论哪种总结，又都可以根据表现形式和容量分为全面总结和专题总结。

（1）按性质分，总结可分为专题总结、综合总结。

（2）按内容分，总结可分为学习总结、工作总结、思想总结、科研总结、项目总结等。

（3）按范围分，总结可分为地区总结、行业总结、单位总结、班组总结、个人总结等。

（4）按时间分，总结可分为年度总结、半年总结、季度总结、月份总结等。

四、总结的结构与写法

总结一般由标题、正文、落款三部分组成。

（一）标题

（1）单位名称、时间、主要内容和文种，如“××旅行社2023年工作总结”。

（2）总结主要内容或主要观点。此种标题不标明“总结”二字，如“平日扩大接待，节日包机盈利”。

（3）采用双题，正题用来概括文章主旨和中心，副题具体说明单位、时间和文种，如“改变促销方式，提高经济效益——××酒店经验介绍”。

（二）正文

总结的正文部分主要包括基本情况的概述，现有成绩与不足，经验和教训的总结，改进意见与设想等方面的内容。

（1）基本情况概述。它就是简单交代工作的时间、背景，事情的经过、基本成绩与收获等。

（2）现有成绩与不足。它是总结的重要内容。一般先肯定成绩，叙述成绩主要表现在哪些方面，主要收获有哪些，还要客观地指出工作中存在的不足，并分析这些工作失误的原因及危害。

（3）经验和教训的总结。它是通过对实践活动过程进行分析后做出的，要认真挖掘日常工作中深层次的内涵，将具体问题上升到一定的理论高度，从而找出某些规律，用以指导今后的工作。

（4）改进意见与设想。它是在总结经验教训的基础上，明确今后的方向，提出改进的措施与建议。

（三）落款

总结的落款一般是署名和日期，全文之后要写上单位全称及完整的年、月、日。

五、总结的写作要求

（一）实事求是，一分为二

这是写好总结的基础。要如实反映工作中的成绩和问题、经验与教训，不能只报喜不报忧，也不能脱离实际，随心所欲地拔高观点。反映情况不能片面，更不能前后矛盾。

（二）抓住重点，切忌平淡

总结要结合工作实际，根据写作目的和内容性质的不同而有所侧重，抓住主要的、本质的和规律性的问题。不能不分主次，不分详略地平均用笔，不能平铺直叙，记流水账。

（三）突出个性，注重特色

写总结就要写出不同单位或同一单位不同时期的特点，不能千篇一律，这就要求写前要充分占有材料和情况，并进行认真梳理和深入剖析，从而形成观点，把握本质和规律，防止一般化和老一套。

☞【同步案例3-3】

20××年××市旅游局工作总结

一、20××年工作情况

过去一年，在省旅游局的指导下，在市委、市政府的正确领导下，全市旅游系统坚持“创新、协调、绿色、开放、共享”发展新理念，推进全域旅游创建工作，加强旅游城市形象宣传，紧抓旅游市场综合监管，全市旅游业平稳较快发展。旅游经济实现快速增长。20××年全市实现旅游总收入488.9亿元人民币，同比增长9.64%。其中，国际旅游外汇收入15.96亿美元，同比增长2.71%；国内旅游收入381.15亿元人民币，同比增长11.37%。接待游客4 141.85万人次，同比增长9.23%。其中，国内游客3 738.18万人次，同比增长10.19%；接待入境游客403.67万人次，同比增长1.03%。接待过夜游客2 161.48万人次，同此增长7.66%。产业规模得到稳步提升。全市国家A级旅游景区21个，其中4A级旅游景区15个，约占全省4A级景区总量的8.7%，数量位居全省第三。20××年12月新增了××文化旅游区、××山庄2个4A级景区，占全省新增13家4A级景区的15.38%；星级酒店共33家，其中，五星级14家，四星级12家，四星以上星级饭店数量在全省排第三位；旅行社共有133家，其中出境游组团社14家，国内游组团社88家，分社31家，服务网点360个，20××年新增出境游组团社2家、国内游旅行社14家、分社14家、服务网点75家。

二、一年来，全市旅游行业主要推进了以下工作

（一）推动全域旅游发展战略。（略）

（二）推动旅游品牌建设。（略）

（三）推动旅游产业融合发展。（略）

（四）加强旅游城市宣传营销。

1. 借助全市大型活动平台，宣传提升××旅游城市形象。（略）

2. 开展媒体网络宣传。（略）

3. 利用国内外展会平台宣传。（略）

（五）以旅游行业文明创建助推争创“四连冠”。（略）

（六）完善旅游公共服务配套。（略）

（七）紧抓旅游市场整治和行业监管。（略）

对照市委、市政府的工作要求，虽然我们取得了一定的成绩，但还存有不容忽视的问题和不足。如我市旅游发展与经济发展水平不相适应，旅游城市形象不明晰不突出；旅游部门和其他部门的协调合作力度与产业融合的需求不相适应，对镇街旅游工作的指导和协调力度需要加强；旅游产品的打造和有效供给与游客的需求不相适应，旅游景区景点普遍品质不高，品牌价值、景区质量和多样性有待提升；旅游企业的转型升级与旅游业的提质增效需求不相适应，酒店业和旅行社行业的转型升级还需进一步深化。对此，我们必须紧抓机遇，直面问题，围绕省旅游局的业务要求和市委、市政府的中心工作，突出重点，加强谋划，狠抓落实，力争在新的一年出亮点、现成效。

【同步案例 3-3】分析

这是一则某市旅游局（现为文化和旅游局）年度工作总结。文章开头首先概述了工作的背景，接着用了一系列的数据说明“旅游经济实现快速增长”，主体部分分七个方面分别阐述了“一年来全市旅游行业主要推进的工作”，最后也分析了“还存有不容忽视的问题和不足”。全文思路明晰，材料典型，观点鲜明。

同步习题

1. 下列各计划的标题是否恰当？为什么？

（1）××市文化和旅游局快速发展旅游业的五年安排

（2）××市××局 2023 年 7 月政治学习纲要

（3）××旅行社三月份营销设想

（4）××市光辉区 2023 年旅游工作设想

（5）××学院 2023 年开展职工活动的初步要点

2. 大学毕业后你将与你的好伙伴一起走上创业之路，你们将要在母校校园内创办“大学生旅行社”。请制订一份“大学生旅行社”创业计划书。

3. 讲文明、重礼仪是我们中华民族的优良传统，也是我们每一位大学生道德品质和行为规范的重要组成部分。为了使这一民族精神代代传承，也为深入贯彻《大学生行为规范》，全面提高大学生的思想道德素质和文明礼仪修养，旅游学院拟在 2024 年开展“文明礼仪教育”系列活动，请你撰写“旅游学院文明礼仪教育活动实施方案”。

4. 请根据自己一年来的大学生活、学习情况撰写一份总结。

项目四

旅游介绍文书

知识目标

（1）了解导游词、景区、景点介绍、旅游广告、旅游指南的特点和作用；
（2）掌握导游词、景区、景点介绍、旅游广告、旅游指南的创作技巧；
（3）掌握导游词、景区、景点介绍、旅游广告、旅游指南的写作要求。

能力目标

（1）能够创作撰写导游词；
（2）能够撰写景区、景点介绍；
（3）能够创作旅游广告；
（4）能够撰写旅游指南。

项目概述

旅游介绍文书主要是介绍、宣传旅游景点，它能扩大旅游企业的知名度，从而提高经济效益。对于旅游企业来说，旅游介绍文书非常重要。

一、旅游介绍文书的概念

旅游介绍文书主要是指对景区、景点等内容的介绍和说明，以引起人们注意和向往的旅游专用文书。它主要有导游词、景区和景点介绍、旅游广告及旅游指南等。

二、旅游介绍文书的特点

（一）严格的真实性

真实地反映景区、景点的自然景观和人文景观是旅游介绍文书写作的最基本原则，切忌虚构、编造，甚至欺骗旅游者。

（二）独特的差异性

在严格遵守真实性原则的前提下，更重要的是要写出当地自然景观和人文景观的独特风貌。这种差异性是激发旅游者旅游动机的重要因素，必须建立“人无我有，人有我优”的优势，以引发旅游者求奇、求异、求新、求美的心理共鸣。

（三）审美的艺术性

用美的语言展现景色美，继而开拓意境美，最终将意境美升华为审美体验和审美享受。

三、旅游介绍文书的作用

（1）诱发性。它能使潜在的旅游者产生旅游欲望，并最后促使其行动。

（2）导向性。它可以帮助旅游者选择最佳路线、最佳出行方式。

（3）审美性。它可以帮助旅游者更好地欣赏名川大山、人文风貌，获得美的享受。

任务一　导　游　词

任务导入

为参加江苏省导游服务技能大赛，小张最近忙着收集资料，因为大赛要求参赛者讲解非本省、自治区、直辖市的国家5A级旅游景区或世界遗产地，用汉语普通话进行模拟导游讲解。经过思考，小张决定以重庆大足石刻为讲解景点。对于小张来讲，创作一则关于大足石刻的导游词就显得尤为重要了。那么导游词包括哪几部分呢？撰写导游词有哪些技巧呢？

理论点拨

导游服务是一项十分繁杂的工作，需要导游员具有多方面的知识和能力。在诸多的能力要求中，语言表达能力是必不可少的。导游为游客提供的相关服务及与游客之间的沟通很大程度上都依赖于导游员的语言表达。导游员讲解水平的高低很大程度上决定了导游服务的质量，而讲解水平关键要看导游词的写作水平。

一、导游词的概念

导游词是导游人员引导游客观光游览时的讲解词，是导游员同游客交流思想，向游客传播文化知识的工具。优秀的导游服务离不开高质量的导游词。

二、导游词的特点

导游词是旅游应用文的一种，因其主要靠口头的方式发挥作用，所以其除了具备旅游应用文的一般特性外，还具有以下特点。

（一）口语化

导游词是通过导游员口头传达给游客的，游客不能反复地琢磨，因此无论从内容上还是从遣词造句上都应该突出口语化的特点，尽量多用口头语和通俗易懂的书面语，避免使用难懂的书面语和音节拗口的词语，同时多用短句，以便讲起来顺口，听起来轻松。

但是强调口语化的同时也要特别注意语言的规范化，还讲解内容以本来面目，用通俗易懂的语言将科学的、客观的知识传输给游客。

（二）形象性

导游词通过口头表达方式发挥作用，这种表达方式只是口耳相传，所要表达的内容对游客的影响力比书面表达稍显逊色，而且无论是在旅游车上还是在旅游景点，游客所处的环境都是十分复杂的，能分散他们注意力的东西有很多，如果导游词的内容枯燥乏味则很难引起游客的关注，所以一篇优秀的导游词应该绘声绘色、生动形象、幽默诙谐。

（三）知识性

导游词应该具备一定的知识性，是对旅游地、旅游景点及游客要参加的旅游活动的整体介绍。通常来说应该内容丰富，融入一定的历史、人文、自然知识。通过导游词让游客了解相关知识和信息，成为旅游活动的铺垫，以加强游客在旅游过程中的感性认识。

三、导游词的作用

（一）引导游览

游客通常对旅游目的地不是很了解，大多只知道一些常识性的知识，还是存在很大的局限性的，不可能对目的地了如指掌。所以游览活动还是要依靠导游员的帮助，通过导游员对景区和景点的概况、特点、价值以及轶闻趣事和相关知识的介绍，激发游客的兴趣，同时把原有的知识和现实的情景结合起来，往往能起到画龙点睛的作用，提高游客的审美情趣。如张家界宝峰湖风景区有很多十分有趣的石头，呈现出奇特的造型，如果没有导游词，很多游客都可能错过见识大自然鬼斧神工的机会。宝峰湖中有一处景观名为“半脸八戒”，导游词是这样介绍它的：

当年《西游记》摄制组拍完电视剧以后，有一位帅哥留了下来，待在宝峰湖不走，这就是我们的旷世美景——猪八戒。游船的左边突出来的那块岩石是猪嘴，耷拉着耳朵，还在眨动着眼睛，而且猪八戒非常赶时髦，戴了一顶提倡环保的绿颜色帽子。游船过来以后回头再看，怎么猪八戒少了半边脸？原来他经常偷看宝峰湖的仙女沐浴，有一次被赶来的高小姐，也就是他老婆一耳光打掉半边脸。不过这半边脸还在左边的石壁上，大家找找看。

如果没有导游员介绍，游客往往走马观花，有很多人可能会错过这个景点。

（二）交流情感

旅游产品最大的特点是其生产过程是面对面的，是生产者与消费者之间面对面的服务，需要生产者与消费者之间建立起一定的信任，一定的情感。双方如果有良好的沟通与交流，旅游产品质量就有很大的保障。这种沟通与交流需要一定的行动，更需要良好的语言交流。导游词是导游员最重要的工作语言，导游词写得富有感情、精彩生动，往往更容易打动旅游者，让游客在“有朋自远方来，不亦乐乎”的友好气氛中，进行一次愉快的旅游。

（三）传递知识

导游词除了能够引导游客游览活动外，还可以传递知识。古人云：“读万卷书，行万里路。”游客的游览活动本身就是一种学习，是去了解其从未见过或不是很熟悉的事物。作为引导其游览活动的导游词，本身就包含了很多游客所不知道的知识，如当地的历史、文化、风俗或一些自然知识等。所以导游词在引导游客游览活动的同时，也传递了知识。如苏州拙政园中的秋香馆导游词是这样的：

秋香，指稻谷飘香，以前墙外皆为农田，丰收季节，秋风送来一阵阵稻谷的清香，令人心醉，馆亦因此得名。秋香馆为园东部的主体建筑，面水隔山，为单檐歇山结构，室内宽敞明亮，长窗裙板上的黄杨木雕，共有48幅，据行家考证，一部为《西厢记》，另一部为《金玉如意》。其中《西厢记》一出中，有张生跳墙会鸳鸯、拷红、长亭送别等场景，雕镂精细，层次丰富，栩栩如生。夕阳西下，一抹余晖洒落在秋香馆的落地长窗上，加上精致的裙板木雕，把秋香馆装点得古朴雅致，别有情趣。

四、导游词的结构与写法

导游词一般由标题、称谓、正文、结束语四部分构成。

（一）标题

标题由地名和文种构成，如“南京中山陵导游词”“八达岭长城导游词”。

（二）称谓

称谓就是对游客的称呼，通常用“各位团友”“各位朋友”作为称呼语。

（三）正文

正文一般由前言、总述、分述三部分构成。

1. 前言

前言一般包括表示欢迎和问候的用语、简单的自我介绍等，主要是为整个活动做铺垫和准备，营造良好的氛围。如：

各位远方来的朋友，欢迎来到古都西安。我是导游小张，今天，由我来给大家当导游，带领大家游览著名的华清池。请大家多多指教。

2. 总述

总述是对景点或旅游地的总体介绍，主要陈述其历史、概况、特色、价值等，让游客对游览地有个整体印象。如陕西西安华清池导游词总述：

各位游客，您可知“天下温泉二千六，唯有华清为第一”吗？举世闻名的华清池，位于陕西省西安市临潼区骊山北麓华清宫故址，西距西安市中心30千米，东与秦始皇兵马俑相毗邻，南依骊山，北临渭水。华清池的悠久历史可以追溯到古老的原始社会，并以其天然温泉吸引了帝王在陕西建都，周、秦、汉、隋、唐历代封建统治者，都视这块风水宝地为他们游宴享乐的行宫别苑，或砌石起宇，兴建骊山汤，或周筑罗城，大兴温泉宫……华清池，现浴池面积约有3 000平方米，可供400余人同时沐浴。温泉水每小时流量110余吨，水温达43℃。它既是国内罕见的大型温泉池，又是可供游人游览的文物保护场所。下面就请大家前去游览一番吧！

这就是在做了简单的问候与介绍后，对华清池进行了总体介绍。

3. 分述

分述是对景点中的各个部分逐一加以说明和介绍。这一部分是按照游览的时间顺序或方位进行的，根据眼前景物的变换按步骤具体介绍景观。介绍内容主要有景观的成因、历史传说、文化背景及审美功能等。如在游览华清池时，行进到九龙宫飞霜殿时：

各位游客，现在我们来到九龙宫景区，这里属华清池西区。现在大家看到的是面积为530平方米的九龙湖。许多游客一定想问：此处湖、宫为何都以九龙为名？

其实原因十分简单。此湖分成上下两个湖，中间有长堤东西横贯。堤东为晨旭亭，西为晚霞亭，相互对应，与上湖南岸的一亭榭相映成趣。亭榭下伸一大龙头，终日泉水淙淙，长年不绝，所以取名龙吟树。堤壁间已有八龙吐水，与大龙头合为九龙之数，因而以九龙命名。

既然唐玄宗和杨贵妃视华清宫为第二帝宫，那么他们一定在这里建有演绎人间最浪漫爱情的宫殿。亭亭玉立在湖岸四周的那一片飞檐翘角、红墙绿瓦的唐式建筑就是他们的爱巢——飞霜殿。唐玄宗生前每年10月至年底，都偕杨贵妃沐浴华清池，然后就住在这座充满神秘色彩的飞霜殿中。

这里红柱挺立，回廊环绕，雕梁画栋，富丽堂皇，东西两殿即“沉香”“宜春”，主次井然，错落有致，加上门前石龙盘阶，石狮和石牛相衬，再配以龙凤大缸及花木点缀，更显皇家气派。

这是对华清池景区的九龙宫和飞霜殿的介绍，每部分自成段落，又用关键的语句把各段串联起来，抓住景点的特色进行重点介绍，而其他则一语带过。

（四）结束语

结束语是在游览结束时的总结性的话语。这部分内容不固定，可以对游览的景观再做一次整体的概括介绍，以加深游客印象，也可以补充一些遗漏的内容；可以包括感谢语、惜别语、征求意见语、致歉语和祝愿语等。如古都西安的结束语：

亲爱的朋友们，我们的车马上就要到达机场了，这也就意味着我们这几天欢乐的西安之行马上就要圆满结束了。说实话，我很舍不得和大家说再见，但不管我们这次玩得有多开心、多尽兴，大家都要踏上回家的路了。短短几天的相处，大家给我留下了深刻的印象，也是我最开心的几天。当然了，由于我年纪轻，做导游的时间也不长，这当中有做得不好的，或照顾不周的地方还望大家多多包涵。大家从大老远的地方来到我们古都西安，又从近万名导游中挑中我实在是有缘分！我也希望大家能记住在西安度过的美好时光，记住西安，记住我。

我祝愿在座的每一位都健康吉祥，平安如意！祝小朋友们快乐向上，青年朋友们爱情甜蜜、工作顺利，中年朋友们家庭幸福、事业腾达，老年朋友们健康长寿！

机场到了，我代表西安人民向各位并通过各位向您的家人致以真挚的问候和诚挚的邀请，希望大家以后有时间再来古都西安玩！最后，祝大家一路平安！

（资料来源：http：//www.51daoyouci.com）

这段西安之行的结束语既有致歉之语，也有依依惜别之情，更有诚挚祝福之意。

五、导游词的写作要求

（一）主题鲜明、正确

导游词要有鲜明正确的主题。无论是介绍哪里的导游词都应该有一个鲜明的主题，主题可以是介绍当地的历史，可以是介绍当地的资源，其宗旨都是要引导游客游览，让他们更多了解有关旅游地的信息。

主题不但要鲜明，还必须正确。如果对史实掌握不准，以讹传讹，将误导旅游者；如果片面追求趣味，以野史代替正史，内容低俗，导游词也就丧失了严肃性。另外，正确还包括语言表达的准确性，如果语法错误，用词不当，往往难免引起游客的误解甚至讥笑。

（二）内容新颖、有特色

目前很多导游员用的导游词都不是自己创作的，大多是从网络、书籍或前辈那里得来的，其中绝大多数都是沿用了很多年。无论是哪个导游员所讲的历史、概况等内容都是一样的，所以导游词可以是传承下来的。但这样的传承不能是照抄照搬，不应把用了几十年的导游词搬过来为我所用，而是应该在传承前人的基础上有所创新，有自己的特色。随着时代的进步、人们生活水平的提高，大家所关注和喜爱的东西在不断发生着变化，导游词也应该与时俱进，这样才能被游客所接受和喜爱。

（三）语言生动形象、幽默诙谐

只有将知识性的内容用生动形象、幽默诙谐的语言表达出来，才能提高游客的兴致，获得精神享受。导游词中恰当地运用比喻、比拟、夸张、象征、排比等手法，可以使无生命的变为有生命的，抽象的成为具体的，静止的化为灵动的，从而使游客产生浓厚的兴趣，加深景区在游客头脑中的印象。

（四）游客的针对性

导游词应该根据游客的年龄、文化程度、职业等特点适当地进行调整，即使用一些修辞手法，也要注意根据游客的不同特点选择合适的修辞手法。只有将适当的写作技巧和恰当的修辞手法结合在一起，才能更好地传达信息，更好地吸引游客的注意力。

☞【同步案例 4-1】

丽江古城导游词

各位嘉宾，现在小×将要带大家去游览下一个景点，也是丽江最著名的景点——丽江古城。刚从象山山麓澄碧如玉的玉泉公园出来，我们要顺着从古城西北端汩汩流至城南的玉泉水来到被称作“高原姑苏”“东方威尼斯”的丽江古城。各位嘉宾可能会想，小×怎能口出狂言，敢把这高原小城说得如此夸张？其实一点都没有夸大。丽江古城将玉泉水分成西河、中河、东河三条支流，再分成无数股溪流。城内亦有多处龙潭、泉眼出水。古城利用这种有利的条件，街道自由布局，不求网络的工整，主街傍河，小巷临渠，清澈的泉水穿街过镇，穿墙过屋，“家家流水，户户垂杨”的诗意是这座古城的真实写照，这里虽是云贵高原小镇，却颇有江南水乡的特色。

丽江古城由大研、白沙、束河三部分组成，所以人们常常把它叫作大研古城或大研镇。大研古城位于丽江盆地的中心，古城的西南角耸立着酷似书天巨笔的文笔峰，丽江盆地则像一方碧玉做成的大砚台，古时“研”和“砚”相通，所以古城叫大研。说话间我们便到了古城，城口最引人注意的应该是一双水车吧，有人说它是子母水车，也有人说它是情人水车。过去古城里就有水车，今天在一些偏远之地也在使用。

古城始建于宋末元初，面积 7.279 平方千米，1986 年成为国家级历史文化名城，1997 年又被列入世界文化遗产，丽江古城除了同苏州古城一样具有“小桥流水人家”的特色外，还在古城选址、街道和房屋布局、纳西民居等方面别具一格。

丽江的世界文化遗产由白沙古镇、束河古镇和大研古镇三部分组成，但对于各位嘉宾来说，吸引力最大的是大研古镇，古城的入口很多，大家随着小×从右边的入口进入，首先映入眼帘的是水车，紧接着，右边是由江泽民同志题词的照壁，这是古城里特有的三房一照壁的民居。再往右是水龙柱，龙是管水的，古城里的土木建筑最怕火，但水能克火，所以这个水龙柱代表古城人民免除火灾的愿望。千百年来，古城人民像爱护自己的眼睛一样爱护古城，也请各位朋友像这里的人民一样爱护古城，不乱扔烟头垃圾。再看世界文化遗产标志，圆圈代表地球、自然，方框代表人类创造的文明，圆圈和方框相连，代表人与自然要和谐统一，丽江古城就是人与自然和谐统一的杰作。右边的这些石刻称得上是丽江的“清明上河图”，是一幅浓郁的纳西风情画。我们脚下是“巴格图”，是纳西先民根据五行学说创造的。

小×在古城给大家讲了那么多，大家也看了那么多，但是马上就要进入古城了，怎么就没有看到城门和城墙呢？其实这是丽江古城的一奇，因为古城根本没有城墙和城门。这是由于纳西族的头领姓“木”，如果建了城墙就变成了“困”字，所以古城没有城墙，自然也就没有城门了。

各位嘉宾心目中一定有这样一个疑问，像这样的古城在中国有的是，为什么这个高原上的偏僻古城竟被评上了呢？想要得到答案，各位嘉宾请随小×一同去游览一番。一条小巷，一户人家，一不小心你就站在几百年的历史上了，这种感觉在路上、在各个庭院中，您随处都能感受到。这座古城可不是因为拍戏而建的，是一座真实的古城，不信您看看脚下，您就会觉得比刚才走的路光滑多了，一块块的五花石板，好像许多碎石粘在一起，其实它是一种丽江特有的乐角岩，采自周围的山上，因为五颜六色，所以被当地人称为五花石，人行马踏，经过几百年，磨得光滑无比，雨水一流，诗意就在您脚下了，这条街就叫新华街。在街道两旁，偶尔会看到一些人家门上贴有不同颜色的对联，纳西人家中有人仙逝，都要纪念三年，第一年白联黑字，第二年绿联黑字，第三年所贴的对联，是纳西人对死去亲人的怀念。经过林立的店铺，清澈的河水，小桥垂柳便映入大家眼帘，在这么清澈的河边有一排排的桌椅，还有一阵阵的音乐传入耳中，这便是所谓的“洋人街”。其实这条街上的店铺并非外国人所开。这里的酒吧有书生气的，有叛逆风格的，也有纯做生意的，游人可各取所需。城市里的人到丽江“充电”，尤其喜欢到酒吧找感觉，其中以外国人居多。有酒，有朋友，有小桥流水，何等逍遥。在经过酒吧街之后便看到了一座小石桥，因为早先有人在这里卖豌豆，所以称为豌豆桥，桥西的小门楼便是科贡坊。科贡坊的得名于坊后小巷，相传清朝嘉庆年间，巷内杨家有两兄弟同时中举，到道光年间，弟弟又中举，此事是丽江人得意之事，官府为了表彰杨家，激励来者，特立此坊。站在这里向东望去，眼前一片开阔，这便是中心四方街，四方街是古城的中心广场，占地约五亩。为什么叫四方街？主要有两种说法，一种说法是因为广场的形状很像方形的知府大印，由土司取名叫四方街，取“权镇四方”之意；也有人说这里的道路通向四面八方，是四面八方的人流、物流集散地，所以叫四方街。那么四方街为什么这样有名呢？我国北方有一条世界闻名的贸易通道——丝绸之路；我国南方也有一条被称作“茶马古道”的贸易通道，它是藏区以及丽江的马匹、皮毛、藏药等特产和南方的茶叶、丝绸、珠宝等商品的一条贸易通道，丽江古城是茶马古道上的重镇，四方街则是这个重镇的贸易中心，从古到今，四方街都是露天集市，这个集市至今已有三百年的历史。清晨，早起的人们开始卖早点，是朦朦胧胧正在伸懒腰的四方街；中午，卖铜、卖山货、卖小吃的商贩组成繁荣的市面，这是精力旺盛的四方街；天刚黑，生意人回家了，又经过一次摩擦的五花石板还残存着人和阳光的余温，在桥头晒太阳的老人换成了嬉戏的孩童，两侧酒吧又透出了五颜六色的光，这是化了妆的四方街；凌晨两点左右，四方街人去街空，小巷深不可测，只有流水之声高低起伏，这是素面朝天的四方街。

“丽君从来喜植树，山城无处不飞花。”丽江男人一生有三件大事：盖房子、娶媳妇、晒太阳。丽江男人对种花、养鸟、写字、画画、打麻将有着特别的嗜好和特别多的时间，男人擅长一切在院内的活动，除此之外，他们最爱的一项户外活动便是做客，而纳西女人一年当中只有在大年初一才能睡一天的懒觉。从“盼吉妹”到“阿奶”，纳西女人从早到晚干活，从体力活到小生意，从收拾田地到杀猪，从缝补衣服到生火做饭，个个像下凡的仙女，而男人们则闲了下来。这一闲就不得了，纳西人中文人辈出，不能不说是纳西女人养出了纳西文化。

纳西人善于学习也可反映在古城的民居建筑上。古城民居在广泛吸收汉、藏、白等民族建筑风格的同时，也把本民族的建筑文化和审美意识融于其中，形成了许多具有纳西特色的三房一照壁、四合五天井、前后院、一进数院等建筑风格，并在门楼、前廊的设置和天井铺地、六合门及其装饰等方面形成了浓郁的地方特色和民族特色。如果问四合院里哪一部分最富有特色，那就是堂屋的六合门和六合门上的窗蕊——四季博古。虽说这些也是学习汉、藏、白等民族文化融合的结果，但是到了现在，已没有哪一个民族像纳西族这样每家都必有六合门和“四季博古”。您看这六合门，可装可卸，方便灵活，开则为门，闭则为窗。平时只开中间两扇，如遇家中有红、白事，客人较多，行走不方便时，则六扇门均可卸下。六合门上所雕的窗蕊称为“四季博古”，构图上用名花异卉、吉鸟瑞兽、美好典故，以此表达纳西人民期盼四季吉祥、福禄寿喜、耕读传家的美好愿望。大家看到这六扇门上都有各自不同的图案，这是“松鹤同春”，寓“春”和“寿”；这是“喜鹊争梅”，寓“冬”和“喜”；这是“鹰立菊丛”，寓“秋”和“福”；这是“鹭鸶天莲”，寓“夏”和“禄”；这是“孔雀玉兰、锦鸡牡丹”，请大家想想看，它们都分别代表了什么寓意？

穿过了五一街便看到了许多小桥，在我们脚下这座小石桥刻有“百岁坊”字样，不难猜测这就是百岁坊。

（资料来源：http：//www.51daoyouci.com）

【同步案例 4-1】分析

上文紧紧围绕丽江古城“小桥流水人家”“家家流水，户户垂杨”的主题，向游客展示了一幅丽江古城的柔美画卷。在介绍丽江特色、引导游客游览的同时也不乏幽默、诙谐，让游客在轻松愉快的氛围中感受到了丽江古城的特色。

任务二　景区、景点介绍

任务导入

2023 年 4 月，根据《旅游景区质量等级的划分与评定》（国家标准）和《旅游景区质量等级管理办法》，经仪征市文化广电和旅游局初评推荐，扬州市文广旅局按程序组织评定并完成公示，确定“江上盐都”十二圩历史文化旅游区为国家 3A 级景区。小张接受了仪征市文化广电和旅游局的委托，要为“江上盐都”十二圩历史文化旅游区撰写景区、景点介绍。那么景区、景点介绍与导游词有什么区别呢？撰写景区、景点介绍，有哪些写作要求呢？

理论点拨

一、景区、景点介绍的概念

旅游景区是以旅游及其相关活动为主要功能或主要功能之一的空间或地域，是具有参观游览、休闲度假、康乐健身等功能，具备相应旅游服务设施并提供相应旅游服务的独立管理区。该管理区应有统一的经营管理机构和明确的地域范围，包括风景区、文博院馆、寺庙观堂、旅游度假区、自然保护区、主题公园、森林公园、地质公园、游乐园、动物园、植物园及工业、农业、经贸、科教、军事、体育、文化艺术等各类旅游景区（摘自国家旅游局（GB/T 17775—2003）《旅游景区质量等级的划分与评定》）。

景区有时也被称为景点。景区、景点两者之间的差异主要是空间尺度不同，很多情况下两者混用，在此不做区别。

二、景区、景点的特点和种类

（一）特点

（1）独特的吸引力。作为旅游景区首先要具备的就是吸引力，必须能够满足游客的好奇心及对美的追求，可以让游客放松心情，最终获得轻松愉快的经历。

（2）明确的区域性。旅游景区应有统一的管理机构和明确的地域范围，是一个独立的空间场所。

（3）功能的服务型。旅游景区应该具有参观游览、休闲度假、康乐健身等功能，能够满足旅游者的某些旅游需要，以提供旅游服务为宗旨。

（二）分类

旅游景区按照要素的主体进行划分可以分为：

（1）自然类景区。该类景区内旅游资源以自然景观为主，包括风景名胜、森林公园、自然保护区、地质公园以及其他各类山、河、湖、海自然风景区。

（2）人文类景区。该类景区内旅游资源主要是人类活动的产物，可以是历史上人类文化的结晶，如历史遗迹、文化遗存等；也可以是现代社会人类活动的结果，如现代建筑、人造景观等。

（3）复合类景区。该类景区内旅游资源不只有一类，既有自然旅游资源，也有人文旅游资源。此类景区较多。

三、景区、景点介绍的写作内容

景区、景点通常可以按照景区的类型来进行介绍，不同类型的介绍内容也应该有所侧重。

（1）自然类景区介绍，包括地理位置、结构、风景特色、地位评价等方面。如九寨沟景区介绍：

九寨沟位于四川省阿坝藏族羌族自治州九寨沟县境内，是白水沟上游白河的支沟，以有9个藏族村寨（所以又称何药九寨）而得名。九寨沟海拔在2千米以上，遍布原始森林，沟内分布108个湖泊。九寨沟有五花海、五彩池、树正瀑布、诺日朗瀑布，风景绝佳，五彩缤纷，有“童话世界”之誉；并有大熊猫、金丝猴、扭角羚、梅花鹿等珍贵动物。九寨沟是中国西部著名的世界级景区，荣获梅利娜·迈乐库里世界文化景观保护与管理国际荣誉奖，被列入世界生物圈保护区、世界自然遗产名录、绿色环球21、国家5A级景区等。

（2）人文类景区介绍，包括位置、历史沿革、价值、特色及评价。如秦始皇陵介绍：

秦始皇陵位于西安以东30千米的骊山北麓，南依骊山，层峦叠嶂，山林葱郁；北临渭水，逶迤曲转，银蛇横卧。高大的封冢在巍巍峰峦环抱之中与骊山浑然一体，景色优美，环境独特。

秦始皇是中国历史上一位杰出的政治家，姓嬴名政，秦庄襄王之子，公元前259年出生于赵国京都邯郸，13岁即立为秦王，22岁加冕亲政。自公元前236年至公元前221年的15年中，秦国先后灭掉了韩、赵、魏、楚、燕、齐六个诸侯国，彻底结束了战国群雄割据的历史，在血与火中，建立了中国历史上第一个统一的、多民族的、中央集权制的封建王朝——秦王朝。唐代大诗人李白《古风》诗云：“秦皇扫六合，虎视何雄哉！挥剑决浮云，诸侯尽西来。”秦始皇，这位叱咤风云的旷世君主，不仅为后人留下了千秋伟业，还留有这座神秘莫测的皇家陵园。

古埃及金字塔是世界上最大的地上王陵，中国秦始皇陵是世界上最大的地下皇陵。秦始皇陵于秦始皇即位起便开工修建，前后历时38年之久，比著名的埃及胡夫金字塔的修造时间还长8年，动用人数最多时近80万，几乎相当于修建胡夫金字塔人数的8倍。

陵园仿照秦国都城咸阳建造，大体呈回字形，陵墓周围筑有内外两重城垣，陵园内城垣周长3 870米，外城垣周长6 210米，陵区内目前探明的大型地面建筑为寝殿、便殿、园寺吏舍等遗址。秦始皇陵由封土夯筑而成，共三级阶梯，状呈覆斗，底部近似方形，底面积约25万平方米，高115米，但由于经历两千多年的风雨侵蚀和人为破坏，现封土底面积约为12万平方米，高度为87米，整座陵区总面积为56.25平方千米。秦王朝是中国历史上辉煌的一页，秦始皇陵更集中了秦代文明的最高成就。秦始皇把他生前的荣华富贵全部带入了地下。

秦始皇陵地下宫殿是陵墓建筑的核心部分，位于封土堆之下。《史记·秦始皇本纪》记载："穿三泉，下铜而致椁，宫观百官，奇器异怪徙藏满之。令匠作机弩矢，有所穿近者辄射之。以水银为百川江河大海，机相灌输。上具天文，下具地理，以人鱼膏为烛，度不灭者久之。"考古发现地宫面积约 18 万平方米，中心点的深度约 30 米。陵园以封土堆为中心，四周陪葬分布众多，内涵丰富，规模空前，除闻名遐迩的兵马俑陪葬坑、铜车马坑之外，又新发现了大型石质铠甲坑、百戏俑坑、文官俑坑以及陪葬墓等 600 余处，数十年来，秦陵考古工作中出土的文物多达 10 万余件。在陵园里设有多处文物展台，展示了秦陵近二十年来出土的部分文物；布置有水道展区，重现当年陵园内科学周密的排水设施。相信随着考古工作的进展，肯定还会有更大的意想不到的发现。

在凝重的绿色和高大的墓冢之间，为了让游客身临其境地感受王者的尊荣、威仪，秦始皇陵有大型的"重现的仪仗队——秦始皇守陵部队换岗仪式"表演和集"声、光、电"于一体的秦始皇陵陵区、陵园、地宫沙盘模型展示，再现两千多年前神秘陵园的壮观场景，展示数十年来的考古成果，生动直观地揭示了秦陵奥秘，展示了其丰富内涵。

秦始皇陵是中国历史上第一座帝王陵园，是我国劳动人民勤奋和聪明才智的结晶，是一座历史文化宝库，在所有封建帝王陵墓中以规模宏大、埋藏丰富而著称于世。1961 年它被国务院公布为第一批重点文物保护单位，1987 年被联合国教科文组织列入世界文化遗产保护目录，成为全人类共同的财富。2002 年秦始皇陵荣膺国家 4A 级旅游景区。

（3）复合类景区介绍。此类景区介绍综合了自然与人文类的内容，包括位置、结构、沿革、特色及评价。如峨眉山风景区介绍：

峨眉者，山之领袖。

峨眉山，被称为世界上最神奇的地方。

峨眉山，位于北纬 30°，四川盆地西南，因两山对峙，形如蛾眉而得名。其三峰耸立，绝壁临天，古往今来，3 077 米的金顶一直被人们称为天堂的阶梯。

峨眉山地处长江上游，屹立于大渡河与青衣江之间，沉积着滚滚长江孕育的巴蜀文化，绵延千年，是长江上游唯一的自然和文化双遗产之地。在千百万年的沧海桑田、斗转星移中，峨眉山采撷天地之灵气，造就了集 1 000 多种药用植物，3 000 多种高等植物，2 300 种动物于一体的人间乐园，是修行者们理想的修行之地。早在 5 000 年前，华夏之祖轩辕黄帝就两次来峨眉山问道；1 000 多年前，天真皇人论道峨眉山，这是道教在峨眉山之滥觞。1 900 年前，一位修行者在峨眉山修建了长江流域的第一座禅院后，峨眉山便成为长江流域的佛教发源地，是中国佛教四大名山之一。在今天，峨眉山的血脉里仍然流淌着道之源、佛之始、儒之境三教深厚文化之遗韵，优雅而从容地体现着生命的哲理和生活的智慧。

峨眉山是自豪而骄傲的，它用头顶托着人们，仰望苍穹，俯瞰人生，远眺未来，站在中国最高的山岳型风景名胜区，如破茧的神蛾，穿越轮回，重获生命的灿烂辉煌。

或许正是这样的神秘，峨眉山才能"高出五岳，秀甲九州"，令人心驰神往。

四、景区、景点介绍的写作要求

景区、景点的介绍应该是一篇完整的文章，所以大致可以分成开头、中间和结尾三个部分。开始部分要首先吸引人们的眼球，中间则要突出自己的特色，结尾也应力求巧妙。

（一）巧妙导入

此部分相当于文章的前言，通常是做一个基本的介绍，使景区、景点在读者头脑中形成一个大致的印象，主要包括地理位置等最基本的内容。如桂林漓江景区介绍的导入部分：

漓江，是中国锦绣河山的一颗明珠，是桂林风光的精华，早已闻名遐迩，著称于世。漓江位于广西壮族自治区东部，属珠江水系。漓江发源于“华南第一峰”桂北越城岭猫儿山，那是个林丰木秀、空气清新、生态环境极佳的地方。漓江上游主流称六峒河；南流至兴安县司门前附近，东纳黄柏江，西受川江，合流称溶江；由溶江镇汇灵渠水，流经灵川、桂林、阳朔，至平乐，汇入西江，全长437千米。从桂林到阳朔约83千米的水程，称漓江。

漓江两岸的山峰挺拔，形态万千，石峰上多长有茸茸的灌木和小花，远远望去，若美女身上的衣衫。江岸的堤坝上，终年碧绿的凤尾竹，似少女的裙钗，随风摇曳，婀娜多姿。最可爱的是山峰倒影，几分朦胧，几分清晰。江面渔舟几点，红帆数页，从山峰倒影的画面上流过，真有“分明看见青山顶，船在青山顶上行”的意境。百里漓江的每一处景致，都是一幅典型的中国水墨画。

漓江酷似一条青罗带，缠绕于万点奇峰之间，沿江风光旖旎，碧水萦回，奇峰倒影，深潭、喷泉、飞瀑参差，构成一幅绚丽多彩的画卷，人称“百里漓江、百里画廊”，是广西东北部喀斯特地形发育最典型的地段。

桂林市附近，河谷开阔、平缓，伏波山、叠彩山、象山、穿山、塔山等皆平地拔起，四壁如削，奇峰罗列，气势万千。岩溶槽谷平原中，秀山丽水相辉映，景色清幽。桂林至阳朔之间，是岩溶峰林峰丛地貌，河流依山而转，形成峡谷，景致也最迷人，尤以草坪、杨堤、兴坪为胜，有浪石起奇景、九马画山、黄布倒影、半边渡等美景。倒影是漓江一大奇观。江水赋予凝重的山以动态、灵性、生命，同时把人带进神话的世界。漓江兼有“山青、水秀、洞奇、石美”四绝，还有“洲绿、滩险、潭深、瀑飞”之胜。江中多洲，岸边多滩，乱石遏流，浪回波伏，茂树环合，翠竹竞秀。漓江景观因时、因地（角度）、因气候不同而变化，简直天造地设。其上下天光，一碧万顷，千峦百嶂，尽入眼帘。烟雨之日，岚雾缭绕，若隐若现，若断若续，一派空濛。明月之夜，群峰如洗，江波如练，如置身空灵境界，清远无限。雄奇瑰丽的百里江日长卷，使人赏心悦目，陶冶性情，净化心灵，弃俗绝尘。可以说“漓江神秀天下无”。

古今中外，不知多少文人墨客为漓江的绮丽风光写下了脍炙人口的优美诗文。唐代大诗人韩愈曾以“江作青罗带，山如碧玉簪”的诗句来赞美这条如诗似画的漓江。

欢迎您漫游漓江。您将领略到漓江两岸秀丽的风光，欣赏到这神话般的美景，饱餐大自然的秀色，留下您一生中最难忘、最美好的回忆。

上文兼顾了提问、评价等几种方法，不但介绍了该景区的基本情况，也介绍了它的基本特色，而且是以对它的评价开头的。

（二）提炼特色

景区、景点的介绍也可以用提炼特色的方法，在介绍中总结出景点、景区的特色——或雄或险，或新或奇，或神或怪，或秀或幽，让游客能体会到景点、景区特有的魅力。如历史文化名城——歙县的介绍：

歙县是一块山水秀丽的土地，黄山为屏障雄踞西北，清凉峰自然保护区为宝库屹立东北，更有练江、新安江流贯全境，在这山环水绕的中心，便是钟灵毓秀的歙县城。城外练江为带绕城而过，三座古石桥和一座新大桥像四道彩虹飞架江上；城内，瓮城、谯楼、古街、古巷、古井、古石坊比比皆是，古韵犹存，宋代两塔屹立于城西与城北，绿水青山间还可见当年李白寻访隐士许宣平的游踪。

这里的乡村几乎处处都有“小桥流水人家”的韵味，无论是留存着的桂花厅、桃花坝的雄村，还是七座牌坊逶迤成群的棠樾；无论是保留了“百子图”砖雕的鲍家庄、“百鹿园”石雕的北岸、“百马图”木雕的大阜，还是耸立着丛林寺的小溪村；无论是屹立于新安江边的街口，还是盘踞于昌溪河畔的昌溪，都以古朴的神韵、旖旎的风光，令人情趣横生。昔日，徽商财力雄厚，“盛馆舍以广招宾客，扩祠宇以敬宗睦族，主牌坊以传世显荣”。于是给后世留下了大量的古建筑、古园林和丰富的文物。如今，在全县的秀山胜水间，明清民居、明清祠堂随处可见，明清牌坊共有84座，还有不少古桥、古寺、古塔，使人步入歙县仿佛走进了一座古典建筑艺术的博物馆。

上述介绍就紧紧抓住了歙县“钟灵毓秀”的特色。

（三）精巧收尾

景区、景点的介绍不但要有巧妙的开头，也要有精巧的收尾。精巧的结束不但能很好地总结景点、景区的情况，而且还能引起游客的共鸣，使景点、景区在游客心目中的形象有一定的提升。如历史文化名城——歙县的介绍：

美丽富饶的歙县，历来吸引着众多文人墨客前来游览和吟咏。南朝（宋）诗人谢灵运唱她“江山共开旷，云日相照媚”；南朝（梁）诗人沈约吟她“千仞为乔树，百丈见游鳞”；唐代大诗人李白赞她“人行明镜中，鸟度屏风里”；唐代诗人权德兴歌她“深潭与浅滩，万转出新安”；南宋诗人范成大诵她“千峰森隐现，一气淡回互”。历史延续，当今来此地的游客更多，吟咏更加隽永，耐人寻味。郭沫若赞曰：“松徒岩上出，峰向雾中消。峭壁苔衣白，云奔山欲摇。”邵燕祥面对橙黄硕大的枇杷挥毫写道：“枇杷无言，下自成蹊。异口同嗜，酸甜自知。”流沙河更饱含激情地吟唱：“浔阳琵琶三弹，歙县三潭枇杷；琵琶三弹涌清波，三潭枇杷挂金霞。琵琶、枇杷，让人流连忘返，主人忘归客不发。”

该收尾就是引用了大量著名诗人的诗句，再一次突出了歙县“钟灵毓秀”的特色。

【同步案例 4-2】

锦绣中华微缩景区中关于黄山的介绍

黄山，秦称黟山，唐天宝六载（公元 747 年）改称今名，因传说黄帝在此修身炼丹，故名“黄山”。山居安徽省黄山市方圆 250 千米，精华部分 154 平方千米，是我国最著名的风景区之一，也是世界著名的游览胜地。

“五岳归来不看山，黄山归来不看岳。”这是古人对黄山的评价。唐代诗人李白曾赋诗曰：“黄山四千仞，三十二莲峰。丹崖夹石柱，菡萏金芙蓉。伊昔升绝顶，下窥天目松。”他把黄山描绘得像金色莲花般的美丽。

黄山汇聚千百奇峰，共有大小山峰 72 座，著名的 30 座。莲花、天都、光明顶三大主峰都高达 1 800 米以上，雄伟、险峻、奇特、壮观，使人有“高山仰止”之感。

巍峨奇异的山峰和幽深如削的山谷，加上瞬息万变的云海，更给黄山蒙上了神秘的色彩。从古至今，人们用“黄山四绝”来概括这一幅天然图画的绝妙之处。这里山峰劈地摩天，云凝碧汉，气象万千；青松苍郁，刚毅挺拔，千姿百态；烟云翻飞缥缈，波澜起伏，浩瀚似海；巧石星罗棋布，竞相崛起，惟妙惟肖；温泉终年喷涌，无色无味，可饮可浴。奇松、云海、怪石、温泉，堪称“四绝”。

“天下名景集黄山”，黄山集中反映了天下名山的优点，既有泰岱之雄伟、华山之峻峭、衡岳之烟云的磅礴气势，又有匡庐之飞瀑、峨眉之清秀、雁荡之巧石的奇观妙境。

【同步案例 4-2】分析

此介绍首先从黄山名字的由来入手，用历史传说巧妙地导入很容易吸引人们的眼球；在介绍中紧紧围绕黄山的特色，紧扣“黄山四绝”这一特色；结尾以对黄山的评价结束。可以说整个介绍做到了巧妙导入、提炼特色、精巧收尾。

任务三　旅 游 广 告

任务导入

2023 年 4 月，根据《旅游景区质量等级的划分与评定》和《旅游景区质量等级管理办法》，经仪征市文化广电和旅游局初评推荐，扬州市文广旅局按程序组织评定并完成公示，确定“江上盐都”十二圩历史文化旅游区为国家 3A 级景区。小张接受了仪征市文化广电和旅游局的委托，为“江上盐都”十二圩历史文化旅游区创作一则旅游广告。来宣传推荐“江上盐都”十二圩历史文化旅游区。那么小张要做哪些方面的准备呢？旅游广告创作有哪些技巧呢？

理论点拨

广告，顾名思义，就是广而告之的意思，是发起者为了推销自己的某些东西，通过传播媒体向特定的人群进行的信息传播活动。

现代社会，人们的生活中到处都充斥着广告，不管你愿意不愿意接触它，几乎时时处处都能看到广告。

一、旅游广告的概念

旅游广告是旅游企业或相关旅游机构向旅游者或潜在的旅游者传递旅游信息的活动。

旅游广告是旅游业推销的一个重要手段。现在不但旅行社、旅游饭店、旅游景点这样的旅游企业会用旅游广告来推销自己的产品，一些旅游地政府也通过广告来提升自己的知名度，扩大客源。

二、旅游广告的种类

广告按不同的标准可以分为很多种，旅游广告与其他广告相比有很多独特之处，可按照它传播的媒体将旅游广告分为以下几种类型。

（一）新闻广告

新闻广告是以新闻媒体为主要传播手段的广告类型，它主要以电视、报纸、杂志、广播等几大新闻媒体为传播手段。它具有生动、形象、可信度高、影响范围较广、传播迅速及时等特点，但容易消失，保持时间短，而且费用较高。

（二）户外广告

户外广告是指在街头、交通站点、建筑物及道路两旁等公共场合设置的广告。它具有信息发布快、可经常修改、较持久等特点。但时效性差，不易引起人们关注。

（三）户内广告

户内广告是指在旅游场所内部张贴的广告。这些旅游场所可以包括宾馆、饭店、游乐场所等旅游活动的场所。它的特点是比较有针对性，受众比较明确，但影响范围相对较小。

（四）馈赠广告

馈赠广告是把广告图文印制在钥匙圈链、小扇子、日历等物品上，通过馈赠小物品的方式达到做广告的目的。它具有保存时间相对较长，人们不会轻易扔掉，给人留下较深印象的特点。

三、旅游广告的特点

（一）功利性

旅游广告具有明显的功利性，其目的就是推销某种旅游产品，因此旅游广告必须适应消费者的心理，诱发他们的兴趣，感染他们，促使他们购买产品。

（二）真实性

旅游广告虽然具有鲜明的功利性，但必须以真实为基础，要符合《中华人民共和国广告法》的有关规定，不能发布虚假广告，不能欺骗、坑害消费者。

（三）创造性

旅游广告只有具有创造性，才能塑造产品或服务者的个性与形象，引起消费者的注意，乃至留下深刻印象。

四、旅游广告的作用

广告是面向大众传播信息的一种手段，其最重要的作用莫过于向受众传递做广告者想让其了解的信息。

（一）传递旅游信息，广招旅游客户

旅游广告多是出于商业的目的，是为了招揽更多的客户，从而给自己带来更多的经济利益。

旅游广告所招徕的客户可以分为两种：一种是普通的旅游者。广告的宣传使其选择了广告发起者的产品，可能购买了某旅行社的产品、选择了某个酒店或旅游景点，也可能是最终选择了某一旅游目的地。另一种是旅游业从业人员。通过旅游广告招徕旅游业的合作伙伴，如两地旅行社之间的合作、旅行社与酒店之间的合作及旅行社与宾馆饭店之间的合作。

（二）传播旅游地文化，提升文化品位

旅游广告除了能发挥普通广告传递信息的功能外，还能发挥审美和传播文化的作用。广告的目的虽然是通过宣传招揽更多的客户，但也间接地让大众了解了宣传地的文化特色、自然风光等，使旅游者得到了精神上的享受。

五、旅游广告的创作

旅游广告作为旅游应用文的一种，其创作首先要有一定的创意。旅游广告的写作与其他旅游应用文相比更强调创意。只有优秀的独特的创意才能更好地传播旅游广告的信息，吸引更多的人注意。

（一）旅游广告的创意

广告是一种创造性的活动，闻名全球的 DDB 广告公司的创始人威廉·伯恩巴克说过：“创意是广告的灵魂，是将广告赋予精神和生命的活动。”旅游广告同样要具有创造性。

旅游广告的创造性主要体现在两个方面：一是基本的手段和具有创造性方法的运用；二是媒介的运用。如瑞士的一则旅游广告：

“世界杯”是球迷的挚爱，在夏季旅游“黄金假期”里，“德国世界杯游”的确让德国旅游好好地火了一把，但欧洲的其他旅游目的地国也并不甘拜下风。瑞士一则旅游广告独树一帜，做起了球迷之外的女性游客的生意。这则片名为《女孩，我的爱》的广告在德国、法国电视台黄金时段亮相，片中是身材魁梧的农场工人、性感的火车列车长、健美的登山运动员、强壮的伐木工等一系列美男的镜头，展现着独特的男性魅力，阳光而性感。画外音：“亲爱的姑娘们，为什么不离开世界杯看台，到瑞士来。这里的男人不爱足球，爱佳丽！”

平常人想到“世界杯”便想到德国，足球之旅自然非德国莫属，其他欧洲国家旅游如果说沾“世界杯”的“光”，充其量也只是“德国之旅”的附加目的地，得到的是极小的辐射效应。

这则广告则把自己的受众直接抛向那些对足球不感兴趣的女性，创造性地“借题发挥”，唤起那些受到冷落，打算放弃一年一度家庭休假的女性出游的愿望，煽情的广告词会激起女性前往旅游的欲望，从而开拓了一大块新市场。

（二）旅游广告的结构与写法

旅游广告的写作一般没有固定的格式，写法较灵活。从结构上讲，一般包括标题、正文、广告标语和随文四部分。

1. 标题

标题是旅游广告的精髓，是旅游广告的眼睛，反映着旅游广告的精神和主题。标题一定要能吸引人们的眼球，让人有兴趣看下去，抓住读者，促成购买。真正做到“题好文一半”。

标题可分为直接标题、间接标题和复合标题三种。

（1）直接标题。它是以简明的文字表明广告的内容，直接标明要宣传的旅游商品、服务项目或宣传单位，让人一目了然。如“黄山欢迎您”“璀璨明珠——张家界”“北京，迷人的城”。

（2）间接标题。在标题中并不直接说明要宣传的产品，而是通过富有趣味性的语言抓住人们的好奇心，诱导人们关注广告的正文。如“露天博物馆”（意大利旅游广告）、“中国人旅行——找中国旅行社”（中国旅行总社精品线路广告标题）。

（3）复合标题。在一则广告中把直接标题和间接标题组合起来，包括两个以上的标题。如“夏季避暑往北——到黑龙江来避暑”。

2. 正文

正文是广告的中心和主体，是广告中除了商标、口号、企业相关信息等之外的说明文字。广告的绝大部分信息都是靠正文来传达的。

它主要包括三个方面的内容：对商品等方面内容加以解释或说明；具体说明提供商品或其他方面的细节；最后以热情诚恳的语言诱导消费者购买产品。

3. 广告标语

为了加强广告在公众心中的印象，广告中通常会长期、反复使用一种简明扼要的口号性语句，它可以出现在广告的任何一个部位，一般独立于正文之外。它高度概括、凝练，具有很强的号召力、感染力，而且简洁、整齐、押韵。如镇江市的旅游广告标语是“一座美得令人吃醋的城市”。这个标语采用通俗易懂的语言，简明扼要地介绍了镇江的香醋文化以及城市景点。这个标语的主旨是告诉游客：镇江不仅有香醋，还有很多著名的景点。同时，“吃醋”又含有羡慕的意思，突出镇江的景点因其美丽而令人向往，很好地把镇江醋文化和景点结合了起来。

广告标语与广告标题还是有明显的区别的。

（1）位置不同。广告标题是广告的题目，它在广告的开头；广告语往往与旅游产品或者单位名称放在一起，既可以出现在广告文的开头，也可以出现在正文的中间或结尾。

（2）作用不同。标题的作用是引导消费者的注意，吸引消费者的兴趣。而广告语的作用是传播企业或产品最基本的诉求，反复提醒，不断加深消费者对该产品印象，从而形成长期的印象和回想。

（3）数量不同。标题只有一个。当新的标题出现，旧的标题就舍弃不用。但广告语则可以不止一个，在一则广告中可以不止一个广告语。如新加坡就有这样的广告语："无限的新加坡，无限的旅游业；尽情享受，难以忘怀；新亚洲——新加坡新感觉。"

4. 随文

随文是正文的附属，又称附文、落款，主要是对正文进行的补充，如单位名称及地址、网址、联系方法、注意事项等。

六、旅游广告的写作要求

广告，顾名思义就是要广而告之，目的是要让消费者了解和知道制作者所要传递的信息。旅游广告自然是要让消费者了解所要表达的旅游信息，不但要让消费者看到、听到旅游信息，更重要的是要让他们认同所传递的信息，进而购买旅游产品。所以，旅游广告的写作技巧同其他商业广告的写作技巧的目的是一样的，都是要推销产品。

（一）内容真实可靠

旅游产品购买之前无法试用，事先也看不到它的样子，所以旅游者在购买时一般都会有所顾虑。因为他们不知道这个产品到底是什么样的，到底符合不符合他们的要求，到底是不是价格合理，存在很多顾虑。因此，旅游广告就必须传递给消费者最真实可靠的信息，以此取信消费者。

（二）创意新颖独特

新颖独特是广告创意的生命，也是增强记忆度的有效武器。只有鲜明、醒目、新奇才能从众多的陈词滥调中脱颖而出，瞬间引起消费者的心理反应，激发他们对产品的注意、强烈的兴趣和美好的联想。因此，旅游广告必须推陈出新，针对人们存在的各种心理（逆反、好奇心等）刻意求新，不落俗套。

如美国好莱坞宇宙城公园的广告语："让游人进入侏罗纪时代。"

再如，锦绣中华的广告语："一步跨进历史，一日畅游中国。"

上述两则广告抓住景区特点，创意新奇，夺人耳目，令人记忆深刻，在游客心中产生首因效应，极大地增强了旅游广告的冲击力和刺激力。

（三）表现手法风趣幽默

当今社会人们都会接触到大量的广告，无论电视、报纸、杂志还是新兴的网络媒体到处都充斥着广告。很多广告对于不需要它的人来说是毫无用处的，如掺杂一些虚假广告，则更使人们对广告产生反感，旅游广告也不例外。铺天盖地的广告引发人们视觉、听觉疲劳，若想抓住人们的眼球，采用风趣幽默的方式则是一个不错的做法。运用幽默的表现手法，抓住日常生活中极有情趣的细节，渲染和发挥广告语的情趣美和幽默感，让人在会意的笑声中加深印象。

如瑞士旅游公司的广告牌上写着："还不快到阿尔卑斯山玩玩，六千年以后这山就没了。"

（四）紧扣消费者的需要

提供消费者所需要的旅游产品是企业成功的关键。旅游业只有提供了适销对路的产品，才能引起消费者的购买兴趣。旅游产品具有生产与消费的同时性、不可转移性等特点，所以必须通过旅游广告来吸引消费者，而消费者也是通过旅游广告才对旅游产品有初步的了解。可消费者暂时看不到旅游产品，也不能在购买之前试用一下，他们购买与否很大程度上取决于旅游广告所传递的信息对他们是否具有吸引力，是否符合他们的需要。

如黄山的广告语为“感受黄山，天下无山。”它就抓住了人们求奇的心理。

再如，著名的土耳其旅游广告语：“在这儿休息，仿佛身在故事中。”以迷蒙的夜色、恬静幽深的气氛赋予人们无限的想象，使人仿佛置身于《一千零一夜》中的阿拉伯神话境界，诱导消费者相信在这个神奇美妙的地方旅游一定别有情趣，情感诱惑力极强。

所以，抓住旅游者的需要进行宣传是旅游广告成功的关键。

（五）以品位感染消费者

随着社会的发展，人们的文化水平和艺术修养不断提高，人们的需求已从物质领域转向对生活品质与精神享受的追求。因此，旅游广告语应根据消费者的内心情感需要，充分发掘大众化的人文题材，渗透传统文化的底蕴，以情感诉求方式，融合东西方传统文化，树立格调高雅的广告品位，以沟通受众的心灵，从而激发其购买欲望。

如桃花村风景区的广告语：“借问仙境何处有？人人遥指桃花村。”它巧妙地化用了杜牧《清明》中的诗句：“借问酒家何处有？牧童遥指杏花村。”这就融入了人文色彩，凸显了文化内涵。

【同步案例 4-3】

世界之窗广告

深圳世界之窗文化旅游景区毗邻锦绣中华与中国民俗文化村，于 1994 年开业，占地 48 万平方米，集世界奇观、自然风光、民俗风情、民间歌舞于一园，再现了一个美妙的世界。

园内景区分为世界广场、亚洲区、大洋洲区、非洲区、美洲区等 9 大景区。景观采用自由比例，或精致微妙，或气势恢宏。埃菲尔铁塔高 108 米，游人可乘观光电梯到塔顶，饱览深圳和香港风光；尼亚加拉大瀑布水流飞泻，声势浩大，颇让人有身临美洲之感。每当夜雾降临，华灯初放，由世界民族歌舞组成的大型广场综艺晚会即在世界广场拉开帷幕，把景区活动推向高潮。

“你给我一天时光，我给你一个世界！”

单位：深圳世界之窗有限公司

电话：（0755）6608××××

传真：（0755）6603××××

【同步案例 4-3】分析

此广告对世界之窗做了完整的介绍，内容全面而且真实可靠。行文中紧紧抓住了游客追新猎奇的心理。其广告语“你给我一天时光，我给你一个世界!”，在突出了世界之窗的特点的同时，整齐押韵、朗朗上口。最后随文附上电话等信息，便于消费者联系。

任务四　旅游指南

任务导入

2023 年 4 月，根据《旅游景区质量等级的划分与评定》和《旅游景区质量等级管理办法》，经仪征市文化广电和旅游局初评推荐，扬州市文广旅局按程序组织评定并完成公示，确定“江上盐都”十二圩历史文化旅游区为国家 3A 级景区。小张接受了仪征市文化广电和旅游局的委托，为“江上盐都”十二圩历史文化旅游区撰写旅游指南，为游客来“江上盐都”十二圩历史文化旅游区游览做好指导。那么旅游指南包括哪些内容呢？具体的写作要求有哪些？

理论点拨

一、旅游指南的概念

旅游指南是指除了较为详细地介绍旅游景区、景点外，还介绍包括衣、食、住、行、民俗风情等旅游资讯的旅游应用文，它可以指导旅游者的旅游活动。

旅游指南是一个通称，实际上有的被冠以“旅游大观”“旅游地图”“旅游线路图”等名目，这些也属于旅游指南。

二、旅游指南的特点

（一）实用性

旅游指南对旅游者的旅游活动能起到指引作用，具有较强的实用性。

（二）真实性

旅游指南的实用性决定了它对产品的介绍要实事求是，客观、准确、恰当地介绍该产品。

（三）趣味性

为了更好地吸引消费者，它还必须具有趣味性的特点。

三、旅游指南的结构与写法

旅游指南一般由以下三个部分组成。

（一）标题

标题即旅游指南的题目，可以是直接式的单项标题如“某地旅游指南”，也可以使用复式标题。单项标题只要说明旅游地的名称，复式标题一般会对要介绍的旅游地的特色进行一定的描述。

（二）正文

旅游指南必须“想游客所想，急游客所急”，介绍旅游者在旅游过程中所必需的一些信息，必须符合旅游者的需要。所以，正文一般会对旅游地或旅游景点、景区做一个大致的介绍，通常包括旅游资源、必要的旅游设施、注意事项及提供的旅游服务等内容。可以把所要介绍的内容分成几大部分，如分为景区概况、旅游咨询两大部分，又把旅游咨询分为游览、交通、食宿等内容。篇幅较短的旅游指南也可以不分块，采取直接介绍的方法，按照所要介绍的内容分成几段一一介绍。

（三）附录

附录是正文内容的补充，主要是在正文后补充参考性文章或资料。因此并不是所有的旅游指南都必须要有附录，可以具体情况具体分析。如大连老虎滩海洋公园旅游指南：

老虎滩海洋公园坐落于国家风景名胜区大连南部海滨中部，是市区南部最大的景区，占地面积118万平方米，4 000余米海岸线，是中国最大的一座现代化海滨游乐场。园区自然风光秀丽，山海互映，景色迷人，有极地海洋动物馆、海兽馆、珊瑚馆、动物欢乐表演剧场、海盗村、南极科考站真实场景的南极村、空中索道等娱乐项目。

极地海洋动物馆分为两个场馆：极地馆和海兽馆。

极地馆占地面积20 000平方米。主体三层，局部四层。在这里人们可以在模拟的极地环境中观赏到白鲸、海象、海狮、海狗、海獭、北极熊、潜水鸟、企鹅等珍稀极地动物。360度视角的水中通道和水中观景大厅，犹如置身海底，美妙至极！在海洋生物观赏区，您将看到各类珍贵的海洋生物。

该馆分六大部分：极地动物展示、极地体验、科普教育区、神秘的海底世界、海洋动物表演、服务功能区。

★“世界最大，中国唯一”

老虎滩海洋极地动物馆是世界上建筑面积最大、屯水量最多、展示极地动物最全的场馆，已被列入吉尼斯世界纪录大全。

★ 极地馆的世界之最

水中每块玻璃的厚度、高度、宽度都为世界之最，其中最大的玻璃高8米，宽6.6米，厚45厘米。

世界上第一家大空间的体验极地冰雪世界的场馆。

★ 极地馆的全国第一

第一次登陆中国的极地白鲸　　第一次登陆中国的极地海象

第一次登陆中国的极地海獭　　第一次登陆中国的极地企鹅

大连老虎滩极地海洋动物馆是由西瑞克石油（新加坡）有限公司、大连海昌集团和大连虎滩乐园共同投资的合作项目，总投资4亿7 000万元人民币。该馆是经吉尼斯世界纪录认证的世界建筑面积最大、展示极地动物品种最多的极地海洋动物馆，被国家海洋局极地办公室认定为“极地科普教育基地”。

第一部分是极地动物展示。其主要展示南极、北极的海洋动物。人们可以在模拟的极地环境中观赏到白鲸、海象、北海狮、海狗、海獭、北极熊、潜水鸟、企鹅等珍稀的极地动物。

企鹅共有5个品种，分别为皇帝企鹅、洪氏环企鹅、巴布亚企鹅、凤头企鹅（跳岩企鹅）和黑足企鹅。其中最大、最珍贵的一种是每只3万美元的皇帝企鹅，身高近1米；体态娇小的黑足企鹅是企鹅中数量最多的一种，有30多只；每只10万元的跳岩企鹅有20只，它们以外形娇小靓丽著称，明显的标记是眼睛上面有一簇长毛，红颜色的嘴巴，背部呈黑色，最喜欢以跳跃的方式在岩石上行进。企鹅共有18个种类，主要分布在亚南极圈的许多岛屿，北半球没有。企鹅喜寒，只要有寒流的地域，企鹅就能生存。企鹅虽然是鸟类，但是不能飞，主要靠两只脚立起行走、蹦跳。有时也在有坡度、较平滑的冰面上俯地滑行。

（略）

白鲸生活在北极圈周围的覆盖有冰川的海洋中，以鱼类为主食的海洋哺乳类动物。（略）

北极熊是北极圈内的“大王”，又称白熊，虽性情粗暴，但憨态可掬，主要以鱼、肉、水果为食。（略）

海象是一种常年生活在北极圈内的哺乳动物，寿命在30年左右，每天可进食30公斤左右的食物，最大的体重可达1.5吨，身长近4米。（略）

海獭属于鼬科动物，和水獭、黄鼠狼是近亲。（略）

（略）

第二部分是极地体验。在真冰真雪的极地环境中人们可以体验寒冷、观赏极光，体验因纽特人的生活环境。

第三部分是科普教育区。在这里您将观赏到鲸鱼、章鱼搏斗的精彩场面，“无水的海底世界”，还有可以供游人亲自操作的电脑平台，可以查询到有关极地、海洋、动物的各类科普知识。（略）

第四部分是海底世界。这里有屯水量为世界最大的鲨鱼展示池，您将观赏到几十个品种、300余条鲨鱼，几千尾鱼类。（略）

第五部分是海洋动物表演。大型的海洋哺乳类动物的表演剧场，可容纳2 000多名观众。（略）

第六部分是服务功能区。这里有面积近2 000平方米的中餐厅、400平方米的快餐厅、300平方米的旅游纪念品商场，游览之余，吃吃大连的海鲜，吹吹大连的海风，再选购点特色旅游产品，您将会流连忘返的。

（略）

第二个展示区域是海底实验室区。（略）

第三个展示区域是潜水表演区。（略）

优惠套票预订热线：0411-39639612，0411-39639610（21:00前）。

优惠价格：198元（原价220元），2人以上免费车接。

门票规定：残疾人持有效证件可享受半价优惠。65周岁以上（含65周岁）老年人持有效证件可享受半价优惠。1.3 米以下儿童在监护人陪同下，可享受免票。

门票包含五个场馆：极地海洋馆、珊瑚馆、鸟语林、海兽馆、欢乐剧场。

订票方式：提前一天电话通知，次日到酒店免费车接，上车付款，景点出票（正规旅行社出票，非私人倒票）。

提示：景点规定门票当天有效（出票后 10 分钟必须进园）。本站在接到客人后到景点团队售票处出票，游客尽管放心服务质量和真实性。公园规定，恶劣天气引起的部分场馆停演，不予退票。

乘车路线：乘 2、4、30、403、404 路公交车可到达。

游玩时间：游玩所有景点需要 3～4 小时。

（资料来源：大连老虎滩海洋公园旅游宣传指南）

上述旅游指南看起来只包含了标题、正文两个部分，但由于正文介绍内容的局限，在结尾有一个“提示”部分，做了必要的补充。这部分虽然未标“附录”，但其发挥了附录的作用，所以该旅游指南包含了标题、正文及附录三个部分。

四、旅游指南的写作要求

（一）强调实用

旅游指南写作的目的就是为游客指明旅游方向，以期方便游客的游览和旅行活动，所以其首要的写作要求就是实用。不但要介绍所有游览的景点，还须介绍交通、住宿、游览等方面的资讯事项，而且其文字还要通俗易懂、简洁明了。

（二）讲究实际

旅游指南要方便游客的游览和旅游活动，其本身的内容必须真实可靠。其介绍的景点概况必须真实，不能凭空捏造，诸如景点历史、成因等内容必须符合实际。介绍的旅游资讯（如交通、住宿等）也必须是真实的，只有符合实际情况才能真正方便旅游者。

（三）具有吸引力

旅游指南的目的虽然是为了方便旅游者的游览活动，但其本身的内容必须有吸引力，对景点、景区的介绍应力求引人入胜，如果读者看了之后觉得索然无味，旅游指南也就失去了它的作用。

五、旅游指南与旅游景区、景点介绍的区别

景区、景点介绍是为了让游客更好地了解该景区、景点，主要侧重于对历史成因、自然、地理等方面的介绍，以此来激发游客的好奇心。旅游指南不但要介绍景区、景点，也要介绍其他的辅助信息，如门票、交通、住宿、旅游服务等内容，它主要是侧重于给人们的旅游提供更多方便的信息。

六、旅游指南与导游词的区别

旅游指南与导游词是有区别的。导游词用于游客的游览过程，是通过导游的讲解传

递给游客的，主要侧重于对眼前的景物的介绍，注重口耳相传。它与旅游指南为游客提供旅游信息服务的目的是不同的。

☞【同步案例 4-4】

故宫博物院旅游指南

一、景区概况

故宫博物院是在明、清两代皇宫及其收藏的基础上建立起来的中国综合性博物馆。其位于北京市中心，前通天安门，后倚景山，东近王府井街市，西临中南海。1961 年，经国务院批准，故宫被定为全国第一批重点文物保护单位。1987 年，故宫被联合国教科文组织列入世界文化遗产名录。

依照中国古代星象学说，紫微垣（即北极星）位于中天，乃天帝所居，天人对应，所以故宫又称紫禁城。明代第三位皇帝朱棣在夺取帝位后，决定迁都北京，即开始营造这座宫殿，至明永乐十八年（1420 年）落成。1911 年，辛亥革命推翻了中国最后的封建王朝——清王朝，1924 年逊帝溥仪被逐出宫禁。在此之前的五百余年中，共有 24 位皇帝曾在这里生活、居住并进行封建皇权统治。

紫禁城，四面环有高 10 米的城墙和宽 52 米的护城河。城南北长 961 米，东西宽 753 米，占地面积达 720 000 平方米。城墙四面各设城门一座，其中北面的神武门和南面的午门现专供参观者游览。城内宫殿建筑布局沿中轴线向东西两侧展开。红墙黄瓦，画栋雕梁，金碧辉煌。殿宇楼台，高低错落，壮观雄伟。朝暾夕曛中，仿若人间仙境。城之南半部以太和、中和、保和三大殿为中心，两侧辅以文华、武英两殿，是皇帝举行朝会的地方，称为“前朝”。北半部则以乾清、交泰、坤宁三宫及东西六宫和御花园为中心，其外东侧有奉先、皇极等殿，西侧有养心殿、雨花阁、慈宁宫等，是皇帝和后妃们居住、举行祭祀和宗教活动以及处理日常政务的地方，称为“后寝”。前后两部分宫殿建筑总面积达 163 000 平方米。整组宫殿建筑布局谨严，秩序井然，寸砖片瓦皆遵循着封建等级礼制，映现出帝王至高无上的权威。在封建帝制时代，普通的人民是不能，也不敢靠近它一步的。

辛亥革命后，这座宫殿本应全部收归国有，但按照那时拟定的《清室优待条件》，逊帝溥仪却被允许“暂居宫禁”，即“后寝”部分。当时的政府决定，将热河（承德）行宫和盛京（沈阳）故宫的文物移至故宫的“前朝”部分，于 1914 年成立了“古物陈列所”。溥仪暂居宫内，一直与亡清残余势力勾结，图谋复辟，且以赏赐、典当、修补等名目，从宫中盗窃大量文物，引起了社会各界的严重关注。1924 年，冯玉祥发动“北京政变”，将溥仪逐出宫禁，同时成立“清室善后委员会”，接管了故宫，对宫内文物进行清点。又经过一年的紧张筹备，于 1925 年 10 月 10 日在乾清宫门前广场举行了盛大的建院典礼，并通电全国，宣布故宫博物院正式成立。开放的第一天，人们以争先一睹这座神秘的皇宫及其宝藏为快，北京城内交通堵塞，此亦成为当天各大报纸的重大新闻。

经初步清点，清代宫廷遗留下来的文物，据1925年公开出版的28册《清室善后委员会点查报告》所载，计有117万余件，包括三代鼎彝、远古玉器、唐宋元明之法书名画、宋元陶瓷、珐琅、漆器、金银器、竹木牙角匏、金铜宗教造像以及大量的帝后妃嫔服饰、衣料和家具等。可谓金翠珠玉，奇珍异宝，天下财富，尽聚于此。除此之外，还有大量图书典籍、文献档案。为此，故宫博物院下设古物馆、图书馆、文献馆，分别组织人力继续对文物进行整理，并在宫内开辟展室，举办各种陈列，还编辑出版多种刊物，公开资料，进行宣传，各项工作开展得有声有色。

第二次世界大战全面爆发前夕，日本帝国主义侵占了我国东北，步步进逼华北，形势危急。为了保护故宫文物不遭战火毁灭或被日本帝国主义掠夺，故宫博物院决定采取文物避敌南迁之策。从1933年2月至5月，宫内重要文物被装成13 427箱又64包，分五批先运抵上海，后又运至南京。遂于南京建立文物库房，并成立了故宫博物院南京分院。1937年，“七七事变”爆发。南迁文物又沿三路辗转迁徙至四川，分别存于四川省的巴县、峨眉和乐山。直到抗日战争胜利后，三处文物复集中于重庆，于1947年运回南京。在中国人民解放军即将渡江之际，即1948年底至1949年初，南京国民党政府从南京库房中挑选出2 972箱文物运往台湾，后于台北市士林外双溪建立新馆，公开对外展出。余下的大批文物，在1949年以后陆续运回故宫博物院，约10 000箱，但至今还有2 221箱仍封存于南京库房，委托南京博物院代为保管。在这场长达十余年的战争中，由于故宫博物院的工作人员不畏艰难险阻，尽职尽责，南迁文物数量虽巨，却没有一件丢失或损坏，故宫工作人员的精神、事迹，可歌可泣。

中华人民共和国成立后，故宫博物院的工作人员以崭新的精神面貌投入新的工作中去。拔除杂草，疏通河道，清理垃圾。20世纪50年代初，从宫内清除的上百年的垃圾竟达250 000立方米，自此院容焕然一新。故宫博物院制定了“着重保护、重点修缮、全面规划、逐步实施”的古建维修方针，经过几十年的努力，许多残破、渗漏、濒临倒塌的大小殿堂、楼阁得到了修复和油饰，愈显金碧辉煌。院内各处高大宫殿都安装了避雷设施，又以巨额投资建设了防火防盗监控系统和高压消防给水管网，使这座古老的宫殿建筑得到了更加有效的保护。特别是改革开放后，在政府的大力支持下，彻底整治了环绕故宫的筒子河，更好地再现了昔日皇城的风貌。

在文物工作方面，二十世纪五六十年代的重点是对故宫博物院旧藏的清宫文物重新清点核对，登记造册，进行鉴别、分类和建档，纠正了过去计件不确之处并增补了遗漏的文物，例如，从杂物堆中发现了用草帘裹着的象牙席，修复漱芳斋戏台时发现在地板下存放的传为唐代卢棱伽的《六尊者像》册页等。通过长达十余年的工作，总计清理出清宫旧藏文物71万余件。与此同时，还通过国家调拨、向社会征集和接受私人捐赠等方式，新入藏文物达22万余件，大幅度地填补了清宫旧藏文物时代、类别的空缺和不足，诸如石器时代的彩陶，商、周时期的青铜器、玉器，汉代的陶俑，南北朝的石造像，唐代的三彩等。而新入藏的古代书法名画尤为大宗，为世人所注目，如晋代陆机的《平复帖》、王珣的《伯远帖》、顾恺之的《洛神赋图》，隋代展子虔的《游春图》，唐代韩滉的《五牛图》、杜牧的《张好好诗》，五代顾闳中的《韩熙载夜宴图》，宋代李公麟的《临韦偃牧放图》、郭熙的《窠石平远图》、张择端的《清明上河图》等，均是世间瑰宝。此项工作数十年坚持不懈，近年还从市场上以巨资购回宋代张先的《十咏图》、元代迺贤的《南城咏古诗帖》、明代沈周的《仿黄公望富春山居图》、清代石涛的《高呼与可图》等，尤其前两件是溥仪以赏赐溥杰为名从宫中盗出而流散民间的，今日复归宝藏。

为保护好这批数量巨大的古物瑰宝，从二十世纪五六十年代起故宫对原有库房进行了大规模的修整，采取了防潮、防虫的各种措施。二十世纪九十年代后又建立了新的文物库房，可入藏文物60万余件。新库房恒温、恒湿，防火、防盗，并采用现代化技术自动控制，可保文物安全无虞。自1950年开始，组建了文物修复工厂，1980年扩建为文物保护科学技术部，继承、利用传统工艺技术和引进自然科学新成果，对残损的文物进行修复，数十年来为本院及兄弟单位累计修复文物达11万余件。

为了使院藏瑰宝和广大观众见面，在陈列展览方面，除了保存和复原三大殿、后三宫和西六宫等处的原状陈列之外，又不定期开辟了青铜、陶瓷、工艺、书画、珍宝、钟表等专馆，供参观者欣赏。还开设有临时展厅，举办各种主题性展览，如近年来的古书画真伪对比展、古陶瓷真仿品对比及古窑址资料展、清代宫廷包装艺术展、五十年入藏文物精品展等，都是广受社会各界欢迎的展览。同时也引进国内各兄弟博物馆和国外的收藏文物展。为满足广大群众的要求，故宫博物院还组织小型文物展到各省市博物馆展出，并应邀到国外举办各种形式的展览。特别是改革开放以来，此类展览愈见频繁，曾赴展的国家有英国、美国、法国、苏联、德国、奥地利、西班牙、澳大利亚、日本、新加坡等，所到之处，无不引起当地观众的极大兴趣，使异国的人民得以了解中华民族悠久的历史和光辉灿烂的民族文化艺术，为促进我国与世界各国人民的友好关系和文化交流做出了巨大的贡献。

近十几年来，故宫博物院平均每年接待中外观众600万～800万人次，而且，随着旅游事业的发展，观众的人数有增无减，可见人们对紫禁城的兴趣长盛不衰。

除了直接面向观众之外，故宫博物院同时组织编辑出版各种图书画册和定期刊物，向社会各界广泛介绍故宫的宫殿建筑和文物收藏。已出版的大型图册有《故宫博物院藏历代名画集》《故宫藏瓷选》《国宝》《紫禁城宫殿》《清代宫廷生活》《国宝荟萃》《故宫博物院藏珍品文物全集》等，不胜枚举。定期刊物有《故宫博物院院刊》《紫禁城》两种。

从1997年起，为了适应故宫博物院深化改革开放的需要，院内组织机构又进行了重大的改革，将原先分置的保管、陈列和研究三个部门进行改组，成立了古器物部、古书画部、宫廷部和展览宣教部。新组建了资料信息中心，专司推进故宫博物院的信息化工作。故宫陆续投入资金，引进现代科学技术，开通了院内的计算机光纤网络系统和各类管理用数据库，又利用联通世界的国际互联网建立了故宫博物院的网站。现在身处异地的人们也可通过互联网，畅游这座神秘的宫殿，一窥故宫雄奇瑰丽的建筑和琳琅满目的文物收藏。

二、旅游资讯

1. 参观时间

故宫博物院全年周二至周四开放（除法定节假日，周一闭馆）

11月1日至3月31日

开馆时间 8:30—16:30　停止入馆时间 15:40

4月1日至10月31日

开馆时间 8:30—17:00　停止入馆时间 16:10

2. 注意事项

具体信息请参阅《紫禁城快讯》，http：//www. dpm. org. cn/China/default. asp。

3. 乘车路线

公交车：1、120、2、52、82、夜1、观光1线、观光2线天安门东站；1、5、52、夜1、观光1线、观光2线天安门西站。

地铁：1号线天安门东站。

4. 购票说明

（1）票价：

每年4月1日至10月31日为旺季，大门票60元/人；

每年11月1日至次年3月31日为淡季，大门票40元/人；

珍宝馆门票：10元/人；

钟表馆门票：10元/人。

（2）门票预约：

务必通过官方渠道“故宫博物院”小程序实名预约门票（大门票和钟表馆、珍宝馆及展览），应于参观前7日20：00开始预约，不售当日票；年票观众须至少提前一日登记参观。

（3）门票优惠政策：

未满18周岁的中国公民（含港澳台居民）及获得永久居留权的外国人免费参观，但须预约。未满14周岁的未成年人入院参观须有成年人陪护，1名成年人最多可带3名未满14周岁的未成年人。

18周岁以上、本科及以下学历（不含成人教育），可购学生票，淡旺季均半价。检票时需出示学生证、学校介绍信等有效身份证明。

60周岁以上（含60周岁）老年人凭有效身份证原件，门票半价优惠。

离休干部凭离休证，免费参观。

持有本市社会保障金领取证的人员，凭相关有效证件原件，门票半价优惠。

残疾人凭本人残疾证件，免费参观。陪护人不享受优惠，须预约。

“三八”妇女节当日（如遇周一闭馆，提前1日实行），妇女享受门票半价优惠。

“六一”儿童节当日（如遇周一闭馆，提前1日实行），未满14周岁少年儿童的陪同家长一人享受半价优惠。

“八一”建军节当日（如遇周一闭馆，提前1日实行），现役军人、退役军人、离退休军人、消防救援人员、烈士遗属、因公牺牲军人遗属、病故军人的遗属、现役军人家属，凭有效证件，免费参观。

5. 服务项目

（1）汉语、英语、日语录音导游；

（2）汉语、英语、日语讲解员讲解服务；

（3）商品服务（旅游纪念品、图书、食品）；

（4）广播；

（5）存包。

6. 联系电话：65××××55，网址：http：//www.dpm.com.cn

（资料来源：故宫博物院旅游指南）

【同步案例 4-4】分析

该旅游指南首先介绍了故宫博物院的概况，其中包括它的规模、历史变迁及它的价值、特色等内容，让游客首先对故宫博物院有一个大致全面的了解；接着介绍了参观时间、注意事项、乘车路线、购票说明及服务项目。其内容既真实又实用，给到故宫参观游览的旅游者提供了很好的指南。

同步习题

1. 在我们旅游途中或者是到旅游景区开展社会实践时，请观察导游的讲解，并写出他在导游词运用方面的特点。

2. 能够运用导游词的写作知识，搜集你所在地熟悉的旅游景点资料，创作一篇导游词，并进行模拟导游。

3. 查找两份旅游景区介绍和旅游指南，内容可以是自然风光、人文古迹。认真研读，分析它们的特点，并分析旅游景区介绍和旅游指南的区别。

4. 请为你熟悉的景区写一则旅游指南。

5. 请为你所在城市的某一旅游景点写一篇景点介绍。

项目五

旅游礼仪文书

知识目标

（1）了解礼仪文书的概念、特点、作用；
（2）掌握欢迎词、欢送词的格式和写作要求；
（3）掌握答谢词、祝词的格式和写作要求；
（4）掌握贺信、贺电的格式和写作要求。

能力目标

（1）能够撰写欢迎词和欢送词；
（2）能够撰写答谢词和祝词；
（3）能够撰写贺信和贺电。

项目概述

礼仪是礼节和仪式的简称，是人和人之间彼此表示问候、尊重、赞美、友好等各种行为方式的体现。礼仪文书是旅游行业使用较为频繁的一类文书，是旅游应用文写作的重要组成部分。随着旅游业的不断发展，礼仪文书的种类也比以往有所增加。它们种类不同，使用场合不同，写作格式和要求以及习惯语也有不同。

人生活在社会当中，必然要置身于各种各样的社会活动，面对形形色色的人际交往、错综复杂的人际关系，若要维护、调节、发展正常的人际交往和人际关系，就要讲究一定的礼仪。

一、旅游礼仪文书的概念

礼仪文书是国家、单位、个人在不同的场合，根据各种不同的情况，按照相应的民间习俗、人之常情所写的表示礼节的、具有较固定格式的文书。

旅游礼仪文书就是在与旅游相关的各种活动中使用的旅游专用礼仪文书。如在旅游博览会上所致的祝词，在酒店周年庆典上所致的贺词都属于旅游礼仪类文书。

中国是礼仪之邦，礼仪文书源远流长，种类繁多。随着时代的发展，我们已经进入了一个全面公共关系的时代，人际交往日益频繁，祝贺、迎送、答谢等活动越来越多。学会写作这类相关的应用文书对我们的工作和生活都会有很大的帮助。

二、旅游礼仪文书的特点

（一）传统性

礼仪文书是传统的应用文，在西晋文学家挚虞的《文章流别集》中就有颂辞、哀辞等礼仪文书。今天的礼仪文书是在传统的基础上发展起来的，又随着社会的发展变化而发展变化，旅游礼仪文书同样如此。

（二）交往性

旅游礼仪文书主要用于旅游交往活动。它是一种具有“双边”关系的文书，具有明显的交际往来的特点，如欢迎词、欢送词等。

（三）礼节性

在旅游交往活动中，很重要的一点是礼节。而用于交往活动的文书，当然也体现了这种礼节性。要因人、因事、因时、因地，写出合乎场合、合乎人物身份的礼仪文书。

（四）情感性

旅游礼仪文书实际上是人们在进行旅游活动时，交流情感的一种书面形式，所以它不仅是写作技巧问题，还是情感表达、情感交流的深度的问题。

三、旅游礼仪文书的作用

（一）有利于促进人们的相互沟通和尊重

在人际交往中，自觉地执行礼仪规范，可以使交往双方的感情得到沟通，在向对方表示尊重、敬意的过程中，获得对方的理解和尊重。旅游过程中以礼相待，有助于加强人们之间互相尊重，建立友好合作的关系，避免不必要的矛盾和冲突。

（二）有利于企业、员工形象的塑造

只有做好应有的礼仪才能让企业在形象塑造、文化表达上达到一个令人满意的水平。礼仪文书也有助于员工形象的塑造，如导游在接待游客时，热情洋溢的欢迎词就能给游客宾至如归的感觉。

（三）有利于规范、约束人们的行为

在社会生活中，礼仪约束着人们的态度和动机，规范着人们的行为方式，协调着人与人之间的关系，维护着社会的正常秩序，在社会交往中发挥着巨大的作用。

任务一　欢迎词、欢送词

任务导入

有一个40人的“夕阳红”旅游团从北京来扬州旅游，假设你是这个团队的地陪导游员，那在拿到计调的通知单后，你要做哪些工作？

理论点拨

一、欢迎词

（一）欢迎词的概念

欢迎词是在迎接宾客的仪式上或在会议开始时，对宾客的到来表示欢迎时所用的礼仪文书。欢迎词主要用于典礼仪式、喜庆仪式、祝酒祝寿、设宴洗尘以及导游人员与旅游者第一次见面时等场合。

欢迎词是一种主动性的致辞，通过致欢迎词可以为双方今后的关系和交往营造一个良好的开端或气氛。

（二）欢迎词的特点

讲究礼貌，亲切热情，通俗动听，篇幅简短。

（三）欢迎词的撰写

1. 欢迎词的结构与写法

（1）标题。标题通常有两种形式。

一是“三要素”式，即由致辞人、致辞场合与文种构成，如“×××在××欢迎晚宴上的欢迎词”。

二是“文种”式，即只写“欢迎词”三个字。

（2）称谓。称谓是对欢迎对象的称呼。称呼措辞要特别注重礼貌，可加上“亲爱的”“尊敬的”等表示亲切程度的修饰语。称呼一般不能用简称或省略式称呼，以免引起歧义。

（3）正文。正文由前言、主体、结尾三部分构成。

① 前言。前言一般先概括说明宾客来访的背景，接着说明致辞人以什么身份、代表谁向谁表示欢迎意愿，也可直截了当地表示欢迎之意，如“在海南的安徽乡亲热烈欢迎你们!”

② 主体。主体是致辞的中心内容，或写来访的意义、作用，或表达主人对客人的殷殷期盼之情，或回顾双方的交往与友谊，或表示对造访预期目的的期待与祝愿。

③ 结尾。祝愿宾客来访取得圆满成功，并祝愿宾客在访问期间过得愉快。再一次表示欢迎之意。

2. 欢迎词的写作要求

（1）诚恳热情，感情真诚。

（2）措辞委婉，不卑不亢。

（3）了解对方，不犯禁忌。

（4）语言明快，篇幅简短。

（四）导游欢迎词

1. 导游欢迎词的概念

导游欢迎词是导游对游客的到来表示欢迎的致辞，也是欢迎词的一种。导游欢迎词主要表达导游对游客的热烈欢迎之情，同时也营造游览活动开始前的轻松愉快的气氛。

2. 导游欢迎词的结构和正文写法

（1）导游欢迎词和一般的欢迎词在结构上类似，包括标题、称谓、正文、结尾四部分。

（2）导游欢迎词的正文写法包括：

第一，表示欢迎。通常用一句话来代表旅行社对游客的到来表示热烈的欢迎。

第二，自我介绍。导游接着向游客介绍自己，同时也介绍参加接待的各位工作人员，如司机等。

第三，表明态度。导游向游客表明愿意为大家服务的决心和保证，让游客对此次的游览放心。

第四，行程介绍。导游要向游客介绍此次的游览行程，让游客了解游览过程。同时也可简单介绍一下当地城市概况和风土人情。

第五，提醒注意事项。导游最后一定要向游客提醒游览行程中的注意事项，并表达希望得到游客的配合和支持。

☞【同步案例 5-1】

导游欢迎词

各位旅客朋友们：

大家好！很高兴在这样一个阳光明媚的日子里见到大家，首先我代表我们公司——九州行旅行社对大家的到来表示衷心的欢迎！托大家的福，很幸运地成为各位的导游，我姓×，大家叫我小×就可以了。我身边的这位是我们这次旅途中最为劳苦功高的一位——我们的司机刘师傅。刘师傅已有 26 年的驾车经验，由他开车大家可以放心。虽然我们的车厢不大，但却能容纳五湖四海，既然我们能从 960 万平方千米的土地上相聚到这个小小的车厢里，借用范伟的一句经典名言“缘分啊”，因为缘分我们坐到了一起，因为缘分我们成为朋友。既然是朋友，如果我有什么做得不合适的地方，大家要及时提出来，我会立即改正。不希望咱们大家在回程时才对我说：“小×这个地方你做得不好，小×那个地方你做得不对。”那个时候我就没有改正的机会了，我也只能对朋友们说：“抱歉，下次我会注意的。”同时也给大家提几个小建议：首先，我们的车已经行驶在高速公路上了，朋友们在座位上坐好就不要乱动了，以免车速过快发生危险。其次，大家都起得很早，大多要在车上吃早餐，那么希望大家把垃圾装进一个方便袋子里，下车的时候师傅会为大家清扫，这辆车将陪伴我们×天的时间，希望大家能保持一个好的环境。最后一点就是坐在窗边的朋友千万不要把手或头伸出窗外，以免被其他车辆剐伤。朋友们，注意下我们的车是蓝白相间的金龙车，车牌号是×××××，车牌号的后两位是××，也就是我们的团号，希望大家上车时注意识别。有一首歌叫《常回家看看》，有一种渴望叫常出来转转，说的就是旅游，旅游固然重要，但平安最重要。谢谢大家！

【同步案例 5-1】分析

这是导游与游客第一次见面时所致的欢迎词。内容包括：第一，代表旅行社欢迎游客到来；第二，介绍自己和司机；第三，表达尽力做好服务工作及希望得到合作的愿望。第四，安全提示。第五，告知车牌号和团号，再次强调安全的重要性。内容完整，情感真挚。

☞【同步案例 5-2】

欢　迎　词

××酒店的领导、同志们：

××酒店和××酒店虽然位于不同的城市，但我们的友谊是地理距离分隔不了的。今天，贵店的领导、同志来我店参观、指导，这是我们交往中的又一件大事，我代表××酒店的领导和全体员工，并以我个人的名义，对你们的光临表示热烈欢迎！

××酒店是××市一家历史悠久的中式酒店，我们××酒店是××市的涉外合资酒店，兼有中西风格。虽然我们在经营方法、管理等方面有不尽相同的地方，但这并不妨碍我们之间的友好往来和交流合作。几年来，我们双方经常互派代表交流、学习，借鉴对方的经验和管理模式，彼此结下了深厚的友谊。我深信，贵酒店此次来访必将取得圆满成功，必将更加增进我们之间的友谊，为我们共同成为当地最佳酒店而努力奋斗！

请允许我再一次对你们的光临表示热烈欢迎！

谢谢大家！

××酒店经理××

××××年××月××日

【同步案例 5-2】分析

这篇欢迎词内容简洁明了，语言明快。

☞【同步案例 5-3】

东方旅游学院部分师生去东湖宾馆参观学习，宾馆总经理在欢迎仪式上致辞。

欢　迎　词

尊敬的各位教师、各位同学们：

在此谨代表本宾馆的全体员工欢迎阁下同志们光临东湖宾馆。

东湖宾馆坐落于风景秀丽的东湖岸边，三面环水，环境幽雅，具有岛国风情，是×× 市委、市政府对外接待和开放的窗口。希望我们的服务能够让阁下有宾至如归的感觉，在此将宾馆内设备及服务向你们做一介绍。

我们将忠诚地为阁下服务效劳，并希望各位对我们的服务提出宝贵意见。

东湖宾馆

总经理谨致

【同步案例 5-3】分析

这篇欢迎词存在以下问题：(1) 称谓不准确，应改为“尊敬的各位老师、同学”，将第二个“各位”或“们”删去。(2)“阁下同志们”应改为“老师、同学们”。(3)“希望我们的服务能够让阁下有宾至如归的感觉”一句不妥当，因为欢迎师生不是欢迎入住宾馆的旅客。(4)“在此将宾馆内设备及服务向你们做一介绍”一句不妥当，或向师生作具体介绍，或省略不讲，留待以后再讲。(5)“忠诚地为阁下服务效劳”应改为“竭诚服务是我们的服务宗旨”等字样，并表示要互相学习的意思。(6) 缺少结尾。应在结尾处再一次表示欢迎或希望互相学习之意。(7) 落款应有署名和日期，“总经理谨致”可以删去。

二、欢送词

（一）欢送词的概念

欢送词是在送别宾客的仪式上或会议结束时，对宾客的离去表示热情欢送时所用的礼仪文书。真挚热烈的欢送词可让宾客带走友谊与关爱，它能很好地传达出主人的热情周到、依依惜别之情，起到传递人间真情与爱心的桥梁作用。

（二）欢送词的特点

诚恳真挚，心意恳切，用语感人，简洁明了。

（三）欢送词的撰写

1. 欢送词的结构与写法

(1) 标题。标题通常有两种形式。

一是“三要素”式，即由致辞人、致辞场合与文种构成。如“××在××届毕业典礼上的讲话（欢送词）”。

二是“文种”式，即“欢送词”三个字。

(2) 称谓。写对欢送对象的称呼，与欢迎词一样，需要讲究措辞，一般要使用尊称。

(3) 正文。正文由前言、主题、结尾三部分构成。

① 前言。作为东道主，首先对宾客来访期间的辛劳予以抚慰。

② 主体。主体是致辞的中心内容，或表示依依惜别之情；或表达照顾不周之意；或述说友谊长存之愿；或描述双方合作的乐观前景。

③ 结尾。再次表示诚挚的谢意与良好的祝愿。

2. 欢送词的写作要求

(1) 热情友好，感情真诚。

(2) 赞美得当，恰到好处。

(3) 言简意赅，短小精悍。

（四）导游欢送词

1. 导游欢送词的概念

导游欢送词是导游在旅游活动结束时对游客表示欢送的致辞。它是欢送词的一种。导游欢送词主要表达对游客的欢送和惜别之情，同时也为整个旅游活动做一个小结。

2. 导游欢送词的结构和正文写法

（1）导游欢送词和一般的欢送词在结构上类似，包括标题、称谓、正文、结尾四部分。

（2）导游欢送词的正文写法。

第一，表达依依惜别之情。旅游行程虽然短暂，但导游和游客之间已产生了友谊，所以在结束行程时导游一定要像对待朋友离别一样表达依依惜别之情。

第二，表达真诚感谢之情。每一次游览活动得以顺利进行都离不开游客的配合和支持，所以在结束行程时导游一定要在欢送词中表达真诚的感谢之情。

第三，对游览活动做一个总结。再次向游客总结介绍游览的景点，加深游客的印象。

第四，征求游客的意见。导游要谦虚地指出自己在导游服务中的不足，希望游客指出并给予理解和包涵。

第五，表达对游客的祝福。表达对游客的深深的祝福，期待和欢迎游客的再次光临。

【同步案例 5-4】

欢　送　词

女士们、先生们：

我很高兴在过去的几天里能够为你们做导游，从而有机会认识并了解你们，在过去的几天里，我们在一起共度了许多时光，希望大家和我一样感到高兴。我们已尽了最大努力使你们的海南之行圆满愉快，我们当然也希望你们确实感到十分圆满和愉快，如果将来有机会再次来访，请随时与我社联系，我们将尽力安排，但愿能够很快再次见到各位，祝你们归途愉快。感谢你们到海南来并接受我们的服务，再见！

××市××旅行社导游：××

××××年××月××日

【同步案例 5-4】分析

这是导游欢送游客的欢送词，内容全面，言简意赅，感情表达恰如其分。

任务二　答谢词、祝词

任务导入

小张将在毕业典礼上代表全班同学致答谢词。那么答谢词有什么特点？它包括哪些内容呢？

理论点拨

一、答谢词

（一）答谢词的概念

答谢词是指在茶会或酒宴上，被欢迎者或被欢送者对别人的帮助或款待表示感谢时所用的礼仪文书。

礼尚往来是中华民族的传统美德。主人尽地主之谊理所当然，客人庄重致谢情理之中。它一般运用于较为隆重宏大的社交场合，它是社会文明进步的表现形式之一。

（二）答谢词的特点

（1）讲究礼貌、庄重严谨。

（2）真挚诚恳、尊重习惯。

（3）篇幅简短、气氛热烈。

（三）答谢词的结构与写法

1. 答谢词的结构与内容

（1）标题。标题通常有两种形式。

一是“文种”式，即只写“答谢词”三个字。

二是“三要素”式，即由致辞人、致辞场合与文种构成，如“××在××上的答谢词”。

（2）称谓。称谓是对致谢方的称呼，与欢迎词、欢送词一样需讲究礼貌措辞。

（3）正文。正文一般由前言、主体、结尾三部分构成。

① 前言。前言要对主人的盛情款待表示感谢。

② 主体。主体是答谢词的主要内容，或赞颂主人的成绩与贡献；或回顾近期双方愉快的合作；或肯定这次活动的成功、意义及影响；或表明对巩固与发展双方友谊的打算与愿望。

③ 结尾。再一次表达谢意，并祝福对方。

2. 答谢词的写作要求

（1）感情真挚、坦诚热烈。

（2）评价适度，恰如其分。

（3）篇幅简短，语言精练。

☞【同步案例 5-5】

答　谢　词

尊敬的王强总经理、九州旅行社的朋友们：

首先请允许我代表神州行旅行社全体成员向王强总经理及九州旅行社对我们此次考察的盛情接待表示衷心的感谢！

我们神州行旅行社首次来贵地考察，此次考察时间虽短，但我们收获颇大。仅三天的时间，我们对贵地的旅游业有了比较全面的了解，也与九州旅行社建立了友好的合作关系。这一切，都得益于你们的大力支持和真诚合作，对此，我们表示衷心的感谢！

旅游业是国民经济的战略性支柱产业，有着广阔的发展前景。九州旅行社拥有一支经验丰富、专业敬业的团队，在王强总经理的带领下，在贵地旅游市场中一枝独秀。今天我们神州行旅行社有幸与你们建立友好的合作关系，为我们的发展提供了新的契机，必将推动我们神州行旅行社迈上一个新台阶。

最后，我代表神州行旅行社再次向你们表示真诚的感谢，并祝九州旅行社蓬勃发展、再创佳绩，更希望我们的合作能够成功，实现双赢！

神州行旅行社总经理

张辉

2023 年 4 月 8 日

【同步案例 5-5】分析

这篇答谢词，首先是对九州旅行社的接待表示感谢，然后具体阐述了九州旅行社对神州行旅行社此次考察的帮助以及神州旅行社考察的收获；然后肯定了九州旅行社的成绩；最后是感谢语和祝颂语。这篇答谢词表达了答谢者表达谢意的原因，态度谦恭、礼貌，语言简练，结构完整，是一篇比较典型的答谢词。

☞**【同步案例 5-6】**

在接受救灾粮仪式上的答谢词

亲爱的××领导，远道而来的客人们：

今天，我们怀着无比激动、无比振奋的心情，在这里迎接给我们县师生捐赠救灾粮的××红十字会的亲人。

今年 7 月以来，我国遭受了百年未遇的大旱灾。7—9 月，炎阳连天，滴雨不下，池塘干涸，溪河断流，田地龟裂，禾苗枯死，真是赤地千里！虽经我们奋力抗灾，但自然灾害的肆虐，使 10 多万人饮水困难，30 多万亩田颗粒无收。我们县的中小学生，就有 1 万多名因受灾停学，还有几万名靠同学、教师、亲属的接济度日。然而，党和政府没有忘记我们，兄弟县市的乡亲没有忘记我们，省市领导多次亲临，视察灾情，组织救援，市县国家干部职工争相解囊，捐粮捐钱。今天，我们又接到了你们无私捐助的大批救灾粮食。“一方有难，八方支援”，团结互助，无私奉献，只有在今天优越的社会主义制度下，只有在我们伟大的社会主义祖国才能办到！

谢谢你们，远方的亲人！我们全县人民、全县中小学生，一定从你们的援助中汲取力量，奋发图强，重建家园；努力学习，奋勇登攀，以崭新的成绩，来报答党和人民的关怀，报答你们的深情厚谊！

【同步案例 5-6】分析

该答谢词除首、尾两段外，中间主体部分几乎全部内容都是有关“致谢缘由”的，感情表达热烈、真挚。

二、祝词

祝词也称祝辞，是对特定对象表示良好祝愿的言辞或讲话稿。祝词有祝人和祝事两大类。一般来讲，有会议祝词、节庆祝词、典礼祝词、奠基仪式祝词、祝酒词、祝寿词等。

（一）祝词的特点

一是主题先行。向谁祝贺，祝贺什么，开门见山。

二是表述直白。既然是祝贺就不必过于含蓄，须直来直去，有啥说啥。

三是现场感十分强。祝词是当着对方的面讲的。

四是语言华美、工整。表述上的直白通俗，并不等于粗俗乏味。深思熟虑，用词考究，但不宜故作高深、玩弄辞藻。

（二）祝词的结构与写法

祝词的结构可以分为四个部分：标题、称呼、正文和落款。

（1）标题。标题写在第一行正中，如“祝词”，也可以写成“××给××的祝词”等。

（2）称呼。在第二行顶格写被祝贺对象的名称。如果被祝贺对象的地位或身份较高，可以把其姓名、职务写在称呼上，也可以在称呼前加上表示尊敬的修饰语，如“尊敬的×××”。如果是对集体的祝贺，那么称呼应该包括所有被祝贺者，称呼后边用冒号。写作时一定要注意：如果是对集体的称呼，前边已经写“全体”或“各位”，后边就不要写“们”。

（3）正文：一般有以下几个层次：表示祝贺；指出取得的成绩及其意义；表示向祝贺的对象学习、关心等；进一步表示祝贺或提出希望、表示决心。

（4）落款：在正文右下角署名，在署名下一行相应的位置写日期。如果是在报刊上发表，则将它们写在标题下面。

（三）祝词的写作要求

（1）称谓应礼貌、妥帖。祝词的对象可以是群体，可以是个人，也可以是某种活动，在实际运用中，祝贺的对象又是特定的。祝词的称谓要根据对象的不同，做到既要尊重对方有礼貌，又要把握分寸。如果是机关单位的集会、典礼、宴会，可称“各位领导、同志”；如果是一般性的涉外招待会、宴会，可依次称“女士们、先生们、同志们”；如果是重要的涉外招待会、宴会，则应首先突出出席招待会或宴会的重要客人；如果是外国总统来访，祝酒词的开头应先称：“尊敬的总统先生、××国的我们十分尊贵的客人们”，既表明了对总统的尊敬，又符合我们热情好客的礼节；如果是针对某个人，开头要加尊称，表达亲切、尊敬之意。

（2）表达准确、感情充沛。要准确了解祝贺人与祝贺对象的关系，有针对性地拟写祝词。祝词的正文包括谁祝贺、祝贺谁、祝贺什么等。彼此的关系决定了祝词内容中该说哪些话、回避哪些话，说话的语气、态度、分寸，都必须认真考虑，做到恰如其分。同时，为达到祝词的最佳表达效果，一般语句要热情，充满希望，富有感染力，使对方感到温暖、愉快。最后以祝愿的话作结尾。

需特别注意的是：祝词写作要主旨鲜明，语言平实，感情真挚，短小精悍，富于感染性、启发性和鼓动性。

☞【同步案例 5-7】

为恩师祝寿词

学友们：

值吕××老师八十华诞之时，我们来到省会××，欢聚一堂，庆贺恩师健康长寿，畅谈离情别绪，互勉事业腾飞，这一美好的时光，将永远留在我们的记忆里。

现在，我提议，首先向吕老师敬上三杯酒。第一杯酒，祝贺老师华诞喜庆；第二杯酒，感谢老师恩深情重；第三杯酒，祝愿老师健康长寿！

有位著名的作家说："在所有的称呼中，有两个最闪光、最动情的称呼：一个是母亲，一个是老师。老师的生命是一团火，老师的生活是一曲歌，老师的事业是一首诗。"那么，我们的恩师——吕××老师的生命，更是一团燃烧的火；吕老师的生活，更是一曲雄壮的歌；吕老师的事业，更是一首优美的诗。

吕老师在人生的旅程上，风风雨雨，历经沧桑 80 载，他的生命，不仅在血气方刚时喷焰闪光，也在壮士暮年中流光溢彩。

吕老师的一生，视名利淡如水，看事业重如山。他曾和绘画大师齐白石先生过从甚密，他的两枚印章便是齐白石亲手所刻。本可以脱离教育，发财致富，但他舍不得莘莘学子，为振兴中华，在粉笔生涯中，他度过了 50 个春秋，宵衣旰食，呕心沥血。吕老师教我们怎样做人，如何做文。他的亲切教诲，恰如清凛凛的泉水，在我们心灵的河床里，潺潺流动，从青年流到壮年。

吕老师博学多识，嗜书如命，具有学者素质，堪称豫东名流、宁陵才子。吕老师富有云水风度、松柏气节。抗战时期，他严词拒绝为日寇做事，捍卫了民族尊严，誓死不与伪政权同流合污，坚守了民族气节。真可谓：学高做我师表，身正为我垂范。回想恩师当年宁陵播春雨，喜看桃李今朝九州竞妍丽。

祝老师福如东海，寿比南山！

×××

××××年××月××日

【同步案例 5-7】分析

这篇祝寿词，主题明确，感情充沛，首尾照应，不失为一篇出色的祝寿祝酒词。

任务三　贺信、贺电

任务导入

××中青旅成立10周年，总经理安排小张代表本公司给××中青旅成立10周年写一封贺信。那么贺信和一般书信有什么区别？贺信有什么特点？贺信的内容包括哪些呢？

理论点拨

一、贺信

（一）贺信的概念

贺信也称祝贺信，是向对方表示庆贺、赞扬、表彰时的专用书信。

当某旅游服务单位、部门或其员工取得重大成绩时，当旅游机构举行重大会议或庆祝活动时，当某酒店某项重要工程竣工时，别的旅游服务单位或个人都可以用贺信向对方表示祝贺。旅游业贺信可直接寄给对方，可派人送去，也可通过报刊发表或在电台、电视台播出。

（二）贺信的类型

根据行文的方向，贺信可分为以下三种。

（1）上级单位写给下级单位及所属职工的贺信。这种贺信一般是在节日或对方取得重大成绩时使用，除了表示慰问、祝贺外，还可提出希望和要求，如某市文化和旅游局写给下属旅行社的建社周年贺信。

（2）下级单位或个人向上级领导机关发出的贺信。通常在上级召开重要会议时表示祝贺，同时汇报自己的成绩，表示自己进一步做好工作的决心或对上级给予的关怀表示感谢，如某市文化和旅游局在全省旅游工作会议上所致的贺信。

（3）同级单位之间、个人与个人之间的贺信。这种贺信一是向对方表示祝贺，二是表示要向对方学习，起到相互鼓励的作用。如某酒店员工对另一酒店员工在全国技能大赛中获奖表示祝贺时所致的贺信。

（三）贺信的特点

1. 及时性

对喜庆表达祝贺而写的贺信一定要及时，一般应赶在事前或当日，不能事后为之。

2. 针对性

无论是用于祝愿还是祝贺，都应有具体的对象，称呼礼貌得体，诚恳地表达良好的祝愿。

3. 喜庆性

贺信是在喜庆的场合对祝贺对象的一种真诚的祝福和良好心愿的表达，因此喜庆性是贺信的最基本的特点。语言热情洋溢，充满喜庆、吉祥、欢乐。

（四）贺信的结构与写法

贺信一般由标题、称呼、正文和落款四部分构成。

（1）标题。在纸的第一行正中书写“贺信”或“祝贺信”字样。字要工整、大方。字体大于正文的字体。

（2）称呼。标题下两或三行顶格写明被祝贺单位或个人的名称或姓名。要用全称，人名前后可加恰当的修饰语和称呼语以表示亲切，称呼之后要用冒号，如“尊敬的××经理:”。

（3）正文。在称呼下一行空两格写祝贺内容。贺信的正文要包含以下几项内容。

① 开头用简练的语言写出祝贺的原因。通常用“值此……之际，谨代表×××向×××表示热烈的祝贺。”

② 祝贺的对象不同，主体部分内容与措辞也应有区别。

③ 概括说明对方都在哪些方面取得了成绩，分析其成功的主观、客观原因。例如贺寿的贺信，要概括说明对方的贡献及他的宝贵品质。

总之这一部分是贺信的中心部分，一定要写清祝贺的原因。

④ 表示热烈的祝贺。要写出自己祝贺的心情，由衷地表达自己真诚的慰问和祝福。要写些鼓励的话，提出希望和共同理想。

⑤ 最后，再次致祝贺语，即庆贺与祝愿的话。如“祝争取更大的胜利”“祝您健康长寿”等。

（4）落款。正文右下方分两行标出写贺词的个人或单位全称及时间。如果标题下已经写上姓名和时间，正文后边的落款就可不写。

（五）贺信与祝词的异同

同：贺信与祝词都是用于喜庆祝贺的文书。

异：贺信是对既有结果的庆祝、贺喜、赞美。祝词是对特定的对象表示良好祝愿，是对预期结果的祝愿、祈求、祝福。有时贺信与祝词可以互用，既表示庆贺、道喜，又提出祝愿、祈求。

（六）贺信的写作要求

（1）内容实事求是，评价恰如其分。

（2）感情饱满热烈，表达手法多样。

（3）语言精练庄重，篇幅短小精悍。

☞ **【同步案例 5-8】**

贺 信

《读者》杂志社：

我们怀着十分欣喜与钦佩的心情通知您，贵刊在刚刚结束的“中国期刊奖暨第二届全国百种重点社科期刊”评选中荣获“中国期刊奖暨第二届全国百种重点社科期刊”

称号。在此，向贵刊表示衷心的祝贺与诚挚的敬意。

处于世纪之交的“中国期刊奖暨第二届全国百种重点社科期刊”评选，是20世纪最后一次对全国期刊界的检阅，承前启后，继往开来，预示着新世纪中国期刊业进一步繁荣、腾飞的灿烂前景。吮吸着悠久历史的芬芳，沐浴着时代奋进的精神，祝愿贵刊早日成长为中国期刊之林的一棵参天大树。

《中国出版》杂志社敬贺

××××年××月××日

【同步案例 5-8】分析

这篇贺信语言精练、简洁明快、言简意赅但又不乏祝贺的情真意切，内容表达恰如其分，感情饱满充沛，充分表达出《中国出版》杂志社对《读者》杂志社所获荣誉的肯定与热情祝贺，由衷地表达了其真诚的敬意与祝福。

这篇贺信格式极其规范严谨，体现出祝贺单位对被祝贺单位的尊重和敬意。最后，点明这次评选是对全国期刊界的检阅，预示新世纪中国期刊业进一步繁荣、腾飞的灿烂前景，并进而提出鼓励、劝勉，希望《读者》杂志社在新世纪里早日成长为中国期刊之林的一棵参天大树。落款中“敬贺”二字作用不容忽视，它更密切了双方联系，礼多人不怪。

二、贺电

（一）贺电的概念

贺电是借助电报拍发的祝贺性、赞颂性礼仪文书，一般用于各部门、单位、集体或个人取得巨大成绩，做出重大贡献时的祝贺，也用于祝贺对方的重大喜事。发贺电既节省时间，又表示郑重，可在对方有值得祝贺的事情时，尽快传递祝贺的信息。

（二）贺电的结构与写法

贺电的结构与贺信基本相同，普通贺电内容相对简单，只说明祝贺何事即可，内容应明确、简洁，尽量节省文字，惜墨如金。

☞**【同步案例 5-9】**

贺　　电

中国体育代表团：

我国体育健儿在举世瞩目的第28届奥运会上不畏强手，奋力拼搏，取得了前所未有的优异成绩，实现了我国竞技体育在奥运会上新的历史性突破，为祖国和人民赢得了荣誉。党中央、国务院向你们表示热烈的祝贺和亲切的慰问！

我国体育健儿在本届奥运会上表现出的精湛运动技术和良好体育道德，进一步弘扬了奥林匹克精神，极大地增强了我国成功举办2008年奥运会的信心。我国体育健儿的出色表现，再一次向全世界展示了中华民族自强不息、奋发有为的精神风貌，展示了新世纪中华儿女积极进取、蓬勃向上的朝气和活力，给正在为全面建设小康社会团结奋斗的全国各族人民带来了巨大的鼓舞。祖国为你们骄傲，人民为你们自豪！

希望你们继续发扬胜不骄、败不馁的精神，增强斗志，再接再厉，不断提高自身素质和竞技水平，为促进奥林匹克事业的发展，为实现中华民族的伟大复兴做出新的更大贡献！

祖国和人民感谢你们，期待着你们胜利归来！

中共中央

国务院

2004 年 8 月 29 日

（资料来源：新华网）

【同步案例 5-9】分析

这是一份贺电，传达了中共中央、国务院对中国体育代表团在奥运会取得佳绩的祝贺信息。

同步习题

1. 有一个 40 人的“夕阳红”旅游团从外省来你们当地旅游，假设你是这个团队的地陪导游员，你将如何致欢迎词？

2. 高职高专学生社会实践交流会将于 2023 年 9 月 22 日在北京××大酒店举行，请你以北京××大酒店总经理的名义写一篇祝词。

3. 东方职业技术学院院长带领酒店管理系部分师生到上海金华酒店参观学习，受到了酒店领导和员工的热情欢迎和款待。金华酒店在师生到来时召开了欢迎会，临别时召开了欢送会。请你为酒店总经理写一篇欢迎词和欢送词，为院长写一篇答谢词。

4. 九州行旅行社的导游员张庆前往机场迎接来自山东的旅游团，请你代张庆写一篇欢迎词和一篇欢送词。

5. 天骄酒店将举行开业庆典，请以嘉宾的身份为这次庆典写一篇祝词。

项目六

旅游商务文书

知识目标

（1）了解旅游商务文书的概念、特点、作用；

（2）掌握旅游市场调查报告的结构和写作方法；

（3）掌握旅游项目可行性研究报告的结构和写作方法；

（4）掌握旅游合同的内容和写作方法；

（5）掌握旅游招标书和投标书的结构及写作方法。

能力目标

（1）能够设计调查问卷，开展旅游市场调查，根据调查结果撰写调查报告；

（2）能够在旅游市场调查的基础上撰写旅游项目可行性研究报告；

（3）能够在不违背法律的前提下根据双方的约定签订旅游合同；

（4）能够根据项目要求撰写招标书和投标书。

项目概述

旅游商务文书是指导旅游从业者和相关人员把握旅游市场的重要工具。旅游项目开始前要调研，研究项目是否可行，等等。这些最终都要形成报告，并作为项目开展、实施的依据。所以得心应手地撰写各类旅游商务文书，是旅游从业者必备的基本素质。

一、旅游商务文书的概念

旅游商务类文书是指旅游从业人员在旅游管理工作中处理日常事务、交流信息和解决问题时所使用的旅游应用文。它主要包括旅游市场调查报告、旅游项目可行性研究报告、旅游合同和招投标书等。

二、旅游商务文书的特点

（一）行文的针对性

旅游商务类文书的写作是就旅游商务活动中的某一事件、某一情况或某一问题，针对旅游商务活动或管理的特定对象而撰写的，有着鲜明而具体的写作目的，行文具有针对性。

（二）内容的专业性

旅游商务类文书的写作必须以国家经济政策、法律法规和经济理论为指导，在掌握客观实际情况的基础上，总结和分析现实的旅游商务活动规律或发展趋势，在内容的表达上多用专业术语和指标、数据来说明问题，内容具有专业性。

（三）体式的规范性

旅游商务文书就其外部形式而论，有其固定或稳定的写作格式。其格式可以分为法定格式和非法定格式，法定格式是由国家、旅游主管部门等制定的法规性文件规定的，这类文书的写作必须依法行文，如公文、合同等。非法定格式是长期以来人们约定俗成的惯用格式，具有程式性，如信函、规章制度等，体式具有规范性。

（四）语言的准确性

旅游商务文书的专业性决定了语言的准确性，凡是文章所涉及的情况，包括人物、事件、地点、时间、数字，都必须是真实、准确、可靠的。尤其强调的是，作为旅游商务文书，它的真实性、可靠性、准确性极其重要，不得有半点差错。

三、旅游商务文书的作用

（一）管理和指导作用

旅游商务文书的首要作用就是它的管理和指导作用。旅游管理是一项多层次的系统工作，为了使各个部门、各个环节协调一致，就必须借助旅游商务文书及时地将党和国家的方针政策以及上级部门的指令、决策、任务、要求、计划等传达给下级部门，对基层单位的工作进行具体领导和指导，以便统一思想，统一行动，令行禁止，步调一致，用以维护正常的旅游商务秩序，实现对旅游商务活动的有效管理。

（二）沟通和交流作用

在社会发生巨大变革的时代，要想获得最大的经济效益和社会效益，就要及时沟通情况，总结经验，提高效率，改进工作。各旅行社、酒店等基层单位要通过旅游商务文书向上级部门汇报工作、反映情况、提出建议，主动接受上级机关的领导；单位之间、部门之间也要通过旅游商务文书交流信息，加强横向联系，相互沟通，取长补短，促进竞争，获得支持和帮助。

（三）宣传和推广作用

这一点主要表现在三个方面。

第一，对典型经验的宣传和推广。通过旅游商务文书，可以对错综复杂的旅游经济现象进行科学的研究与分析，以便总结经验，揭示规律，抓住典型，指导一般，对旅游经济工作做出正确引导。

第二，对商情的反映与宣传。通过旅游商务文书，企业可以及时发布商品产、供、销方面的信息，加速商品流通，开拓市场，扩大销售，提高效益。

第三，对各旅游企事业单位知名度与美誉度的推销与宣传。旅游企事业的发展与其社会知名度是分不开的，社会知名度越高，社会评价越好，其发展的社会环境就越优越，前景就越广阔。反之，在其发展的道路上便会遇到重重障碍和困难。怎样提高企业的社会知名度与美誉度呢？除了靠自身的业绩外，在很大程度上还得通过一定的形式来推销，这种推销是通过相应的旅游商务文书来实现的。

（四）依据和凭证作用

来自上级部门的旅游商务文书常常是下级单位做出决策、开展工作的政策依据；来自下级单位的旅游商务文书常常是上级机关制定政策、部署工作的情况依据；与有关方面发生权益关系而形成的旅游商务文书则是维护自身合法权益的凭证，一旦发生经济纠纷，它们就会成为处理纠纷、分清违约责任的依据。

在完成了特定的任务后，有些旅游商务文书还需要归档保存，以备查考。这些文书将作为珍贵的历史资料被储存起来，供以后研究经济活动的规律、总结旅游经营管理的经验教训、预测经济发展的趋势、制定经济规划之用。作为依据和凭证，它们不但要发挥现实作用，还具有长远的历史作用。

任务一　旅游市场调查报告

任务导入

小张大学毕业后进入了一家5A级景区工作。“五一”黄金周期间，领导布置了一个任务给他，要求他在黄金周期间对景区的游客进行问卷调查，了解游客对景区服务的满意度，以便改进工作。如果你是小张，你将要开展哪些工作？如何进行调查？如何撰写调查报告？

理论点拨

从广义上说，调查报告应该包括市场调查报告、市场预测报告和经济活动分析报告。以下讲的调查报告是从狭义上来说的。它的应用范围最广泛，经常被用于反映现实生活中某些具有典型意义的先进经验、不良倾向或社会问题，也用于各行各业对工作的深入研究和探索。调查报告不仅适用于在内部传递，而且也能够公开发表。

一、旅游市场调查报告的概念

旅游市场调查报告是调查报告中的一种。它是以旅游市场为对象，运用各种调查方法，全面系统地收集旅游商品生产、供应、需求等市场情况资料，经过综合整理、分析研究，提出合乎客观事物发展规律的结论，用书面形式表现出来的调查结果。它是市场调查成果的集中体现，是市场信息的重要载体。

二、旅游市场调查报告的特点

（一）真实性

这里的真实既包含材料数据的真实，也指作者实事求是的态度。旅游市场调查报告是在占有大量现实和历史资料的基础上，用叙述性的语言，实事求是地反映某一客观事物。充分了解实情和全面掌握真实可靠的素材是写好旅游市场调查报告的基础。

（二）针对性

旅游市场调查报告是为了解旅游市场、解决问题进行的写作，一般有比较明确的意向，相关的调查取证都是针对和围绕某一综合性或是专题性问题展开的。从明确调查目的，确定调查对象，到选准调查范围，设计调查方案，都应从实际出发，针对旅游活动中的具体情况，有的放矢地进行调查和写作，这样，旅游市场调查报告反映的问题才能集中而有深度。

（三）逻辑性

旅游市场调查报告离不开确凿的事实，但又不是材料的机械堆砌，而是对核实无误的数据和事实进行严密的逻辑论证，探明事物发展变化的原因，预测事物发展变化的趋势，提炼本质性和规律性的东西，得出科学的结论。

（四）时间性

旅游市场调查报告必须能够反映快速变化着的旅游市场，及时地为旅游各部门提供决策参考意见，只有及时到达使用者手中，使决策经营跟上旅游市场形势的发展变化，才能达到指导旅游经营活动的目的。

三、旅游市场调查报告的作用

（1）它是旅游管理者及时了解旅游市场的新情况、新问题，不断总结经验、解决问题的重要手段。

（2）它是旅游管理部门制定政策、办法的依据。

四、旅游市场调查的方式、方法

（一）调查方式

（1）个别访问。个别访问就是对调查对象进行分别访问、交谈以了解或核实情况。

（2）开座谈会。这是一种最简便易行、真实可靠的调研方式。

（3）问卷调查。问卷调查一般有以下两种类型：

① 开放式问卷。它又称无结构型问卷，是问卷设计者提供问题，由被调查者自行构思自由发挥，从而按自己意愿回答的问答题型问卷。

使用开放式问卷可以收集到范围比较广泛的资料，也可以比较深入地发现和探究一些特殊问题，探询到特殊群体的意见和观点。但开放式问卷收集到的资料很难量化，难以进行统计分析，而且对研究者要求有较强的资料分析问题能力，也不适合文化程度不高、文字表达有困难的研究对象。

② 封闭式问卷。它又称有结构的问答题。封闭式问题与开放式问题相反，它规定了一组可供选择的答案和固定的回答格式。

封闭式问卷调查可以大规模进行，比较省时省力。其质量的关键在于题目和答案的设计是否精准。

（4）现场调查。调查人员亲临现场，通过直观和感性认识收集材料、了解情况、研究工作的方式，就是现场调查。

（5）查阅资料。调查人员通过查看有关书面报告、原始记录、统计材料、录音、录像、影片等以获得所需要的材料，了解情况。

（二）调查方法

调查方法是根据调查对象与对象的总体数量关系进行选择的，一般有以下几种常用的方法。

（1）普遍调查。它是指对市场调查对象总体的全部单位无一例外地逐个进行调查的一种调查方法。

（2）典型调查。它是指在对市场现象总体进行分析的基础上，选择少数有代表性的典型对象进行调查，来认识事物本质和整体状况的一种调查方法。

（3）抽样调查。它是指在全部被调查者中，按一定的规则抽取一小部分进行观察和调查，从而推算出市场需求总量和平均水平的一种调查方法。

（4）重点调查。它是指从市场调查对象总体中选择少数重点单位进行调查，并用重点单位的调查结果反映市场总体的基本情况的一种调查方法。

五、旅游市场调查研究的程序

（1）确定调研项目；

（2）收集相关资料；

（3）选定调研对象；

（4）制订调研计划；

（5）拟写调研提纲；

（6）开展调研活动；

（7）对材料进行整理加工；

（8）对材料进行分析和综合。

六、旅游市场调查报告的结构与写法

（1）标题。标题要求简洁、明了、醒目，突出调查的问题。其形式一般有两种：

① 直接标题。它也称公文式标题，即由“关于+调查者名称+调查对象+调查内容+文种名称”组成。如“关于西藏旅游业发展情况的调研报告”。

② 复合标题。它也称新闻式标题，即由“正题+副题”组成，正题表明作者观点，副题点明调查的内容和单位。如“做好山水文章，打造神奇浪漫之都——关于江苏省连云港市加快旅游业发展的调查”。

（2）前言。前言类似于新闻的导语，主要是写明调查目的、方法、时间、结果、调查对象概况、调研的政策依据等，并点明调查的基本结论。

（3）主体。它是调查报告的主要部分，主要是把调查得到的材料经过细心筛选、归纳后反映出来。其全面介绍调研的具体内容、调查经过、发现的主要问题或总结出来的经验、解决问题的意见或推广经验的设想、解决问题或推广经验之后的效果判断与分析等。

① 横式结构。它是指按问题的性质或事物的特点来组织材料。往往先把调查报告所要介绍的经验、反映的情况、揭露的问题归纳成几个方面，加上小标题平列排放，分别阐述。横式结构的优点是内容突出，主旨清楚，观点鲜明。

② 纵式结构。它是指按事物发生、发展的自然顺序或事物间的逻辑关系组织材料，安排层次。一般可按事件的起因、发展和结果的先后顺序进行叙述和议论，也可以按现状、原因、建议这一事理发展层层递进的方式安排结构。纵式结构的优点是能把事情的来龙去脉、前因后果交代清楚。

③ 纵横式结构。它是指把横式、纵式结合起来的结构方式。从全文看是按事物的自然发展顺序来写的，但在叙述的过程中又对某一问题的几个方面横向展开，分别叙述。这种结构方式的优点是内容丰富、纵横交错而有条不紊。

（4）结语。它主要是表明调查报告的总看法，可以总结全文内容，提出中心观点或基本结论；也可以概述归纳调查的内容，指出新生事物的价值或意义；可以承接上文，提出处理问题的意见、建议或方法等；也可以结合上文，提出有关问题，以引起大家的关注。

七、旅游市场调查报告的写作要求

（一）深入调查，充分掌握材料

做好调查是写好调查报告的基础。只有对客观事物进行深入细致的调查，掌握详细的第一手资料，才能全面准确地发现问题。

（二）认真研究，找出本质规律

调查报告不是罗列事实材料，而是要从对材料的分析研究中，找出能反映事物本质的规律性的东西，由此得出正确的结论，才具有一定的理论价值和指导意义。

（三）精心取舍，观点和材料统一

调查报告的观点必须来自材料，同时又必须统率材料，要体现出观点和材料之间的逻辑关系。

（四）语言要简洁、准确、平实

调查报告讲究言简意赅，在语言运用上以简明、准确、平实为本，在此基础上，力求生动。一般不用或少用比喻、夸张、含蓄等修辞方式，杜绝浮词虚言、空话、套话。

☞【同步案例 6-1】

2014 年“五一”小长假游客问卷调查报告

5 月 1 日至 3 日，全国各地天气普遍晴好，气温适宜出行，南岳区旅游经济继续保持较快增长，共接待游客（购票人数，下同）12.33 万人次，同比增长 44.31%；门票收入总计 937.61 万元，同比增长 68.35%，现将问卷调查情况报告如下。

一、旅游调查基本情况

“五一”小长假期间，我局全体干部职工参与了旅游问卷调查，调查方式采取现场随机问卷形式进行，调查时间安排在 5 月 1 日和 5 月 2 日，此次调查共收回有效问卷 198 份（其中外省 37 份，省内 161 份），涉及游客 312 名，收到意见和建议 26 条。

二、游客消费及结构情况

通过汇总我们了解到，这次抽样调查涉及的 312 名游客，总共消费额为 123 674 元（不含门票消费，下同），人均 396.4 元，平均停留天数为 1.7 天。其中，一日游游客为

42人，占13.5%；多日游游客为270人，占86.5%；本省游客为264人，占84.6%；外省游客为48人，占15.4%。外省游客主要来自广东、广西，其次较多的省份有湖北、江苏，还有来自四川、福建、安徽、辽宁、甘肃、江西、陕西等地的游客。这些游客消费详细情况汇总如表1所示。

表1　2014年“五一”黄金周游客消费调查问卷汇总表　单位：元

	一日游		多日游		本省游客		外省游客		合计（不含门票）	人均消费（不含门票）
	消费	人均	消费	人均	消费	人均	消费	人均		
总计消费	12 831	305.5	110 843	410.5	103 827	393.3	19 847	413.5	123 674	396.4
住宿	0	0.0	34 024	126.0	28 548	108.1	5 476	114.1	34 024	109.1
餐饮	3 091	92.9	24 856	92.1	22 735	86.1	6 022	125.5	28 757	92.2
购物	3 707	88.3	17 827	66.0	17 486	66.2	4 048	84.3	21 534	69.0
娱乐	1 110	26.4	7 154	26.5	7389	28.0	875	18.2	8 264	26.5
交通	2 568	61.1	17 195	63.7	17 082	64.7	2 681	55.9	19 763	63.3
其他	1 545	36.8	9 787	36.2	10 587	40.1	745	15.5	11 332	36.3

三、游客对我区旅游服务的总体评价

1. 对南岳旅游环境是否满意（见表2）

表2　对南岳旅游环境的总体评价　单位：人，%

	很满意	基本满意	不满意
调查人数	55	129	14
比率	28.00	65.00	7.00

2. 对南岳旅游接待条件的印象（见表3）

表3　对南岳旅游接待条件的印象　单位：人，%

	好	一般	不方便
调查人数	71	109	18
比率	35.90	55.10	9.00

3. 来南岳旅游的方式（见表4）

表4　来南岳旅游的方式　单位：人，%

	旅行社组团	自驾车游	自由旅游
调查人数	7	46	145
比率	3.60	23.20	73.20

4. 选择南岳作为旅游目的地的原因（见表5）

表5　选择南岳作为目的地的原因　单位：人，%

	自然风光	宗教祭祀	心愿之旅	休闲避暑
调查人数	134	30	53	13
比率	67.70	15.20	26.80	6.60

5. 对旅游服务接待工作人员的不满意度（见表6）

表6　对服务接待工作人员的不满意度　单位：人，%

	导游	司乘人员	门票征收人员	宾馆服务员	个体经营者	其他
调查人数	4	17	32	10	60	88
不满意度	2.00	8.60	16.20	5.10	30.30	44.40

6. 对南岳旅游价格的不满意度（见表7）

表7　对旅游价格的不满意度　单位：人，%

	门票价格	住宿价格	交通价格	餐饮价格	香烟价格	其他
调查人数	48	51	52	60	39	22
不满意度	24.24	25.76	26.26	30.30	19.70	11.11

7. 游客认为南岳应重点打造的旅游品牌（见表8）

表8　南岳应重点打造的旅游品牌　单位：人，%

	五岳独秀	宗教圣地	寿岳衡山	文明景区	心愿之旅
调查人数	97	53	31	26	40
比率	48.99	17.68	15.66	13.13	20.20

8. 游客了解南岳的渠道（见表9）

表9　了解南岳的渠道　单位：人，%

	电视	网络	平面广告	旅游推销	朋友推荐
调查人数	46	48	8	22	110
比率	23.23	24.24	4.04	11.11	55.56

四、“五一”期间我区旅游的几个特点

一是旅游市场和谐有序。南岳区委、区政府对优化我区旅游环境高度重视，认真备战“五一”小长假。区直机关工作人员深入旅游一线，认真开展旅游综治值班，特别是在客流量大、情况复杂的时段、路段，交通、城管、公安等部门严格执法、执勤，全力维护旅游市场和公共秩序，确保了我区旅游秩序井然有序。

二是自驾游持续升温。近年来，随着南岳旅游和交通设施的不断完善，更加方便自驾车游客进入。街头及景区随处可见穿梭的外地车辆，其中，以衡阳、长沙、株洲、湘潭等邻近城市的自驾车居多，也不乏来自广东、湖北等相邻省份的外地车辆。

三是中短线游主导市场。由于今年“五一”假日缩短，南岳区接待长线游客有所减少，但中短线游客明显增多。省内游、短线游升温，可以说，中短线游已主导整个假期旅游市场。

五、游客的意见

在这次调查中，游客对我区旅游环境和旅游服务给予了较高评价，同时也对我区的旅游发展提出了宝贵的建议和意见，主要集中在景区公共设施方面：一是景区内公共厕所较少，排队等候时间过长；二是垃圾箱数量过少，地面垃圾过多，影响景区环境；三是人行道标志牌不够醒目，很多游客在车道上步行登山，存在安全隐患；四是山区未开设路灯，露营场所少，难以满足晚上登山露营游客的需求。情况可喜的是，之前游客普遍反映的个体经营户欺客宰客、交通拥堵、停车难等问题，在今年的抽样调查问卷中，有所减少，这反映了我区在优化旅游环境工作方面取得了进步。

六、我们的建议

针对游客的意见，我们提出以下建议：

1. 继续抓景区服务。在继续加强旅游综治值班的同时，加大对景区工作人员的管理力度，全面提高景区工作人员的个人素质和服务水平。建议在旅游高峰日，号召党员志愿者参与旅游向导和景区环境美化工作，以实际行动提升服务质量。

2. 继续抓景区基础设施建设。主要是完善景区内硬件设施。针对游客普遍反映的意见，增加山上景区公共厕所、休息亭（场所）、垃圾箱数量，安装游步道路灯，在国家法定节日、寒暑假期间启用，以满足越来越多夜间步行登山露营游客的需求。

3. 继续抓旅游宣传。此次调查数据显示，仍有一半以上游客是通过朋友推荐了解南岳的。电视渠道占比有所增加，由原来的15.3%提升到今年的23.23%。由此可见，我们在旅游宣传方面有了一定成效，但也存在很多发挥的空间，下一步，可以加大在网络等其他方面的旅游宣传投入，以更快、更优质的宣传方式向外界推销南岳，充分发挥旅游宣传的作用，以助推我区旅游经济的持续、快速发展。

（资料来源：衡阳市南岳区统计局网站）

【同步案例6-1】分析

本调查报告层次清楚、内容翔实。前言部分概述了调查的目的、现状、范围等。正文部分有较为准确的数据；结尾部分提出了旅游市场存在的问题并给出了中肯的建议。

任务二　旅游项目可行性研究报告

任务导入

小张所在的家乡有丰富的温盐泉资源。为发展旅游业，促进当地的经济发展，也为满足人民对美好生活的向往，当地政府在调研的基础上，拟对温盐泉旅游项目进一步的开发并招商引资。

领导安排小张撰写温盐泉旅游项目开发的可行性研究报告，以便招商引资。

理论点拨

一、旅游项目可行性研究报告的概念

旅游项目可行性研究报告是指从事旅游经营活动之前，通过全面的调查研究和对有关信息的系统和科学的分析、测算、评估和论证而形成的书面报告，以确定一个“操作合理、经济合算”的旅游项目，为旅游管理者提供决策参考。

二、旅游项目可行性研究报告的特点

（一）预见性

旅游项目可行性研究过程本身就是一个预测过程。它不但要根据历史和现实的资料、信息来预测投资建设期以后的市场，也要调查和估计未来的竞争对手，以做到知己知彼；还应该涉及未来的产销策略，以通过贯彻这一策略来占领市场。与此相关，在报告中应反映未来市场需求状况，运用各种定量与定性的预测方法，对未来做出科学的评估。

（二）科学性

旅游可行性研究报告反映的是对旅游项目的分析、评判，这种分析和评判应该是建立在客观基础上的科学结论，所以科学性是它的一个重要特点。它的科学性首先体现在可行性研究的过程中，研究的每一步都要力求客观全面；其次体现在对可行性研究报告的审批过程，这种审批过程，对科学的决策起到了重要的保障作用。

（三）论证性

写作旅游可行性研究报告的根本目的是为旅游决策部门提供决策依据，根据利弊得失最终判定此项目是否可行，这就需要报告从不同侧面来证明项目的可行或不可行。所以在一份报告中，往往出现多种论证方法。同时，在论证过程中，力求全面、细致、准确，这样才能得出明确而恰当的结论。

（四）程序性

旅游可行性研究报告是决策的基础。为保证决策的科学正确，一定要进行可行性研究，而最后的获批也一定要经过相关的法定程序，这是可行性研究报告的特色。

三、旅游项目可行性研究报告的结构与写法

（一）旅游项目可行性研究报告的写作格式

旅游项目可行性研究报告一般由标题、正文、结尾和附件四部分组成。

1. 标题

（1）完整式标题。它通常是由项目实施单位名称、项目名称和文种三部分组成，如“××市组建国际旅行社的可行性研究报告”。

（2）简略式标题。它可以省略项目实施单位名称，如“关于××项目的可行性研

究报告”。

（3）正副标题。它是将结论作为正题，项目名称与文种作为副标题，如“动迁××开发××风景区旅游业——关于扩建××风景区的可行性研究报告”。

2. 正文

正文是旅游项目可行性研究报告的核心部分，一般包括前言、主体、结论三部分。

（1）前言。前言又称总论，简要概述包括旅游项目名称、实施单位、旅游项目背景、旅游项目具备的条件、主要理论依据和政策依据等。

（2）主体。主体是旅游项目可行性研究报告的分析论证部分，要求采用科学系统的分析方法，以旅游经济效益为中心，围绕影响项目的各种因素，运用大量的数据资料论证项目是否可行。这部分涉及的内容较多，主要包括：

① 项目基本情况调研。实施项目涉及方的基本情况。

② 项目实施方案。具体标的包括时间、地点、项目实施步骤等。

③ 投资估算和经济效益。具体数据分项细说包括资金来源、筹措方式、投资数额、投资收益率、投资回报能力等。

④ 社会影响研究。一个旅游新项目的实施，对其所在地必然产生一定的影响。这种影响有积极和消极两方面。在投资研究时，要就该项目对经济、社会和自然等产生的影响加以分析说明，进行评估。

⑤ 不确定分析。报告要对项目实施过程中可能产生的非主观因素问题做充分的、实事求是的预计，分析它将带来的危害。

（3）结论。提出研究结果。确定投资少、建设周期短、成本低、效益佳的最佳方案，以科学的数据表明项目的必要性和可行性。

3. 结尾

旅游项目可行性研究报告的结尾主要交代报告的拟定单位和拟定时间。附件名称一般也在结尾部分说明。

4. 附件

为使报告更具有说服力和操作性，一些不宜放在正文中，但又具有一定参考价值或补充作用的材料，可作为附件处理，如《关于××的调查报告》。

（二）旅游项目可行性研究报告的写作要求

1. 研究要客观科学

必须坚持实事求是的原则，尊重调查的客观事实，以严谨的态度，运用科学的方法，通过认真的分析，对事实进行论证和评价，从而得出客观、科学的结论。

2. 内容要真实完整

旅游项目可行性研究报告是立项的依据，也是旅游管理者投资、决策的凭证。所以报告的内容以及所涉及的材料必须真实可靠。

3. 论证要严密合理

旅游项目可行性研究报告是一种论证性文体。它的分析论证要紧紧围绕立项的必要性、合理性和可能性等展开，就影响旅游项目的诸多因素进行全面的分析。论证过程中，观点要鲜明，论据要确凿，论证要合理，条理要清晰，从而增强报告的说服力。

【同步案例 6-2】

樟树“中国温盐泉”盐疗旅游项目可行性研究报告

开发樟树温盐泉盐疗保健旅游项目，发展旅游事业，促进当地经济的发展，既是为了满足人民日益提高的生活水平的需要和旅游业步入产业化高效型经济的要求，又能充分发挥本地资源、交通优势，带动相关产业的发展，具有良好的社会效益、经济效益和生态效益。为此，特申报樟树中国温盐泉招商引资项目，并提出如下可行性报告。

一、项目背景

随着人们生活水平日益提高和闲暇时间增多，旅游业正成为当今世界最具活力的“朝阳产业”，成为经济增长的新“亮点”。改革开放以来，我国旅游业已经实现了连续 20 多年的持续、快速发展，旅游业在国民经济中的地位和作用日益增强，国内旅游人数和效益指标有了百倍以上的增长，国际旅游各项指标与 1978 年相比增长了四五十倍以上，实现了从“资源大国”到“亚洲旅游大国”的历史性跨越。随着小康社会的到来，我国旅游发展格局和态势正在发生着深刻的变化，从“观光时代”向“休闲度假时代”转变，人们的休闲时间也越来越多，传统工作和休闲概念已经逐渐模糊，人们也更加注重文化精神消费，这种变化大大刺激了休闲度假旅游的发展，休闲消费已经成为我国旅游业新的增长点。追求保健、享受健康，已逐渐成为一种社会时尚，是现代旅游发展所追求的核心价值。休闲保健旅游主动顺应了人们旅游观念的改变和对健康的追求，拓展了旅游方式，丰富了旅游的内涵，是第二代旅游发展的一个重要方向。

本项目符合国家“十一五”期间国民经济和社会发展计划纲要中，关于积极开发利用旅游资源、加快旅游业发展的要求。樟树市政府在“十一五”规划和 2020 年远景规划中已将旅游业列为新兴支柱产业优先发展，并提供最优惠的旅游投资政策。

二、项目概况

1. 项目名称：中国温盐泉旅游开发。

2. 项目单位：樟树市旅游局。

3. 建设地址：樟树市东郊。

4. 合作方式：合资、合作、独资均可。

5. 拟建规模和标准：樟树“中国温盐泉”盐疗保健旅游项目总体规划控地 2 000 亩，分三期工程建设，总投资 9.6 亿元人民币。建设以“温盐泉漂浮”为主，结合保健、疗养、休闲、现代水上运动等要素，集健康性、时尚性、趣味性为一体，打造成以体验温盐泉漂浮、水上休闲娱乐、运动休闲、疗养保健为一体的旅游度假胜地，最终使樟树发展成为国际性的疗养保健基地。

三、投资环境研究

1. 区位交通条件优越

（略）

2. 旅游资源丰富

（略）

3. 盐资源独具特色

（略）

4. 项目开发成本低

（略）

5. 客源市场广阔

（略）

四、建设内容

一期工程。（略）

二期工程。（略）

三期工程。（略）

五、市场分析及效益预测

1. 市场定位。随着经济发展、人民生活水平的提高，外出旅游已成为人们追求生活质量、满足精神需求的时尚。旅游业日益成为当今世界最具生机与活力的“朝阳产业”，发展迅猛。在日益升温的旅游热潮中，健康旅游越来越受到欢迎。樟树道、药文化底蕴深厚，道教养生健身和中医药有机结合，顺应了人们追求健康的需要。将樟树建成集运动休闲、养生保健功能为一体的旅游地，能适应市场需求，具有良好的开发前景。

2. 客源市场。樟树是南昌旅游圈的重要景区之一，处在南昌—井冈山—赣州金牌旅游线路的必经之路上，又是赣西旅游网络开发与全省金牌旅游线路的结合部，区位条件优越。105 国道、赣粤高速公路、浙赣铁路、京九铁路构成四通八达的交通网络，与省内外各主要旅游城市、旅游热点景区紧密相连，串成一线，形成便捷的旅游通道，客源市场无比广阔。就本地市场而言，樟树市人口 50 万，且樟树享有“药不到樟树不齐，药不过樟树不灵”之美誉，一年一度的全国中药材交流大会有数万药商云集，蕴含大量旅游商机；每年有十几万游客自庐山至井冈山，而樟树市是他们的必经之地，如能有效吸引游客前往景区观光，数量也十分可观。周边市场可发展南昌、萍乡、赣州等城市，中程市场可启动长沙、武汉、广州、上海。根据旅游市场不断升温的情况预测，项目建成后，每年可接待国内外游客至少在 40 万人次以上，客源市场潜力巨大。

3. 经济效益预测

（1） 直接经济效益

开发樟树温盐泉盐疗保健旅游项目经济效益相当可观，一期项目完成后，以年接待游客 40 万人次，游客人均消费 200 元计算，当年旅游利润可达 0.5 亿元；二期、三期项目完成后，年可创利润 1.1 亿元。

（2） 投资回收期

项目全部建成后，当年可收回投资 1.6 亿元，按每年平均增长 15% 计，不到五年就可收回全部投资。

六、社会效益评估

1. 对国民经济的作用

本项目的建成，将有力促进樟树市经济快速发展，带动交通、通信、建筑、商业、餐饮、农业等相关产业发展，加快城市现代化建设步伐，加强对外经济文化交流，提高城市对外开放水平，提升行业整体服务水平，促进本市“双文明”建设，对扩大樟树影响、树立药都旅游形象具有重要社会意义。

2. 劳动就业机会预测

项目建成，可为本地提供近千个劳动就业机会，由于项目的现代化标准要求，在本项目就业的人员需具有较高的素质，将带动本地劳动力素质的提高。此外，由于项目对其他行业的带动作用，也将间接地为社会提供更多的就业机会。

七、可行性研究结论

以上测算和研究结果表明，本项目具有良好的投资环境和发展条件，从项目的地点、功能、标准、市场需求以及经济、社会效益来看，建设本项目都是必要和可行的。

樟树市台办

××××年××月××日

（资料来源：赣台心桥网站）

【同步案例 6-2】分析

本可行性研究报告格式规范，项目齐全。从内容看，依次介绍了项目背景、项目概况、投资环境、建设内容、市场分析及效益预测，重点分析了投资环境和市场前景及效益预测。所用材料翔实充分，分析科学，论证严密，尤其是市场分析实事求是，令人对产品开发前景感到乐观。

任务三 旅游合同

任务导入

小张在阳光旅行社给父母报了去黄山的三日游。旅行社与小张签订了去黄山的三日游的合同。那么签订旅游合同有哪些注意事项呢？旅游合同包括哪些内容呢？

理论点拨

合同通常又称合约或契约。《中华人民共和国民法典》对合同的概念做了统一的界定：合同是民事主体之间设立、变更、终止民事法律关系的协议。依法成立的合同，受法律保护。

一、旅游合同的概念

旅游合同是指旅游企业和旅游者为了实现一定的旅游目的、明确双方权利和义务关系而订立的协议。

二、旅游合同的特点

（一）内容的合法性

订立旅游合同是一种法律行为。其内容必须符合国家法律、法规和政策的规定，而且要经公证处公证后，才能得到法律的认可和保护。同时旅游合同的法律约束力，还表现在任何第三者不得对依法设立的合同关系进行非法的干预和侵害。内容不合法，应被视为无效合同。

（二）格式的规范性

订立旅游合同是一种法律行为，所以旅游合同一定要合法合规，它的格式和条款内容都要求符合规范。

（三）条款的完备性

旅游合同中的条款一定是明确周全的。在合同中，双方当事人的权利、义务、责任都必须分别写清，任何一种可能出现的情况都要考虑到。只有周全的条款才能规范行为，才能明确双方当事人的权利、义务和责任。否则，将引发日后的经济纠纷。

（四）措辞的严密性

为避免在合同的履行中产生不必要的纠纷，合同的语言要求严谨、无歧义，不能有模棱两可或含糊不清的情况出现。

（五）权利的平等性

合同双方或多方当事人的法律地位是平等的，因而决定了权利、义务也是相互的。任何一方都不得把自己的意志强加给对方，任何组织和个人不得非法干预。采取胁迫手段所签订的合同是无效合同。

三、旅游合同的结构与写法

（一）旅游合同的格式是：标题+当事人+正文+落款

（1）标题。旅游合同的标题一般由事由和文种组成，如“国内旅游组团合同”。

（2）当事人。当事人的名称写在标题的下方，先顶格书写“订立合同单位”或“订立合同人”，后面并列写上双方当事人的名称，要使用全称，再用括号注明规定的简称，如“以下简称甲方或供方”“以下简称乙方或需方”。

（3）正文。正文是合同的主要内容，它分引言和主体两部分。引言先点明签订合同的目的、依据和签订过程、签订方式，通常的写法比较固定，比如“为了××××，根据××××，经双方协商同意，特签订本合同，以资共同恪守”。

主体部分另起一段，逐条写明双方协议的具体条款。格式条款通常事先印好，项目比较固定，只要往里填充具体内容即可；非格式条款内容可多可少，根据需要而定。它们的内容根据合同法的规定主要包括：

① 标的。旅游合同的标的就是合同关系中确定的双方当事人权利和义务共同指向的对象。它一般包含旅游路线名称、行程、出发日期、出发地点、途经地点、目的地、结束日期、返回地点等。

② 价款或酬金。价款或酬金，即旅游的费用。价款或酬金一般都以货币数量来表示。合同中还要明确价款或酬金的给付方式、银行账号等。

③ 履行合同者的权利和义务。它包括双方各自的权利和义务。

④ 违约责任。违约责任指当事人一方或双方因为自己的过错，造成合同不能履行或不能全部履行而应承担的责任。合同法规定当事人不履行合同义务或者履行合同义务

不符合约定的，应当承担继续履行、采取补救措施或赔偿损失等违约责任。违约责任的条款应先定义在合同履行中可能出现的违约情况，后写明发生了这种情况后，责任方承担什么责任的约定。承担违约责任的主要方式是支付违约金、赔偿金等。违约责任的追究是为了维护合同双方当事人的合法权益，标志着合同的严肃性。

总之，正文的主体部分是保证经济合同双方当事人合法权益的主要依据，必须明确讲清双方当事人须共同解决的问题、达到的目的，以及由此而产生的各自的权利和义务。

（4）结尾。结尾包括署名和日期、附项。

① 署名。签订合同的双方当事人单位名称、法定代表人的签名和单位盖章。用印要端正、清晰。如果需主管部门或公证机关审批、鉴证，则还需写上主管部门或公证机关的名称、意见、日期，经办人签名，并加盖公章。

② 日期。以签订合同的日期为准。签约日期关系到合同的效力，必须写清楚。

③ 附项。一般包括双方当事人的单位地址、电话号码、开户银行、银行账号、邮政编码等项内容，也可以写明合同的有效期限、注明合同一式几份、归谁保管等内容。

（二）旅游合同写作要求

（1）合同的权利、义务以及其他条款要齐全、完备。

（2）合同条款的规定必须具体、明确、毫不含糊。

（3）合同的措辞要准确、严密、简练，没有歧义。

（4）合同一经签订，即可生效。任何一方不得随意改动。如需修改、补充或更正，须经双方协商，将改动意见作为合同附件，正式签署后生效。

☞【同步案例 6-3】

团队境内旅游合同（示范文本）（GF-2014-2401）

合同编号：________。

旅游者：________等________人（名单可附页，需旅行社和旅游者代表签字盖章确认）。

旅行社：________________________________。

旅行社业务经营许可证编号：________。

第一章　术语和定义

第一条　本合同术语和定义

1. 团队境内旅游服务，指旅行社依据《中华人民共和国旅游法》《旅行社条例》等法律、法规，组织旅游者在中华人民共和国境内（不含香港、澳门、台湾地区）旅游，代订公共交通客票，提供餐饮、住宿、游览等两项以上服务活动。

2. 旅游费用，指旅游者支付给旅行社，用于购买本合同约定的旅游服务的费用。

旅游费用包括：

（1）交通费；

(2) 住宿费;

(3) 餐费(不含酒水费);

(4) 旅行社统一安排的景区景点门票费;

(5) 行程中安排的其他项目费用;

(6) 导游服务费;

(7) 旅行社(含地接社)的其他服务费用。

旅游费用不包括:

(1) 旅游者投保的人身意外伤害保险费用;

(2) 合同未约定由旅行社支付的费用,包括但不限于行程以外非合同约定活动项目所需的费用、自行安排活动期间发生的费用;

(3) 行程中发生的旅游者个人费用,包括但不限于交通工具上的非免费餐饮费、行李超重费,住宿期间的洗衣、电话、饮料及酒类费,个人娱乐费用,个人伤病医疗费,寻找个人遗失物品的费用及报酬,个人原因造成的赔偿费用。

3. 履行辅助人,指与旅行社存在合同关系,协助其履行本合同义务,实际提供相关服务的法人、自然人或者其他组织。

4. 自由活动,特指《旅游行程单》中安排的自由活动。

5. 自行安排活动期间,指《旅游行程单》中安排的自由活动期间,旅游者不参加旅游行程活动期间,每日行程开始前、结束后旅游者离开住宿设施的个人活动期间、旅游者经导游同意暂时离团的个人活动期间。

6. 不合理的低价,指旅行社提供服务的价格低于接待和服务费用或者低于行业公认的合理价格,且无正当理由和充分证据证明该价格的合理性。其中,接待和服务费用主要包括旅行社提供或者采购餐饮、住宿、交通、游览、导游等服务所支出的费用。

7. 具体购物场所,指购物场所有独立的商号以及相对清晰、封闭、独立的经营边界和明确的经营主体,包括免税店,大型购物商场,前店后厂的购物场所,景区内购物场所,景区周边或者通往景区途中的购物场所,服务旅游团队的专门商店,商品批发市场和与餐饮、娱乐、停车休息等相关联的购物场所等。

8. 旅游者投保的人身意外伤害保险,指旅游者自己购买或者通过旅行社、航空机票代理点、景区等保险代理机构购买的以旅行期间自身的生命、身体或者有关利益为保险标的的短期保险,包括但不限于航空意外险、旅游意外险、紧急救援保险、特殊项目意外险。

9. 离团,指团队旅游者经导游同意不随团队完成约定行程的行为。

10. 脱团,指团队旅游者未经导游同意脱离旅游团队,不随团队完成约定行程的行为。

11. 转团,指由于未达到约定成团人数不能出团,旅行社征得旅游者书面同意,在行程开始前将旅游者转至其他旅行社所组的境内旅游团队履行合同的行为。

12. 拼团,指旅行社在保证所承诺的服务内容和标准不变的前提下,在签订合同时经旅游者同意,与其他旅行社招徕的旅游者拼成一个团,统一安排旅游服务的行为。

13. 不可抗力,指不能预见、不能避免并不能克服的客观情况,包括但不限于因自然原因和社会原因引起的，如自然灾害、战争、恐怖活动、动乱、骚乱、罢工、突发公共卫生事件、政府行为。

14. 已尽合理注意义务仍不能避免的事件，指因当事人故意或者过失以外的客观因素引发的事件，包括但不限于重大礼宾活动导致的交通堵塞，飞机、火车、班轮、城际客运班车等公共客运交通工具延误或者取消，景点临时不开放。

15. 必要的费用，指旅行社履行合同已经发生的费用以及向地接社或者履行辅助人支付且不可退还的费用，包括乘坐飞机（车、船）等交通工具的费用（含预订金）、饭店住宿费用（含预订金）、旅游观光汽车的人均车租等。

16. 公共交通经营者，指航空、铁路、航运客轮、城市公交、地铁等公共交通工具经营者。

第二章　合同的订立

第二条　旅游行程单

旅行社应当提供带团号的《旅游行程单》（以下简称《行程单》），经双方签字或者盖章确认后作为本合同的组成部分。《行程单》应当对如下内容做出明确的说明。

（1）旅游行程的出发地、途经地、目的地、结束地，线路行程时间和具体安排（按自然日计算，含乘飞机、车、船等在途时间，不足24小时以一日计）；

（2）地接社的名称、地址、联系人和联系电话；

（3）交通服务安排及其标准（明确交通工具及档次等级、出发时间以及是否需中转等信息）；

（4）住宿服务安排及其标准（明确住宿饭店的名称、地点、星级，非星级饭店应当注明是否有空调、热水、独立卫生间等相关服务设施）；

（5）用餐（早餐和正餐）服务安排及其标准（明确用餐次数、地点、标准）；

（6）旅行社统一安排的游览项目的具体内容及时间（明确旅游线路内容包括景区点及游览项目名称等，景区点停留的最少时间）；

（7）自由活动的时间；

（8）行程安排的娱乐活动（明确娱乐活动的时间、地点和项目内容）；

《行程单》用语须准确清晰，在表明服务标准用语中不应当出现“准×星级、豪华、仅供参考、以××为准、与××同级”等不确定用语。

第三条　订立合同

旅游者应当认真阅读本合同条款、《行程单》，在旅游者理解本合同条款及有关附件后，旅行社和旅游者应当签订书面合同。

由旅游者的代理人订立合同的，代理人需要出具被代理的旅游者的授权委托书。

第四条　旅游广告及宣传品

旅行社的旅游广告及宣传品应当遵循诚实信用的原则，其内容符合《中华人民共和国民法典》要约规定的，视为本合同的组成部分，对旅行社和旅游者双方具有约束力。

第三章　合同双方的权利义务

第五条　旅行社的权利

1. 根据旅游者的身体健康状况及相关条件决定是否接纳旅游者报名参团。

2. 核实旅游者提供的相关信息资料。

3. 按照合同约定向旅游者收取全额旅游费用。

4. 旅游团队遇紧急情况时，可以采取安全防范措施和紧急避险措施，并要求旅游者配合。

5. 拒绝旅游者提出的超出合同约定的不合理要求。

6. 要求旅游者对在旅游活动中或者在解决纠纷时损害旅行社合法权益的行为承担赔偿责任。

7. 要求旅游者健康、文明旅游，劝阻旅游者违法和违反社会公德的行为。

第六条　旅行社的义务

1. 按照合同和《行程单》约定的内容和标准为旅游者提供服务，不擅自变更旅游行程安排。

2. 向合格的供应商订购产品和服务。

3. 不以不合理的低价组织旅游活动，诱骗旅游者，并通过安排购物或者另行付费旅游项目获取回扣等不正当利益。

组织、接待旅游者，不指定具体购物场所，不安排另行付费旅游项目，但是，经双方协商一致或者旅游者要求，且不影响其他旅游者行程安排的除外。

4. 在出团前如实告知具体行程安排和有关具体事项，具体事项包括但不限于所到旅游目的地的重要规定、风俗习惯；旅游活动中的安全注意事项和安全避险措施、旅游者不适合参加旅游活动的情形；旅行社依法可以减免责任的信息；应急联络方式以及法律、法规规定的其他应当告知的事项。

5. 按照合同约定，为旅游团队安排符合《中华人民共和国旅游法》《导游人员管理条例》规定的持证导游人员。

6. 妥善保管旅游者交其代管的证件、行李等物品。

7. 为旅游者发放用固定格式书写、由旅游者填写的安全信息卡（包括旅游者的姓名、血型、应急联络方式等）。

8. 旅游者人身、财产权益受到损害时，应当采取合理必要的保护和救助措施，避免旅游者人身、财产权益损失扩大。

9. 积极协调处理旅游行程中的纠纷，采取适当措施防止损失扩大。

10. 提示旅游者投保人身意外伤害保险。

11. 向旅游者提供发票。

12. 依法对旅游者个人信息保密。

13. 旅游行程中解除合同的，旅行社应当协助旅游者返回出发地或者旅游者指定的合理地点。

第七条　旅游者的权利

1. 要求旅行社按照合同及《行程单》约定履行相关义务。

2. 拒绝未经事先协商一致的转团、拼团行为。

3. 有权自主选择旅游产品和服务，有权拒绝旅行社未与旅游者协商一致或者未经旅游者要求而指定购物场所、安排旅游者参加另行付费旅游项目的行为，有权拒绝旅行社的导游强迫或者变相强迫旅游者购物、参加另行付费旅游项目的行为。

4. 在支付旅游费用时要求旅行社出具发票。

5. 人格尊严、民族风俗习惯和宗教信仰得到尊重。

6. 在人身、财产安全遇有危险时，有权请求救助和保护。人身、财产受到损害的，有权依法获得赔偿。

7. 在合法权益受到损害时向有关部门投诉或者要求旅行社协助索赔。

8.《中华人民共和国旅游法》《中华人民共和国消费者权益保护法》和有关法律、法规赋予旅游者的其他各项权利。

第八条 旅游者的义务

1. 如实填写《旅游报名表》、游客安全信息卡等各项内容，告知与旅游活动相关的个人健康信息，并对其真实性负责，保证所提供的联系方式准确无误且能及时联系。

2. 按照合同约定支付旅游费用。

3. 遵守法律、法规和有关规定，不在旅游行程中从事违法活动，不参与色情、赌博和涉毒活动。

4. 遵守公共秩序和社会公德，尊重旅游目的地的风俗习惯、文化传统和宗教信仰，爱护旅游资源，保护生态环境，遵守《中国公民国内旅游文明行为公约》等文明行为规范。

5. 对国家应对重大突发事件暂时限制旅游活动的措施以及有关部门、机构或者旅游经营者采取的安全防范和应急处置措施予以配合。

6. 妥善保管自己的行李物品，随身携带现金、有价证券、贵重物品，不在行李中夹带。

7. 在旅游活动中或者在解决纠纷时，应采取措施防止损失扩大，不损害当地居民的合法权益。不干扰他人的旅游活动。不损害旅游经营者和旅游从业人员的合法权益，不采取拒绝上、下机（车、船）、拖延行程或者脱团等不当行为。

8. 自行安排活动期间，应当在自己能够控制风险的范围内选择活动项目，遵守旅游活动中的安全警示规定，并对自己的安全负责。

第四章 合同的变更与转让

第九条 合同的变更

1. 旅行社与旅游者双方协商一致，可以变更本合同约定的内容，但应当以书面形式由双方签字确认。由此增加的旅游费用及给对方造成的损失，由变更提出方承担；由此减少的旅游费用，旅行社应当退还旅游者。

2. 行程开始前遇到不可抗力或者旅行社、履行辅助人已尽合理注意义务仍不能避免的事件的，双方经协商可以取消行程或者延期出行。取消行程的，按照本合同第十四条处理；延期出行的，增加的费用由旅游者承担，减少的费用退还旅游者。

3. 行程中遇到不可抗力或者旅行社、履行辅助人已尽合理注意义务仍不能避免的事件，影响旅游行程的，按以下方式处理。

（1）合同不能完全履行的，旅行社经向旅游者做出说明，旅游者同意变更的，可以在合理范围内变更合同，因此增加的费用由旅游者承担，减少的费用退还旅游者。

（2）危及旅游者人身、财产安全的，旅行社应当采取相应的安全措施，因此支出的费用，由旅行社与旅游者分担。

（3）造成旅游者滞留的，旅行社应采取相应的安置措施。因此增加的食宿费用由旅游者承担，增加的返程费用双方分担。

第十条　合同的转让

旅游行程开始前，旅游者可以将本合同中自身的权利义务转让给第三人，旅行社没有正当理由的不得拒绝，并办理相关转让手续，因此增加的费用由旅游者和第三人承担。

正当理由包括但不限于：对应原报名者办理的相关服务不可转让给第三人的；无法为第三人安排交通等情形的；旅游活动对于旅游者的身份、资格等有特殊要求的。

第十一条　不成团的安排

当旅行社组团未达到约定的成团人数而不能成团时，旅游者可以与旅行社就如下安排在本合同第二十三条中做出约定。

1. 转团：旅行社可以在保证所承诺的服务内容和标准不降低的前提下，经事先征得旅游者书面同意，委托其他旅行社履行合同，并就受委托出团的旅行社违反本合同约定的行为先行承担责任，再行追偿。旅游者和受委托出团的旅行社另行签订合同的，本合同的权利义务终止。

2. 延期出团和改变线路出团：旅行社经征得旅游者书面同意，可以延期出团或者改变其他线路出团，因此增加的费用由旅游者承担，减少的费用旅行社予以退还。需要时可以重新签订旅游合同。

第五章　合同的解除

第十二条　旅行社解除合同

1. 未达到约定的成团人数不能成团时，旅行社解除合同的，应当采取书面等有效形式。旅行社在行程开始前 7 日（按照出发日减去解除合同通知到达日的自然日之差计算，下同）以上（含第 7 日，下同）提出解除合同的，不承担违约责任，旅行社向旅游者退还已收取的全部旅游费用；旅行社在行程开始前 7 日以内（不含第 7 日，下同）提出解除合同的，除向旅游者退还已收取的全部旅游费用外，还应当按本合同第十七条第 1 款的约定，承担相应的违约责任。

2. 旅游者有下列情形之一的，旅行社可以解除合同：

（1）患有传染病等疾病，可能危害其他旅游者健康和安全的；

（2）携带危害公共安全的物品且不同意交有关部门处理的；

（3）从事违法或者违反社会公德的活动的；

（4）从事严重影响其他旅游者权益的活动，且不听劝阻、不能制止的；

（5）法律、法规规定的其他情形。

旅行社因上述情形解除合同的，应当以书面等形式通知旅游者，按照本合同第十五条相关约定扣除必要的费用后，将余款退还旅游者。

第十三条 旅游者解除合同

1. 未达到约定的成团人数不能成团时，旅游者既不同意转团，也不同意延期出行或者改签其他线路出团的，旅行社应及时发出不能成团的书面通知，旅游者可以解除合同。旅游者在行程开始前 7 日以上收到旅行社不能成团通知的，旅行社不承担违约责任，向旅游者退还已收取的全部旅游费用；旅游者在行程开始前 7 日以内收到旅行社不能成团通知的，按照本合同第十七条第 1 款相关约定处理。

2. 除本条第 1 款约定外，在旅游行程结束前，旅游者亦可以书面等形式解除合同。旅游者在行程开始前 7 日以上提出解除合同的，旅行社应当向旅游者退还全部旅游费用；旅游者在行程开始前 7 日以内和行程中提出解除合同的，旅行社按照本合同第十五条相关约定扣除必要的费用后，将余款退还旅游者。

3. 旅游者未按约定时间到达约定集合出发地点，也未能在出发中途加入旅游团队的，视为旅游者解除合同，按照本合同第十五条相关约定处理。

第十四条 因不可抗力或者已尽合理注意义务仍不能避免的事件解除合同

因不可抗力或者旅行社、履行辅助人已尽合理注意义务仍不能避免的事件，影响旅游行程，合同不能继续履行的，旅行社和旅游者均可以解除合同；合同不能完全履行，旅游者不同意变更的，可以解除合同。合同解除的，旅行社应当在扣除已向地接社或者履行辅助人支付且不可退还的费用后，将余款退还旅游者。

第十五条 必要的费用扣除

1. 旅游者在行程开始前 7 日以内提出解除合同或者按照本合同第十二条第 2 款约定由旅行社在行程开始前解除合同的，按下列标准扣除必要的费用：

行程开始前 6 日至 4 日，按旅游费用总额的 20%；

行程开始前 3 日至 1 日，按旅游费用总额的 40%；

行程开始当日，按旅游费用总额的 60%。

2. 在行程中解除合同的，必要的费用扣除标准：

旅游费用×行程开始当日扣除比例+（旅游费用−旅游费用×行程开始当日扣除比例）÷旅游天数×已经出游的天数。

如按上述第 1 款或者第 2 款约定比例扣除的必要的费用低于实际发生的费用，旅游者按照实际发生的费用支付，但最高额不应当超过旅游费用总额。

解除合同的，旅行社扣除必要的费用后，应当在解除合同通知到达日起 5 个工作日内为旅游者办结退款手续。

第十六条 旅行社协助旅游者返程及费用承担

旅游行程中解除合同的，旅行社应协助旅游者返回出发地或者旅游者指定的合理地点。因旅行社或者履行辅助人的原因导致合同解除的，返程费用由旅行社承担；行程中按照本合同第十二条第 2 款、第十三条第 2 款约定解除合同的，返程费用由旅游者承担；按照本合同第十四条约定解除合同的，返程费用由双方分担。

第六章　违约责任

第十七条　旅行社的违约责任

1. 旅行社在行程开始前 7 日以内提出解除合同的，或者旅游者在行程开始前 7 日以内收到旅行社不能成团通知，不同意转团、延期出行和改签线路解除合同的，旅行社向旅游者退还已收取的全部旅游费用，并按下列标准向旅游者支付违约金：

行程开始前 6 日至 4 日，支付旅游费用总额 10% 的违约金；

行程开始前 3 日至 1 日，支付旅游费用总额 15% 的违约金；

行程开始当日，支付旅游费用总额 20% 的违约金；

如按上述比例支付的违约金不足以赔偿旅游者的实际损失，旅行社应当按实际损失对旅游者予以赔偿。

旅行社应当在取消出团通知或者旅游者不同意不成团安排的解除合同通知到达日起 5 个工作日内，为旅游者办结退还全部旅游费用的手续并支付上述违约金。

2. 旅行社未按合同约定提供服务，或者未经旅游者同意调整旅游行程（本合同第九条第 3 款规定的情形除外），造成项目减少、旅游时间缩短或者标准降低的，应当依法承担继续履行、采取补救措施或者赔偿损失等违约责任。

3. 旅行社具备履行条件，经旅游者要求仍拒绝履行本合同义务的，旅行社向旅游者支付旅游费用总额 30% 的违约金，旅游者采取订同等级别的住宿、用餐、交通等补救措施的，费用由旅行社承担；造成旅游者人身损害、滞留等严重后果的，旅游者还可以要求旅行社支付旅游费用一倍以上三倍以下的赔偿金。

4. 未经旅游者同意，旅行社转团、拼团的，旅行社应向旅游者支付旅游费用总额 25% 的违约金；旅游者解除合同的，旅行社还应向未随团出行的旅游者退还全部旅游费用，向已随团出行的旅游者退还尚未发生的旅游费用。如违约金不足以赔偿旅游者的实际损失，旅行社应当按实际损失对旅游者予以赔偿。

5. 旅行社有以下情形之一的，旅游者有权在旅游行程结束后 30 日内，要求旅行社为其办理退货并先行垫付退货货款，或者退还另行付费旅游项目的费用。

（1）旅行社以不合理的低价组织旅游活动，诱骗旅游者，并通过安排购物或者另行付费旅游项目获取回扣等不正当利益的。

（2）未经双方协商一致或者未经旅游者要求，旅行社指定具体购物场所或者安排另行付费旅游项目的。

6. 与旅游者出现纠纷时，旅行社应当采取积极措施防止损失扩大，否则应当就扩大的损失承担责任。

第十八条　旅游者的违约责任

1. 旅游者因不听从旅行社及其导游的劝告、提示而影响团队行程，给旅行社造成损失的，应当承担相应的赔偿责任。

2. 旅游者超出本合同约定的内容进行个人活动所造成的损失，由其自行承担。

3. 由于旅游者的过错，使旅行社、履行辅助人、旅游从业人员或者其他旅游者遭受损害的，旅游者应当赔偿损失。

4. 旅游者在旅游活动中或者在解决纠纷时，应采取措施防止损失扩大，否则应当就扩大的损失承担相应的责任。

5. 旅游者违反安全警示规定，或者对国家应对重大突发事件暂时限制旅游活动的措施、安全防范和应急处置措施不予配合，造成旅行社损失的，应当依法承担相应责任。

第十九条 其他责任

1. 由于旅游者自身原因导致本合同不能履行或者不能按照约定履行，或者造成旅游者人身损害、财产损失的，旅行社不承担责任。

2. 旅游者在自行安排活动期间人身、财产权益受到损害的，旅行社在事前已尽到必要警示说明义务且事后已尽到必要救助义务的，旅行社不承担赔偿责任。

3. 由于第三方侵害等不可归责于旅行社的原因导致旅游者人身、财产权益受到损害的，旅行社不承担赔偿责任。但因旅行社不履行协助义务致使旅游者人身、财产权益损失扩大的，旅行社应当就扩大的损失承担赔偿责任。

4. 由于公共交通经营者的原因造成旅游者人身损害、财产损失依法应承担责任的，旅行社应当协助旅游者向公共交通经营者索赔。

第七章 协议条款

第二十条 线路行程时间

出发时间________年____月____日____时，结束时间________年____月____日____时；共________天，饭店住宿________夜。

第二十一条 旅游费用及支付（以人民币为计算单位）

成人：________元/人，儿童（不满14岁）：________元/人；其中，导游服务费：________元/人。

旅游费用合计：________元。

旅游费用支付方式：________。

旅游费用支付时间：________。

第二十二条 人身意外伤害保险

1. 旅行社提示旅游者购买人身意外伤害保险。

2. 旅游者可以做以下选择：

□委托旅行社购买（旅行社不具有保险兼业代理资格的，不得勾选此项）：保险产品名称________（投保的相关信息以实际保单为准）。

□自行购买。

□放弃购买。

第二十三条 成团人数与不成团的约定

成团的最低人数：________人。

如不能成团，旅游者是否同意按下列方式解决：

1. ________（同意或者不同意，打勾无效）旅行社委托________旅行社履行合同。

2. ________（同意或者不同意，打勾无效）延期出团。

3. ________（同意或者不同意，打勾无效）改变其他线路出团。

4. ________（同意或者不同意，打勾无效）解除合同。

第二十四条 拼团约定

旅游者________（同意或者不同意，打勾无效）采用拼团方式拼至________旅行社成团。

第二十五条 自愿购物和参加另行付费旅游项目约定

1. 旅游者可以自主决定是否参加旅行社安排的购物活动、另行付费旅游项目。

2. 旅行社可以在不以不合理的低价组织旅游活动、不诱骗旅游者、不获取回扣等不正当利益，且不影响其他旅游者行程安排的前提下，按照平等自愿、诚实信用的原则，与旅游者协商一致达成购物活动、另行付费旅游项目协议。

3. 购物活动、另行付费旅游项目安排应不与《行程单》冲突。

4. 地接社及其从业人员在行程中安排购物活动、另行付费旅游项目的，责任由订立本合同的旅行社承担。

5. 购物活动、另行付费旅游项目具体约定见《自愿购物活动补充协议》《自愿参加另行付费旅游项目补充协议》。

第二十六条 争议的解决方式

本合同履行过程中发生争议，由双方协商解决；亦可向合同签订地的旅游质监执法机构、消费者协会、有关的调解组织等有关部门或者机构申请调解。协商或者调解不成的，按下列第________种方式解决：

1. 提交________仲裁委员会仲裁。

2. 依法向人民法院起诉。

第二十七条 其他约定事项

未尽事宜，经旅游者和旅行社双方协商一致，可以列入补充条款。（如合同空间不够，可以另附纸张，由双方签字或者盖章确认）

____

____

第二十八条 合同效力

本合同一式________份，双方各持________份，具有同等法律效力，自双方当事人签字或者盖章之日起生效。

旅游者代表签字（盖章）：________	旅行社盖章：________
证件号码：________	签约代表签字（盖章）：________
住　　址：________	营业地址：________
联系电话：________	联系电话：________
传　　真：________	传　　真：________
邮　　编：________	邮　　编：________
电子信箱：________	电子信箱：________

签约日期：________年____月____日　　　签约日期：________年____月____日

签约地点：________

旅行社监督、投诉电话：________

________省________市旅游质监执法机构：

投诉电话：________

电子邮箱：________

地　　址：________

邮　　编：________

任务四　招标书和投标书

任务导入

小张所在单位拟在5月安排职工外出旅游。为了提高旅游质量，现对本次旅游进行公开招标。领导安排小张撰写一份旅游招标书。那么什么是招标书？撰写招标书要注意哪些事项呢？

理论点拨

招标是一种必须依照《中华人民共和国招标投标法》（1999年8月30日第九届全国人民代表大会常务委员会第十一次会议通过，根据2017年12月27日第十二届全国人民代表大会常务委员会第三十一次会议《关于修改〈中华人民共和国招标投标法〉、〈中华人民共和国计量法〉的决定》修正）的规定进行的竞争性经济活动。

招标、投标是当今国际上广泛流行的一种经济活动方式。改革开放以来，这种公开竞争方式在我国也开始施行，在生产经营、科学研究、工程建筑、大宗物品采购、技术服务等方面广泛使用。了解招标投标程序，掌握招标投标中各种文书的写法，是企业发展的要求，也是现代企业工作人员必须具备的一种能力。

一、招标书

（一）招标书的概念

招标，是法人（招标单位）决定发包建筑工程、购进大宗物品、引进新的技术和设备时，先期公告社会或发出邀请书招人承揽的一种行为。它可以利用投标者之间的竞争达到优选供应商和承包者的目的。招标书就是这种商品交易行为所形成的书面文件。

投标，与招标相对应，是法人（投标单位）对招标公告或邀请书提出的要求愿意承揽并开出价目供选用的一种行为。投标书就是向招标人提供的备选方案。

（二）招标程序

招标的程序：发出招标文件→接受投标→公开开标→确定中标者→签订合同。

（三）招标书的结构与写法

招标书的发布方法一般有两种：一种是在报纸或其他媒体上刊登招标广告；另一种

是通知有承担能力的单位参加投标。前者称作招标公告；后者称作招标邀请书。招标书有表格式、条款式和表格、条款综合式的。条款式招标书由标题、正文、落款三部分构成。

标题。由招标单位名称加文种构成。如“中国技术进出口总公司国际招标公司公告”。需存档备查的，应在标题下写出编号。

正文。分为前言、主体两部分。前言简要地介绍招标人的基本情况和招标的目的。主体部分写清招标项目名称、招标范围、招标方式、招标时限、招标地点及投标、开标时间等。

落款。写明招标单位全称、地址、电话号码、电传号码、邮政编码等。如果是面向国际的招标书，应写明招标范围（哪些国家或地区）、用什么货币及付款方式等。最后写下日期。

（四）招标书的写作要求

（1）招标方案应切实可行，既要贯彻国家的有关政策、法律、法令，又要执行国家颁布的技术规定和质量标准；方案的提出一定要建立在科学地做好调查研究的基础之上，要先进、可行、具体。

（2）标准应当明确，表达必须准确。投标企业中标后，经最后确定为中标人时，按招标书的合同条款的格式执行。在合同中，双方对采购物资设备或工程项目的质量标准，应明确是国际标准、国家标准、部颁标准还是企业标准。

（3）规格应当准确无误。招标书中关于技术规格的说明是非常重要的一部分，必须准确无误。

【同步案例 6-4】

2022××国际旅游文化节开幕式文艺晚会招标书

“2022××国际旅游文化节开幕式文艺晚会”定于 2022 年 4 月 18 日晚在××体育场举行。经组委会批准，“2022××国际旅游文化节开幕式文艺晚会”实行项目招标。

一、招标对象

此次招标面向全国，招标对象包括各类文化机构、艺术表演团体、影视传媒集团（含港、澳地区）、文化传播公司、演出经纪公司以及其他具有从事演艺组织策划工作经验的企事业单位。

二、晚会的基本要求

由文化和旅游部、××省人民政府主办，××省文化和旅游厅等单位承办的“2022××国际旅游文化节开幕式晚会”，采取招标方式运作，中标单位负责晚会的整体策划和演出组织工作。

晚会拟定于 2022 年 4 月 18 日晚在××体育场举行，节目总长度约 1 小时 40 分钟。节目制作经费本着合理、节约的原则，由组委会负责解决。

晚会以习近平新时代中国特色社会主义思想为指导，以“活力××、欢乐祥和”

为宗旨，宣传××市改革开放以来取得的巨大成就，突出新时期××人精神和岭南文化特色，充分体现××优越的旅游发展环境，充分体现旅游与岭南文化的有机结合，将建设经济强省、文化大省、和谐广东结合起来。晚会必须达到“隆重、精彩、热烈、圆满”的要求，必须达到思想性、艺术性、观赏性的有机统一。晚会内容健康向上，形式丰富多样，演员阵容强大，艺术有所创新，气氛浓烈喜庆，应当达到国内一流大型晚会、在国际上有影响的效果。

三、晚会节目审核权

2022××市国际旅游文化节组委会对晚会节目内容拥有终审权。

四、晚会价款及结算方式

组委会按规定和程序安排专项经费，保证晚会的顺利举行。晚会费用将分三次结清：双方签订合同后，组委会办公室将支付30%的采购价款；第一次节目审查结束后，组委会办公室将支付45%的采购价款；晚会演出结束后，组委会办公室将支付剩余的25%款项。如中标方违约或达不到晚会既定要求，将根据合同的有关规定赔偿损失。

五、投标书内容

投标书须附有“2022××国际旅游文化节开幕式文艺晚会”的总体策划、文学台本、导演简略阐述、主创人员（须附名单及个人简历）、晚会创作进度、标价（以人民币为单位）等（详见投标书）。投标书必须按规定格式填写，字迹必须清楚，必须有单位和法人代表（或领导）的印鉴。

六、报名及报名单位见面会

自向媒体发布招标公告之日起至2月10日为报名时间，2月16日召开报名单位见面会（2月12日前发出报名单位见面会通知，报名单位与会代表食宿交通费自理），通报有关招标具体事宜。

七、截标日期及寄送（或送达）方式

投标书须在2022年2月15日下午17:00前寄送或送达。

地址：××省××市××路×号省文化和旅游厅艺术处

邮政编码：××××××

联系人：×先生　联系电话：××××××

传真电话：××××××

投标书必须密封，封面须注“2022××国际旅游文化节开幕式文艺晚会投标书”字样。

八、评标时间及方式、中标依据

评标从截标之日起开始，于3月底结束。

评标方式：组委会办公室将邀请省内外知名专家采取评委投票、集体评议的方式进行评标、定标工作，并报组委会审定。

中标依据：晚会创意新颖，内容丰富，形式独特，标价合理，兼顾质量与标价。

定标后10天内，组委会办公室将中标通知书送达中标单位，并与中标单位签订“2022××国际旅游文化节开幕式文艺晚会”承办合同。

除中标单位外，对入围的前五名将分别给予2万元策划撰稿费用。2022××国际旅游文化节组委会对入围的投标书拥有使用权和修改权。对中标方晚会节目拥有播映、影视制作、文字出版发行版权。

九、合同签约各方：

甲方：2022××国际旅游文化节组委会办公室

乙方：（能独立享有民事权利、承担民事责任的法人）

中标方须与××体育场签订有关演出场地的正式协议。

2022××国际旅游文化节组委会办公室

2022 年 1 月 10 日

【同步案例 6-4】分析

这是一篇有关旅游文化艺术节开幕式的招标公告，格式规范，要素完备，信息明晰，语言简洁，有利于投标单位了解有关事项，保证了招标工作的顺利进行。

二、投标书

（一）投标书的概念

投标，与招标相对应，是法人（投标单位）对招标公告或邀请书提出的要求愿意承揽并开出价目供选用的一种行为。投标书就是向招标人提供的备选方案。

（二）投标的程序

选择投标项目→接受投标资格审查→研究招标文件→计算标价→发出投标文件。

（三）投标书的结构与写法

投标书也由标题、正文、落款三部分组成。

标题。写明“投标书”或“投标申请书”即可。

正文。写明投标的依据和主导思想。

落款。写明投标者单位（或个人）的名字并加盖公章（或个人印章），注明投标时间。

☞**【同步案例 6-5】**

“2022××国际旅游文化节开幕式文艺晚会”投标书

投标单位：××××××

单位简介：（略）

晚会策划方案（含节目单）：（附后）

文学台本：（附后）

导演简略阐述：（附后）

舞美设计草图：（附后）

拟定主创人员：×××、×××等

导　　演：×××　　　　　　　（本人签名）

音乐总监：×××　　　　　　　　　　（本人签名）
文学撰稿：×××　　　　　　　　　　（本人签名）
主要演员：×××　　　　　　　　　　（本人签名）
舞美设计：×××　　　　　　　　　　（本人签名）
音　　响：×××　　　　　　　　　　（本人签名）
灯光设计：×××　　　　　　　　　　（本人签名）
晚会进度：××× ×××
标价：×××××××人民币（元）
单位负责人签字：________ 单位　　　　（章）
日期：2022年××月××日
晚会策划方案（含节目单）：（略）
文学台本：（略）
导演简略阐述：（略）
舞美设计草图：（略）
主创人员个人简历：（略）
主要演员个人简历：（略）
投标单位：×××文化演出公司（章）
负责人：×××（章）
联系人：×××
电话：××××××
地址：××市××街××号

2022年××月××日

【同步案例6-5】分析

这是一份针对同步案例6-4的文化演出投标书，标书明确了晚会策划方案以及与此次演出相关的主创人员，交代清楚了投标的总标价，在主体部分详尽介绍了相关投标文件的组成。

投标项目的不同，投标书的内容也不尽相同，可详可略。

同步习题

1. 根据下列调查材料，撰写一份旅游市场调查报告。

旅游消费情况调查

（1）您为什么去旅游？

A. 观光游览（362人）67%　　B. 休闲度假（196人）41%
C. 探亲访友（51人）10%　　D. 商务（35人）7%
E. 会议（32人）4%　　F. 其他（73人）18%

(2) 您认为目前旅行社有哪些方面需要改进？

A. 服务标准（235人）44%　B. 收费标准（167人）31%

C. 旅游目的地情况介绍（153人）29%　D. 服务项目（139人）26%

E. 其他（52人）10%

(3) 您通常以何种方式出游？

A. 单独或与家人结伴出游（321人）60%　B. 旅行社组织出游（215人）38%

C. 单位组织（191人）35%　D. 自驾出游（186人）32%

(4) 您选择旅行社的主要依据是什么？

A. 信誉（396人）75%　B. 价格（171人）31%

C. 线路（132人）29%　D. 方便舒适（83人）14%

E. 规模（59人）11%

(5) 您在报名时是否与旅行社签订合同？

A. 是（260人）60%　B. 否（175人）40%

(6) 您是否有过不愉快的经历？

A. 是（365人）67%　B. 否（182人）33%

(7) 您了解旅游消费的权利和相关的旅游法规吗？

A. 很了解（21人）4%　B. 一般（201人）42%

C. 了解一点（223）46%　D. 一无所知（36人）8%

(8) 旅游途中您最关心的是什么？

A. 住宿（237人）45%　B. 景点（236人）44%

C. 导游服务（222人）42%　D. 餐饮（174人）33%

E. 按时出游和返回（147人）29%　F. 交通工具（145人）28%

G. 购物（58人）10%　H. 其他（5人）1%

(9) 如果您的权益受到侵害，您首选的解决方法是什么？

A. 向消费者协会投诉（191人）35%

B. 向旅游监督管理部门投诉（145人）27%

C. 向旅游企业投诉（140人）26%

D. 向媒体曝光（258人）48%

E. 到法院提起诉讼（15人）3 %

F. 没有行动（20人）4%

2. 请你为当地某旅行社拟写一份旅游合同。

3. 根据下述材料，拟写一份招标书：××职业技术学院对南校区学生公寓物业管理权进行公开招标，选定物业管理单位对南区学生公寓物业进行管理。管理范围包括：学生公寓（3～14层）28 776.5平方米；周边道路、运动场6 704平方米；绿化面积1 171平方米。招标内容按招标单位提供的招标文件。凡达到××市物业管理三级以上资质的物业管理公司或高校后勤服务公司（集团）均可参加投标。

项目七

传播文书

知识目标

（1）了解传播文书的特点和作用；

（2）掌握消息、简报、演讲稿的写作方法和要求。

能力目标

（1）能够根据发生的事件撰写消息；

（2）能够根据工作情况等编撰简报；

（3）能够根据要求撰写演讲稿。

项目概述

传播是以各种宣传手段和信息传递方式为媒介，而传播文书是各种有目的宣传的专用文体。对于旅游从业者来说，掌握各种传播文书的写作是一项基本的技能，能很好地宣传自己的行业和企业。

一、传播文书的概念

传播是指为扩大某方面（政府、公司、单位、人物、商品、事件）影响，向公众有目的地进行宣传的各种方式和手段的总和。传播文书是指为了一定时期的工作或活动，通过大众媒介报道事实和发布信息，对公众进行宣传、教育、鼓动、引导的文书。

二、传播文书的特点

（一）真实性

传播文书以传播特定信息为目的，它不是文学创作，不能虚构，必须客观地反映事实。例如，新闻不能虚构，不能歪曲事实真相，也不能为某种目的制造假新闻。所以，写作传播文书的前期应认真查证，不能出现弄虚作假、凭空捏造、糊弄他人等现象和做法。传播文书如果不真实，必然的后果就是缺乏说服力和感染力，难以取信于人。

（二）时效性

传播文书是出于一定时期内工作或活动的需要，想让公众在第一时间知晓并配合，因此，它具有很强的时效性。如果传播文书的写作、发布没有及时跟上工作或活动的进度，基本上也就失去了价值。因此，传播文书的写作、发布一定要跟上工作、活动的节奏和进度，适时而动，应时而出，从而充分发挥其传播效应。

（三）表现手法文学化

传播文书语言灵活，服从于文稿的写作目的和主题，多采用各种表现手法，以调动读者的注意或用来感染读者。有的广告，仅其标题就非常吸引人。这些都说明了传播文书在表述上经常运用文学表现手法，这是传播文书不同于其他应用文的最明显的特征。

三、传播文书的作用

（一）联系、沟通作用

现代社会是由各种各样的机构、单位、部门以及个人等所构成的，且彼此之间形成了一种纵横交错、你中有我的网络结构。在这些实体之间，除了物质的供给与交换之外，还有一个重要关系就是信息的沟通与交流。传播文书便成为现实社会中联系与沟通政府机构、社会团体、企事业单位以及个人之间关系的桥梁与纽带。

（二）宣传、教育作用

传播文书不仅可以报道事实、发布信息，还可以通过对新人、新事、新风尚、新经验的传播、表扬，对坏人、坏事、坏风气、坏现象、坏行为的揭露、批判，通过客观而公正的舆论监督，潜移默化地对民众起到宣传、教育的作用，规范民众的文明行为。

（三）鼓动、引导作用

传播文书具有鼓动群众思考、引导群众行动的作用。传播文书发布的信息，具有较强的针对性，在措辞和内容上都具有一定的鼓动性、影响力和引导性，最终目的是希望能够影响读者的思想或行为，希望读者能够积极配合自己从事某项工作或者活动。

任务一　消　　息

任务导入

小张接到办公室主任布置的交一篇新闻稿的任务后，来到本市旅游景区观察采访。发现景区里有很多穿红马甲的旅游志愿者为游客服务。于是小张决定以旅游志愿者服务为主题，撰写一篇新闻。

理论点拨

一、消息的概念

消息是新闻中最基本的、使用量最大的文体。它是用概括叙述的方式，以简明扼要的文字，迅速及时地报道最新事实的短篇新闻。

二、消息的特点

（一）真实性

消息报道强调的是事实，真实是新闻的生命。如果报道脱离事实，或是无中生有，就不称为新闻了。真实是受众正确了解社会、认识问题的基础。

（二）及时性

消息强调一个“新”字，因为“新”才能及时反映社会各种情况，反映事件的发展和变化。新鲜体现在内容新和时间新两个方面。

（三）舆论性

消息报道中对各种事实的评价，往往形成了社会舆论。社会舆论应当是对错误的批判，更应当是对正义的歌颂。社会舆论也有导向问题，消息应当成为引导社会健康进步的舆论先驱。

三、消息的种类

根据消息的内容，消息可分为动态消息、综合消息、经验消息、述评消息、人物消息等；根据消息的篇幅，消息可分为长消息、短消息、简明消息、综合消息、一句话消息、标题消息等。

四、消息的结构与写法

消息写作的结构，多采用“倒金字塔”式，其特点是将最为重要、最为精彩、最吸引人的消息事实放在前面，比较重要的随后安排，再次向后排，最不重要的放在最后。这种结构便于记者写稿，便于编辑修改文稿，也便于受众阅读消息。

消息一般是由标题、消息头、导语、主体和结尾组成，有的还包括新闻背景材料。

（一）标题

标题是消息的内容或主题的集中表现，其形式有单行式和多行式。撰写消息标题，力求做到精当、新颖、生动、醒目，具有强烈的吸引力。

1. 单行标题

如：狗年“一年两头春”与吉凶无关（主题）

2. 双行标题

如：巴西海军军火库发生大爆炸（主题）

50公里外可看到巨大蘑菇烟云（副题）

3. 三行标题

如：飞船安然着陆　航天员健康出舱（引题）

我国神舟六号载人航天飞行圆满成功（正题）

中共中央国务院中央军委致电祝贺（副题）

（二）消息头

消息头是消息的外在标志，用括号或显著字体标出（正文是宋体，消息头一般或楷体或黑体），置于稿件开头，表明稿件发出的单位、地点、时间。常见的形式是“××社××地××日电”或“××社××地××日讯”。

（三）导语

导语是消息的开头。需要用最精粹的文字，简明扼要地把消息中最重要、最新鲜、最吸引人的事实及其意义表达出来。

（四）主体

主体是导语的展开或续写部分。主体承接导语，对新闻事实做进一步报道，它承接在导语之后，是对导语的铺延和展开，全面具体地叙写消息的内容，回答或者具体说明导语提出的问题，以充实、印证导语中的内容，以满足读者对事实进一步了解的需要。行文时要做到内容充实、层次清楚、语言精练。

（五）背景

背景是帮助受众了解所报道事件产生的环境、原因等方面的材料，用来说明消息发生的具体条件，消息的性质和意义，目的是更好地突出主题，从而增加新闻报道的深度和分量。常用作背景的材料有说明性材料、注释性材料和对比性材料等。

（六）结尾

消息的结尾承接主体，常是消息的最后一句话或最后一个自然段，对全文做简单总结。有时没有结尾，事实叙述完毕，就自然结尾了。

五、消息的写作要求

消息写作的基本要求是：重在真实，贵在新鲜，篇章简短，报道求快，表现活泼。在写作过程中应遵循新闻五要素（5W）原则，即在消息中要写明时间（When）、地点（Where）、人物（Who）、事件（What）及其原因（Why），使其完整、准确，满足受众对消息的要求。

☞【同步案例 7-1】

麻城景区人人都是志愿者，给旅游旺季“再添把火”

人间四月天，麻城看杜鹃。自3月以来，在麻城市新时代文明实践中心的指导下，龟峰山风景区管理处新时代文明实践所为更加高效服务赏花游客，积极探索创新举措，采取“新时代文明实践所、站”合一，统一领导、统一着装、统一培训、集中行动、快速反应、全天候服务、精雕细琢全面提升新时代文明实践志愿服务活动的品质。

“我们这次来游玩的感觉特别好，从购票时就有穿着红色小马甲的志愿者主动上前来告诉我们购票流程，看到我们随行有老人，那个志愿者还贴心地搬来了小椅子，在杜鹃花海看花的时候，志愿者一边搀扶着我家的长辈一边还细心地帮忙打着太阳伞！”来自甘肃省天水的游客满意地说道。

在景区的停车场，一名游客由于匆忙，停车的时候没有记住停车区域，现场两名志愿者得知情况后第一时间赶来，在取得游客同意后，一名志愿者负责对照车牌号码寻找车辆，一名志愿者拿着车钥匙沿着区域搜寻车辆，不到5分钟车辆就找到，游客连连点赞，并主动要求与志愿者拍照留念。

“请您照顾好小朋友，这边水深有危险，不适合小朋友追逐打闹。”景区龟峰湖水坝上有几名小朋友正在追逐嬉戏，在水坝全天候巡查的志愿者快步跑上前提醒游客家长。

19日下午两点，龟峰山景区内30多名麻城市文明实践志愿者步行沿线捡拾着散落在步道上的枯枝烂叶，在各个景点上，志愿服务的“红马甲”们正在有声有色地为游客讲述着龟峰山传奇的红色故事，在景区大门、民俗街、小河沟、水库坝、索道、杜鹃花海、游览车、停车场处处都能看到杜鹃红，处处都能感受得到文明实践志愿服务“红马甲”的火红热情。

“我们龟峰山风景区管理处新时代文明实践志愿服务活动是采取创新所、站合一模式，这样既节约管理运行成本，而且为应对龟峰山赏花旺季可以提供快速、机动和及时的志愿服务。”龟峰山风景区管理处党委书记、主任兼新时代文明实践所所长鲍艳山说，通过麻城市文明实践中心组织的系列学习和培训，现在景区的机关干部和党员群众人人都是志愿者。

截至目前，龟峰山风景区管理处新时代文明实践所组织开展各类志愿服务20余次，参与志愿服务活动2 700余人次，新增加注册志愿者66名。

（资料来源：荆楚网（湖北日报网），通讯员　程远鹏）

【同步案例7-1】分析

这则消息简明扼要，抓住何时、何地、何事、何果等新闻要素。导语把所要报道的事实进行简洁、精辟的概括，主体部分则详细叙述了旅游志愿者服务的内容，消息最后用一系列数据把龟峰山风景区管理处新时代文明实践所的志愿服务更准确地出现在读者的面前。

任务二　简　　报

任务导入

新年一开局，小张所在的文化广电和旅游局就新的一年展开积极布局，开展了多项工作。月底办公室主任就新年一月开展的各项工作要求小张编撰一份工作简报。那么什么是简报呢？简报编撰有哪些要求呢？

理论点拨

一、简报的概念

简报是机关、团体及企事业单位编发的反映情况、汇报工作、交流经验、沟通信息的一种内部文件。

二、简报的特点

（一）快速性

快速性是指反应迅速及时。简报具有新闻性，追求时效性，要求发现、汇集情况快，撰写成文快，编印制发快。

（二）新颖性

新颖性是指内容新鲜，有新意。简报要提出新情况、新问题和新经验。善于捕捉工作、社会生活中的“新”，使简报具有更强的指导性和交流性。

（三）真实性

反映情况要符合客观真实。简报所反映的情况和问题要真实、准确，不能随意夸大或缩小。

（四）简短性

文字要短，内容要精，尽可能一事一议，少做综合报道。简报字数一般为几百字，至多不过千字。

三、简报的种类

（1）按时间分类，简报分为定期简报、不定期简报、长期简报、临时简报。

（2）按性质分类，简报分为综合简报、专题简报、会议简报。

（3）按内容分类，简报分为工作简报、生产简报、学习简报、科技简报、旅游简报、纪检简报、动态简报等。

四、简报的结构与写法

简报由报头、报章、报尾三部分构成。

（一）报头

报头部分在首页上端，约占首页三分之一版面，共有五项内容。

（1）简报名称。简报名称居中排印，套红大字。

（2）期号。期号标注于“名称”正下方。

（3）密级。密级标注在“名称”的左上方。

（4）编者。编者即制发单位，位于“名称”的左下方。

（5）时间。时间位于“名称”的右下方，年、月、日要齐全。

（二）报章

这是简报的主体部分，包括以下内容。

（1）按语。简报的“按语”在“间隔线”的下方、“目录”的上方。按语的写法有以下三种形式：① 评介性按语；② 说明性按语；③ 提示性按语。按语不是简报必备的结构要素，有些简报可以不写按语。按语的作者，一般由编发机关指定有关人员撰写。

（2）目录。标注在“按语”下方，简报文章上方，居中标“目录”字样。若简报只有一篇文章，不必标注“目录”。

（3）标题。每篇简报都必须有标题。标题一般要求简明地概括正文内容，类似于新闻标题。

（4）正文。简报正文的写法类似于新闻的写法，先在开头（导语）部分对主要内容进行概括（包括时间、地点、人物、事件等），然后具体叙述文章所反映的情况内容。

（三）报尾

报尾位于简报末页下端，包括两个项目：左侧写发送对象、范围，右侧写印刷份数。

五、简报的写作要求

（一）选材要准

简报不能有事就报，它要注意从中心工作和单位阶段工作的需要出发，在众多的事件中选取那些最有指引意义或必须引起重视的经验、事件和问题，全面、实事求是地予以报道。

（二）速度要快

简报也是一种“报”，它有新闻性。这就要求简报的编写应该快，对于工作中、会议中出现的新动向、新经验、新问题，编写者要及时地予以捕捉，并用最快的速度予以报道。否则，失去了新闻性、时效性，简报就会降低指导意义，乃至完全失去应有的作用。

（三）文字要简

简报的一个“简”字，代表了简报的基本特性。为了体现这一特征，作者在编写简报时要首先注意选材精当，不求面面俱到；其次，要求文字简洁，对事物进行概括性报道。篇幅过长、文字过繁的做法是不适于简报的编写的。

☞**【同步案例 7-2】**

文体旅简报

第 3 期

蒲江县文化体育和旅游局　　　　2022 年 1 月 30 日

本期导读

- 我县组织参加全市假日文旅工作电视电话会
- 市文广旅局检查我县文旅行业安全生产和疫情防控工作
- 袁雪峰拜访市文物考古研究院院长颜劲松
- 我县召开春节假期文旅市场疫情防控和安全生产工作部署会
- 县图书馆开展“喜‘阅’新年 我来荐书”视频征集活动
- “我们的节日——迎新年许心愿送祝福”活动举行
- 我局召开领导干部述责述廉大会
- 我局召开党史学习教育专题民主生活会（扩大）会议
- 我局组织开展节前疫情防控和安全督查
- 我局开展疫情防控应急处置桌面推演

我县组织参加全市假日文旅工作电视电话会

1月28日，全市假日文化和旅游工作电视电话会议召开。会上分别就文旅行业疫情防控、安全生产、假日保障等方面进行了安排部署。县政府副县长汪涛及县级相关部门、各镇（街道）、文旅行业协会、重点文旅企业相关负责同志在蒲江分会场参加会议。（办公室）

市文广旅局检查我县文旅行业安全生产和疫情防控工作

1月29日，由市文广旅局非遗处处长张擎率队的检查组，对我县文旅行业安全生产和疫情防控工作进行了全面检查。检查组先后查看了兰博电竞、朝阳湖大酒店等点位，对我县相关工作给予了肯定，并从文旅行业必须严格落实疫情防控、安全生产等相关措施，确保春节文旅市场安全有序等方面提出了意见和建议。（旅游科、执法大队）

袁雪峰拜访市文物考古研究院院长颜劲松

1月27日，县委常委、宣传部部长袁雪峰在县文体旅局主要负责同志陪同下，专程拜访了市文物考古研究院院长颜劲松，双方就我县文物保护及县博物馆新馆建设等工作深入交换了意见。颜劲松表示，蒲江县地处南丝绸之路要道，文物资源丰富，市文物考古研究院将积极为蒲江县博物馆新馆建设提供支持，同时进一步加强在文物研究、文物保护方面的支持与合作。（文管所）

我县召开春节假期文旅市场疫情防控和安全生产工作部署会

1月28日，我县召开了春节假期文化旅游市场疫情防控和安全生产工作部署会，县政府副县长汪涛主持会议并讲话。县级相关部门、各镇（街道）、文旅行业协会、文旅重点企业相关负责同志参加会议。会上，县文体旅局通报了前期行业督查情况，分析了春节假期全县文旅市场形势，并就疫情防控、安全生产、服务保障、规范市场、应急值守等方面工作进行了安排部署。汪涛在讲话中强调：一要聚焦安全排查，守好安全生产底线；二要聚焦疫情防控，筑牢疫情防控防线；三要聚焦统筹协调，及时解决突发问题。（办公室）

县图书馆开展“喜‘阅’新年 我来荐书”视频征集活动——为大力推进全民阅读工作，近日，由县文体旅局主办，县图书馆承办的“喜‘阅’新年 我来荐书”视频征集活动拉开了序幕。活动将图书与当下流行的短视频形式结合，将线上线下相融合的方式，以时尚的方式推进全民阅读工作。活动吸引了社会各界的关注，学生、老师、医生、社会工作者等纷纷加入推荐行列，分享阅读之趣，传递阅读正能量。（图书馆）

“我们的节日——迎新年许心愿送祝福”活动举行——为了丰富春节期间我县群众文化生活，营造欢乐祥和的氛围。1月28日，由县文体旅局主办，县图书馆承办的“我们的节日——迎新年 许心愿 送祝福”活动在县图书馆广场举行。前来参加活动的读者在心愿卡上写下了对来年的期盼和祝福，手拿寓意喜庆和吉祥的“福”字，脸上洋溢着幸福喜悦的笑容，在打卡拍照区拍照留影，现场被红红的“福”字映衬得年味十足。活动拉进了图书馆和读者之间的距离，让广大读者朋友感受到新年的喜悦氛围和中国传统文化的魅力。（图书馆）

我局召开领导干部述责述廉大会——1 月 21 日下午，我局组织召开了“2021 年度领导干部述责述廉大会”，会上，局班子成员按照要求分别作了述责述廉报告，参会党员分别对述责述廉同志进行了现场提问和民主测评。局党组书记、局长龚微对班子成员的述责述廉报告进行了点评和总结，并就严格落实主体责任和“一岗双责”提出了三点要求：一要旗帜鲜明讲政治，以政治担当践行文体旅事业的责任使命；二要深化“两个责任”落实，严守纪律规矩，增强清正廉洁的行动自觉；三要以更优的作风、更好的成绩服务全县中心工作，为奋力打造宜居宜业宜创宜游的“生态福地、大美小城”贡献出文体旅力量。（办公室）

我局召开党史学习教育专题民主生活会（扩大）会议——1 月 25 日，我局组织召开了 2021 年度党史学习教育专题民主生活会（扩大）会议，局机关及下属单位全体党员干部职工参加会议。会议强调：一要强化理论学习，加强政治建设；二要提高政治站位，强化责任担当；三要围绕总体目标，强化宗旨意识。（办公室）

我局组织开展节前疫情防控和安全督查——1 月 29 日、30 日，我局由党组书记、局长龚微及各班子成员分别带队，对全县文旅行业节前疫情防控和安全生产开展督导检查。检查组深入广播电视传输播出单位、星级宾馆饭店、民宿、网吧、歌舞娱乐场所、公共文体场馆，文庙、武庙、飞仙阁、河沙寺、善业寺等重点文保单位等，详细检查了各单位疫情防控、安全生产、值班值守等工作开展情况，对各单位相关工作提出要求，一要切实履行主体责任，认真开展安全隐患自查工作，对排查出的问题要建立台账，落实专人整改，实现闭环；二要认真落实常态化疫情防控的各项措施，坚决克服麻痹大意的思想，筑牢文旅行业疫情防控防线；三是要加强值班值守，进一步完善春节期间应急处突预案，高效处置突发事件、化解矛盾纠纷，确保春节期间全县文旅行业平安、祥和。（办公室）

我局开展疫情防控应急处置桌面推演——为深入贯彻落实县疫情防控指挥部关于开展疫情防控应急处置演练的通知要求，检验《文体旅局新型冠状病毒肺炎疫情防控应急预案（2022 年修订）》的可操性，1 月 29 日，我局组织开展了文旅系统疫情防控应急处置桌面推演。推演采取“双盲”模式，共设置 10 个不同的演练场景，演练指挥组根据设置场景随机抽取相关分管领导和业务科室回答处置流程，由指挥组进行点评，最后形成统一书面报告，总结经验和存在的不足。本次演练充分检验了文旅系统干部职工在应对疫情突发时的应急处置、综合协调等能力，为文旅行业筑牢常态化疫情防控防线打下了坚实基础。（办公室）

蒲江县文体旅局办公室　　　　　　　　　　　　2022 年 1 月 30 日印

（资料来源：蒲江县人民政府网站）

【同步案例 7-2】分析

这则简报新闻性比较强，信息量大，围绕现蒲江县文体旅局 2022 年 1 月开展的各项工作进行灵活快捷的报道，内容集中，层次清晰，很好地体现了简报简明、新颖、快捷的特点。

任务三 演 讲 稿

任务导入

在全国上下学习宣传贯彻党的二十大精神的热潮中，2023 年初，小张所在的××文化广电和旅游局为加强干部队伍建设，提升锻造干部队伍综合素质能力，创新活动载体，决定在局系统内开展“实干担当，文旅有我——学习党的二十大精神”主题演讲比赛。小张也积极报名参加。那么演讲稿和一般的讲话稿有什么区别呢？如何撰写一篇高质量的演讲稿？

理论点拨

一、演讲稿的概念

演讲稿又称演说词、演讲词，是演说者在公共场合或集会上，就某一问题陈述自己的主张，表达自己的感情或阐述某种事理的讲话文稿。

演讲稿是进行演讲的依据、规范和提示，是人们在工作和社会生活中经常使用的一种文体。它可以用来表达个人的主张与见解；也可以用来介绍自己的学习、工作情况和经验等；演讲稿具有宣传、鼓动、教育和欣赏等作用。它可以把演讲者的观点、主张与思想感情传达给听众及读者，以便相互交流思想和感情。

二、演讲稿的特点

演讲稿是为演讲准备的书面材料。演讲是在公众面前就某一问题发表自己的见解的口头语言活动。它具有以下特点。

（一）针对性

演讲是一种社会活动，是用于公众场合的宣传形式。它为了以思想、感情、事例和理论来打动听众，“征服”听众，必须要有现实的针对性。所谓针对性，首先作者提出的问题是听众所关心的问题，评论和论辩要有雄辩的逻辑力量，要能为听众所接受并心悦诚服，这样才能起到应有的社会效果；其次是要了解听众不同的身份，而场合也有不同的类型，如党团集会、专业性会议、服务性俱乐部、学校、社会团体、宗教团体、各类竞赛场合，写作时要根据不同对象和不同场合，为听众设计不同的演讲内容。

（二）可讲性

演讲的本质在于“讲”，而不在于“演”，它以“讲”为主，以“演”为辅。由于演讲要诉诸口头，拟稿时必须以易说能讲为前提。如果说，有些文章和作品主要通过阅读欣赏，领略其中意义和情味，那么演讲稿的要求则是“上口入耳”。一篇好的演讲稿对演讲者来说要可讲；对听讲者来说应好听。因此，演讲稿写成之后，作者最好能通过试讲或默念加以检查，凡是讲不顺口或表达不清楚之处（如句子过长），均应修改与调整。

（三）鼓动性

演讲是一门艺术。好的演讲能够激发听众情绪、赢得好感。要做到这一点，首先要求演讲稿的思想内容丰富、深刻，见解精辟，有独到之处，发人深省，语言表达要形象、生动，富有感染力。如果演讲稿写得平淡无味，毫无新意，即使在现场“演”得再卖力，效果也不会好，甚至相反。

三、演讲稿的结构与写法

演讲稿通常包括称谓、开头、正文和结尾四个部分。

（1）称谓。演讲的对象、场合不同，称谓也就不同。常见的有“各位领导”“各位来宾”“女士们、先生们”“同志们”“朋友们”等，通常在称谓前加上“尊敬的”“敬爱的”等词，以示尊重和友好。

（2）开头。这部分是演讲稿的导入部分。写作时要简短、精彩，很快与听众沟通，引人入胜，调动听众的情绪，为后边内容的展开打下基础。常用的开头有点明主题、交代背景、提出问题等。不论哪种开头，目的都是使听众立即了解演讲主题、引入正文、引起思考等。

（3）正文。这部分是演讲稿的中心部分。要根据演讲对象、内容的特点，对材料加以选择，要选取有生命力的例子，要条理分明，层次清晰。语言的运用要把握好节奏，时时抓住听众的情绪，做到张弛有道。正文的层次安排可按时间或空间顺序排列，也可以平行并列、正反对比、逐层深入。由于演讲稿是通过口头表达的，为了便于听众理解，各段落应上下连贯，段与段之间有适当的过渡和照应。

（4）结尾。结尾是演讲内容的收束，它起着深化主题的作用。演讲稿的结尾要力求做到简洁明快，要善于运用感情色彩浓郁的词语或修辞手法，要富于鼓动性，给人留下深刻的印象。结尾的方法有归纳法、引文法、反问法等。归纳法是概括一篇演讲的中心思想，总结强调主要观点；引文法则是引用名言警句，升华主题，留下思考；反问法是以问句引发听众思考和对演讲者观点的认同。此外，演讲稿的结尾也可以用感谢、展望、鼓舞等语句作结，使演讲能自然收束。

四、演讲稿的写作要求

（1）针对听众。演讲，首先要了解听众，注意听众的组成，了解他们的性格、年龄、受教育程度、出生地，分析他们的观点、态度、希望和要求。掌握这些以后，就可以决定采取什么方式来吸引听众，说服听众，取得好的效果。

（2）主题集中。一篇演讲稿要有一个集中、鲜明的主题。无中心、无主次、杂乱无章的演讲是没有人愿意听的。一篇演讲稿只能有一个中心，全篇内容都必须紧紧围绕着这个中心去铺陈，这样才能使听众印象深刻。

（3）以情动人。好的演讲稿应该既有热情的鼓动，又有冷静的分析，要把抒情和说理有机地结合起来，做到动之以情，晓之以理。

（4）语言生动。演讲稿的语言要求做到准确、精练、生动形象、通俗易懂，不能讲假话、大话、空话，也不能讲过于抽象的话；要多用比喻，多用口语化的语言，深入浅出，把抽象的道理具体化，把概念的东西形象化，让听众听得入耳、听得明白。

☞【同步案例 7-3】

人格是最高的学位

很多很多年前，有一位学大提琴的年轻人向 20 世纪最伟大的大提琴家卡萨尔斯讨教："我怎么才能成为一名优秀的大提琴家？"

卡萨尔斯面对雄心勃勃的年轻人，意味深长地回答："先成为优秀而大写的人，然后成为一名优秀和大写的音乐人，再然后就会成为一名优秀的大提琴家。"

听到这个故事的时候，我还年少，老人回答时所透露的含义我还理解不多，然而随着采访中接触的人越来越多，这个回答就在我脑海中的印象越来越深。

在采访北大教授季羡林的时候，我听到一个关于他的真实故事。有一个秋天，北大新学期开始了，一个外地来的学子背着大包小包走进了校园，实在太累了，就把包放在路边。这时正好一位老人走来，年轻学子就拜托老人替自己看一下包，而自己则轻装去办理手续。老人爽快地答应了。近一个小时过去，学子归来，老人还在尽职尽责地看守。谢过老人，两人分别。

几日后是北大的开学典礼，这位年轻的学子惊讶地发现，主席台上就座的北大副校长季羡林，正是那一天替自己看守行李的老人。

我不知道这位学子当时是一种怎样的心情，但我听过这个故事之后却强烈地感觉到：人格才是最高学位。

这之后我又在医院采访了世纪老人冰心。我问先生："您现在最关心的是什么？"老人的回答简单而感人："是年老病人的状况。"

当时冰心已接近自己人生的终点，而这位在五四运动爆发那一天开始走上文学创作之路的老人，心中对芸芸众生的关爱之情仍然未老，则又该是怎样的一种传统！

冰心的身躯并不强壮，即使年轻时也少有飒爽英姿的模样，然而她这一生却用自己当笔，拿岁月当稿纸，写下了一篇关于爱是一种力量的文章，然而在离去之后给我留下了一个伟大的背影。

今天我们纪念五四运动，那场运动中的呐喊、呼号、血泪都已变成一种文字停留在典籍中，每当我们这些后人翻阅的时候，历史都是平静地看着我们，这个时候，我们觉得那场运动已经距今太久了。

然而，当你有机会和经过"五四"或受过"五四"影响的老人接触后，你就知道，历史和传统其实一直离我们很近。

世纪老人在陆续地离去，他们留下的爱国心和高深的学问却一直在我们心中不老。

但在今天，我还想加上一条，这些世纪老人独具的人格魅力是不是也该作为一种传统被我们继承？

前几天我在北大听到一个新故事，清新而感人。一批刚刚走进校园的年轻人，相约去看季羡林先生，走到门口，却开始犹豫，他们怕冒失打扰了先生。最后决定，每人用竹子在季老家门口的土地上留下问候的话语，然后才满意地离去。

这该是怎样美丽的一幅油画！在季老家不远，是北大的博雅塔在未名湖中留下的投影，而在季老家门口的问候语中，是不是也有先生的人格魅力在学子心中留下的投影呢？只是在生活中，这样的人格投影还是太少。

听多了这样的故事，便常常觉得自己是气球，仿佛飞得很高，仔细一看却被浮云托着；外表看上去也还爆满，但肚子里却是空空的。这样想着就有些担心，怎么能走更长的路呢？

于是，“渴望年老”四个字对于我就不再是幻想中的白发苍苍，身份证上改成六十岁，而是如何在自己还年轻的时候，便能学会老人身上所具有的种种优秀品质，我也更加知道了卡萨尔斯回答中所具有的深义。怎样才能成为一个优秀的主持人呢？心中有个声音在回答：先成为一个优秀的人，然后成为一个优秀的新闻人，再然后是自然地成为一名优秀的主持人。

我知道，这条路很长，但我将执着前行。

【同步案例 7-3】分析

这是中央电视台主持人白岩松在全国新闻界“做文与做人”演讲比赛中的演讲稿。这篇演讲的感情基调是深沉的，通篇没有慷慨激昂的词句，只是像讲故事一样娓娓道来。在处理故事与议论的关系时像是自言自语，如行云流水，自然而然，毫不夸饰，表达了演讲者对怎样才能成为一个优秀的主持人的深深思考。

同步习题

1. 在周末或节假日，深入旅游景区，收集新闻资料，撰写一则消息。
2. 学校准备举办“你为明天准备了什么”演讲比赛，请你写一篇演讲稿。
3. 请你以“我爱我的专业”为题，发表即兴演讲。

项目八

旅游法律文书

知识目标

（1）了解旅游法律文书及各文种的定义、分类和写作要求；
（2）掌握旅游投诉书的结构和写法；
（3）掌握旅游起诉书的结构和写法；
（4）掌握答辩状的结构和写法。

能力目标

（1）能够根据事件材料撰写旅游投诉书；
（2）能够根据事件材料撰写旅游起诉书；
（3）能够根据起诉书或上诉书材料撰写旅游答辩状。

项目概述

随着我国法治建设的不断完善和人们法律意识的不断提高，通过诉讼解决各种权益争端已习以为常。各类诉讼文书成为人们最常用的法律文书。我们既要掌握其基础知识和写作方法，又要能较熟练地制作各类法律文书。

一、旅游法律文书的概念

所谓法律文书，是一切具有法律效力和法律意义的应用文体的统称。

旅游类法律文书是指国内外旅游者、国内旅游经营者为了维护自身和他人的旅游合法权益，对损害其合法权益的旅游经营者和有关单位，以书面形式向旅游行政管理部门提出申诉，请求处理时使用的应用文。

二、旅游法律文书的特点

（一）合法性

旅游法律类文书的制作和使用必须依法进行，特别是旅游投诉的受理和处理，更要依法依规办理，这样才能公正公平。

（二）规范性

法律类文书是一种具有明显规范性的文书。每一种法律文书都必须按照国家有关机关规定的统一格式样本制作，不允许别出心裁，另搞一套。

（三）客观性

旅游法律类文书不同于一般的文学作品，其使用的事实材料应该客观真实，不能无中生有，凭空杜撰，在叙述时不允许夸张，必须实事求是地交代、说明。

（四）严肃性

旅游法律类文书所写的任何内容，都必须有事实根据、确凿有力、准确无误，否则就难以执行。这就要求文书的言辞必须精练准确，严肃朴实。

三、旅游法律文书的作用

（1）它是依法维权和执法活动的记录，是实施法律的有效保证。

（2）它是保证旅游市场健康发展和旅游经营正常进行的有力工具。

（3）它是消费者依法维权的有效工具。

四、旅游法律文书的写作要求

（一）应用文体应当准确、有针对性

在制作旅游类法律文书时，应当根据事件的内容和申告请求准确地使用相应的文体，用语规范，称谓一致。

（二）文书的格式应当符合法定规范

法律文书一般都具有国家公文的性质，具有法律效用，应当按照具体、明确的格式结构，准确无误地表达。

（三）文书内容必须准确、精练、朴实

旅游类法律文书制作时要求准确，对所叙述的事实不能有失实、夸大、虚构、模糊、矛盾的现象，文字严谨，逻辑严密，用语朴实，简明扼要。

任务一　旅游投诉书

任务导入

“五一”黄金周前夕，张三和所在单位20人准备前往某海岛景点旅游，经过反复比较和考察，与××市国际旅行社签订了旅游合同，共支付旅游费用14 000元。4月29日，旅行社业务人员告知，由于船票非常紧张，旅行社未能购得合同约定的船票，旅游行程难以完成。旅行社向张三他们提供了两个方案供选择：方案之一，按照合同约定，旅行社承担违约责任，并按总价款的10%支付违约金；方案之二，张三他们选择其他时间出游，届时，如果旅游费用涨价，旅行社不再涨价，仍然按照原合同提供服务，如果旅游费用降低，旅行社退还部分费用。旅行社同时承诺，旅游行程将在同年的7—8月完成，旅行社会提前一周告知，假如旅行社没有提供上述方案之二约定的服务，旅行社将向张三他们赔偿14 000元。张三他们接受了旅行社第二个方案并签订了书面协议。

7月5日，旅行社通知张三等，旅游行程安排在7月6日，张三等务必参加，否则就视为放弃权利，旅行社将不再承担任何责任。由于只有1天时间，来不及准备，张三等拒绝参加旅游，要求旅行社按照第二次签订的旅游协议，支付等同于全额旅游团款的违约金。

那么张三他们将如何向旅游主管部门进行书面投诉呢？

理论点拨

一、旅游投诉书的概念

旅游投诉书是指投诉者向旅游管理部门递交的书状。递交投诉书确有困难的，可以口述，由旅游管理部门记入笔录，并由本人签字。

投诉是有时效的，向旅游管理部门请求保护合法权益的时效期为60天。投诉时效期从投诉者知道或者应当知道权利被侵害时算起。有特殊情况的，旅游管理部门可以延长投诉时效期限。

二、旅游投诉书的种类

（一）表格式投诉书

这是以表格的形式制作的投诉书，其联系的方法是电话，其特点是简洁方便。

（二）文字式投诉书

这是以文字形式制作的投诉书，其联系的方法是书信，其特点是详细清楚。

三、旅游投诉书的结构与写法

旅游投诉书由标题、正文、落款三部分构成。

（1）标题。标题要写明文体，如投诉状、投诉信或投诉书。

（2）正文。正文的内容包括：投诉者的基本情况、被投诉者的基本情况，投诉的事实与理由，具体赔偿要求，证据。

① 投诉者的基本情况。写明投诉者的姓名、性别、国籍、职业、年龄、单位（团队）名称及地址、联系电话等。

② 被投诉者的基本情况。写明被投诉者的单位名称或姓名、所在地、联系电话等。

③ 投诉的事实与理由。详细地写出事实的经过与违法违规的理由。

④ 具体赔偿要求。详细地写明赔偿要求。

⑤ 证据。与事实有关的证明材料，如合同、传真、机船车票、门票、凭证、发票等。

（3）落款。落款需写明旅游投诉人和投诉时间。

☞【同步案例 8-1】

投 诉 书

投诉人：张三等 20 人，联系电话：138 ×××× ××××

被投诉单位：××市国际旅行社，联系电话：×××× ××××

事实与理由

“五一”黄金周前夕，投诉人和所在单位 20 人准备前往某海岛景点旅游，经过反复比较和考察，与被投诉单位××市国际旅行社签订了旅游合同，共支付旅游费用 14 000 元。4 月 29 日，旅行社业务人员告诉投诉人，由于船票非常紧张，旅行社未能购得合同约定的船票，旅游行程难以完成。旅行社提供了两个方案由投诉人选择：方案之一，按照合同约定，旅行社承担违约责任，并按总价款的 10% 支付违约金；方案之二，投诉人选择其他时间出游，届时，如果旅游费用涨价，旅行社不再涨价，仍然按照原合同提供服务，如果旅游费用降低，旅行社退还部分费用。旅行社同时承诺，旅游行程将在同年的 7—8 月间完成，旅行社会提前一周告知投诉人，假如旅行社没有提供上述方案之二约定的服务，旅行社将向投诉人赔偿 14 000 元。投诉人接受了旅行社第二个方案并签订了书面协议。

7 月 5 日，旅行社通知投诉人，旅游行程安排在 7 月 6 日，投诉人务必参加，否则就视为放弃权利，旅行社将不再承担任何责任。因为只有 1 天时间来不及准备，投诉人拒绝参加旅游，要求旅行社按照第二次签订的旅游协议，支付等同于全额旅游团款的违约金。

以上事实证明××市国际旅行社确实违约，从第二个合同约定的内容看，旅行社能够避免承担违约责任的前提是，旅行社为投诉人安排的行程时间必须在同年的 7—8 月，且提前 1 周通知。只要违反了其中任何一个条件，旅行社就属于违约，就必须承担违约责任。而旅行社只提前了 1 天通知投诉人参加旅游，旅行社再一次违反了合同约定。投诉人要求旅行社按照合同约定，兑现其承诺；旅行社按照合同约定支付赔偿，是其承担合同义务的具体表现。

赔偿要求

退还投诉人已支付的旅游团款 140 000 元。

承担已约定的违约责任，支付违约金 140 000 元。

证据

1. 第一次合同；

2. 第二次合同；

3. 7 月 5 日旅行社通知单。

此致

××市旅游局

投诉人签名：×××

××××年××月××日

（资料来源：《中国旅游报》）

【同步案例 8-1】分析

该投诉书条理清楚，重点突出。详细介绍了投诉的理由及事实，证据充足，赔偿要求按照法律规定，合情合理合法。

任务二 旅游起诉书

任务导入

小张所在××省××装饰工程有限公司与××旅行社有限责任公司签订了 15 人单独组团米亚罗二日游的旅游合同。其后小张单位职工依约参加了该旅游行程，××月××日在米亚罗风景区进行游玩时，索桥上游玩人员过多且严重超载，致使桥上 40 多人全部落水，小张单位职工两人溺水昏迷，经抢救这两人脱离危险，同时也使单位职工随身携带的大量财物全部被河水冲走，该次事故是由于××旅行社有限责任公司派出的导游没有尽到责任所致，对小张所在单位的人身、财产造成了极大的损失。无奈，小张单位只能诉至法院。那么小张所在将如何撰写起诉书？

理论点拨

一、旅游起诉书的概念

旅游起诉书是指公民或单位在旅游活动中自己的合法权益受到侵害，与他人发生争议时，为维护自己的合法权益，依据事实和法律，向人民法院提起诉讼的法律文书。

旅游起诉书一般为民事起诉书，提起诉讼的旅游者即为原告，诉讼的对方即为被告。

二、旅游起诉书的结构与写法

起诉书包括首部、正文和尾部三部分。

（1）首部。首部由文种、原告的基本情况、被告的基本情况三部分构成。

① 文种。一般写“民事起诉书”。

② 原告的基本情况。写明姓名、性别、出生年月日、民族、籍贯、职业或工作单位和职务、住址、邮编、联系电话等。如原告是法人或其他组织的，均应写明其名称和所在地址。

③ 被告的基本情况。同上。

（2）正文。正文由诉讼请求，事实与理由，证据、证据来源、证人姓名和住址三部分构成。

① 诉讼请求。它是原告希望通过诉讼所达到的目的。各自独立的请求事项应分项列出，诉讼费用的负担通常也作为一项独立的请求在最后提出。诉讼请求应该明确、具体、全面、合法。

② 事实与理由。具体写作时，要使事实与理由部分紧紧围绕诉讼请求，做到层次清晰，衔接紧密，有理有据，令人信服。

a. 民事案件的事实主要包括当事人之间的法律关系，如婚姻关系、债权债务关系等；当事人之间的纠纷案情事实，包括时间、地点、人物、事件、原因、结果等要素；当事人之间权利的确认方面，如著作权、专利权等争议问题的事实根据等。

b. 理由部分一般含有两个层次：一是在叙述事实的基础上，概括地分析纠纷的性质、行为的危害及其后果，明确责任；二是恰当地援引有关法律法规，用以证明诉讼请求的合法性，提出诉讼的法律依据。

③ 证据、证据来源、证人姓名和住址。民事诉讼法规定，当事人对自己提出的主张，有责任提供依据。原告负有举证责任，应在诉讼中列举证明案件的事实和支持自己诉讼请求的各种证据。根据文件规定，举证采用清单式列举的方法，即只需要依照一定顺序列举出证据、证据来源、证人姓名和住址，而不需要写出证据的具体内容，也不需要对证据进行分析。

（3）尾部。尾部由法院名称、附项、起诉人姓名或名称、起诉日期四部分构成。

三、旅游起诉书的写作要求

（1）基本要素一个都不要少，一个都不能假。基本要素主要包括时间、地点、人物、事件、联系方式等，简单来说就是什么人什么时候在哪里遇到什么事情，为什么没有解决，哪些问题需要相关部门提供帮助。联系方式包括投诉人和被投诉人的详细地址、电话、传真号码等。

（2）重点要突出，篇幅不宜长。投诉的内容要突出重点，尽量简明扼要，篇幅最好是在1～2页内，把最想说的话说出来，让人一目了然。

（3）尽可能提供证据，说明理由。投诉时最好提供足够的证据，使投诉的内容真实可靠，更容易促进解决问题。通常在信中附寄的证据有：各种单据、证件、合同（协议）书、批文（批字、签字）、判决（裁定、鉴定）书等。注意：邮寄或传真时只用复印件，原件自己保存好。

（4）注意时效，及早投诉。有好多事情是受时间限制的，如果超过规定期限（比如合同规定的期限、法律规定的时效）再行投诉，有关部门依法可以不予受理。所以投诉要及早，要讲究时效。

☞【同步案例 8-2】

民事起诉状

原告：××省××装饰工程有限公司

法定代表人：×××

职务：总经理

地址：×××大道××号 B 座 2F　　电话：×××××××××

被告：××××旅行社有限责任公司

法定代表人：×××

职务：总经理

地址：××市××××号

诉讼请求：

1. 判令被告向原告赔偿各种损失共计×××元；

2. 判令被告承担本案诉讼费。

事实及理由：

××××年××月××日，原告与被告签订了 15 人单独组团米亚罗两日游的旅游合同。其后原告单位职工依约参加了该旅游行程，××月××日在米亚罗风景区进行游玩时，索桥上游玩人员过多且严重超载，致使桥上 40 多人全部落水，原告单位职工两人溺水昏迷，经抢救这两人得以生还，同时也使原告单位职工随身携带的大量财物全部被河水冲走，该次事故是由于被告派出的导游没有尽到责任所致，对原告单位的人身、财产造成了极大的损失。原告为此支付了医药费×××元、财产损失费×××元、误工费×××元、车辆使用费×××元，共计×××元。

根据《中华人民共和国民法典》《中华人民共和国民事诉讼法》相关规定，请求人民法院查清事实，判令被告赔偿原告的各种损失，保护原告的合法权益。

此致

×××市××区人民法院

法定代表人：××年××月××日

附件：

1. 本诉状副本 1 份

2. 证据复印件 6 份

【同步案例 8-2】分析

该起诉书请求事项明确、要求具体。事实与理由部分交代得很清楚，其要求是有法律依据的。

任务三　答　辩　状

任务导入

××旅行社有限责任公司收到了小张所在装饰工程有限公司的关于米亚罗两日游有关赔偿问题的起诉书。那么××旅行社有限责任公司应该如何应对呢？

理论点拨

一、答辩状的概念

答辩状是民事、行政、刑事案件的被告人或者被上诉人在收到法院送达的诉讼文书或上诉书副本之后，就被提起诉讼的事实和理由进行答复或辩护的书状。

二、答辩状的特点

答辩状具有很强的论辩性。它要用正确的事理驳斥错误的事理，以正确、适用的法律条文校正引用不当的法律条文，展开充分的论证去驳倒对方的观点和论据。

三、答辩状的种类

根据审判程序可分为一审答辩状和二审答辩状。

根据法律适用范围可分为民事答辩状和行政答辩状。

四、答辩状的结构与写法

（一）首部

1. 标题

应写明答辩状的类型，如民事答辩状、行政答辩状、刑事答辩状。

2. 答辩人的基本情况

这部分内容的写法和要求与上诉状相同，此处不再赘述。

3. 案由

写明：因……一案，提出答辩如下。

（二）正文

正文部分含答辩理由和答辩主张。

1. 答辩理由

答辩状的答辩理由，要根据原告的起诉书或上诉人的上诉书的具体内容来确定。除了被告或被上诉人同意原告或上诉人的诉讼请求外，必须针对原告或上诉人在起诉书或上诉书中提出的诉讼请求及其所依据的事实、理由进行答复和辩驳，把反驳对方的理由和对案件的意见清晰地表达出来。一般可从两个方面入手：指出诉讼请求不合理，所依据的事实有错误；指出诉讼请求不合法，所依据的法律不当。

2. 答辩主张

在进行充分的答辩之后，要概括提出自己对本案处理的主张和请求。一审答辩状应提出对原告起诉书中的诉讼请求是完全不能接受，还是部分不能接受；上诉答辩状则要求第二审人民法院维持原审的判决或裁定，或提出其他请求。答辩请求要明确具体，合乎情理，切实可行。

（三）尾部

写明受诉法院名称、附项、起诉人姓名或名称、起诉状制作日期。

五、答辩状的写作要求

（一）突出针对性，有问有答

答辩状写作时必须紧紧抓住对方的观点，有针对性地展开答辩，做到有问必答。

（二）实事求是，客观全面

要依据事实的细节，善于分析缘由，客观公正，就事论事，准确全面。

（三）尊重法律，有理有节

重在说理，熟悉法律条款，把握事与理的联系环节。

（四）抓住关键，灵活应对

针对事件的关键，灵活应对，提出相应的答辩诉求，善于发现对方的漏洞，加以辩驳。

☞【同步案例 8-3】

答　辩　状

答辩人：成都××××旅行社有限责任公司

就贵院受理的××省××装饰工程有限公司诉成都××××旅行社有限责任公司赔偿损失一案，答辩人现依据本案的有关事实、相关法律规定提出如下答辩意见。

一、从原告提出的诉讼请求和事实理由来看，××省××装饰工程有限公司不是本案的适合原告，其作为原告与其诉讼请求及所依据的事实理由之间存在冲突和矛盾，就其诉讼请求而言，该公司不应作为本案原告，而适格的原告应当是接收被告提供旅游服务的 15 名游客。

1. 旅游合同是指旅行社为旅客提供安排旅程及提供交通、食宿、导游或其他有关服务，而旅客支付旅游费用的合同。根据这一法律概念，旅游活动作为一项服务，其接受服务的人只能是自然人，被告依据旅游合同所提供的旅游服务，企业法人是无法接受的。企业法人没有意识、没有感知，没腿、没眼，其法律属性决定了企业法人无法成为游客而享受旅游服务。

从本案实际情况来看，原告与被告签订了旅游合同，该合同约定由原告支付旅游费用，然后由被告向原告指定的 15 名游客提供旅游服务。因此，该合同呈现出了“原告为他人利益而与被告订立合同”的属性和客观事实。

正因为该合同所具备的“原告为他人利益而与被告订立合同”的性质，因此合同的实际履行过程为：首先，原告为15名游客的利益与被告签订旅游合同；其次，原告履行了合同约定的支付款项的义务；最后，被告依据与原告的约定，向原告指定的15名游客提供旅游服务。

2. 原告作为旅游合同的一方当事人，这一点是没有任何异议的。但由于该旅游合同具备特定的性质，该旅游合同履行过程中所出现的问题和争议，应当分情况来确定原告。

原告在此次诉讼中提出的诉讼请求为：要求被告向原告赔偿各种损失，并且其在诉状事实和理由中称“被告由于未尽到责任，对原告的人身、财产造成了极大的损失等”。

通过上述内容，我们可以十分明确地看出，其实原告在旅游过程中并未受到任何损害，因为原告是企业法人，它不可能成为游客。而原告诉称的损害，完全是本案案外人（游客）产生的损失。

被告认为：尽管原告是订立旅游合同的一方当事人，但就本案诉讼请求来看，原告以他人在旅游过程产生损失主张原告自己享有债权，并以此主张被告进行清偿，这是没有法律依据和事实依据的。原告的这种主张毫无道理地否定了受伤游客依法应享有的债权，损害了这些游客的合法权益和诉讼权利。本案由××省××装饰工程有限公司作为原告属于典型的“越俎代庖”。

关于原告主体适格与否的问题，简单地讲就是——既然诉讼请求是主张受伤游客在旅游过程中产生的损失，而不是原告这个企业法人在旅游过程中产生的损失，则该项诉讼请求只能由受伤游客提起。

二、被告旅行社不应承担赔偿责任

1. 根据旅游合同约定，旅行社提供了相应的住宿、导游服务就应视为履行合同约定的义务。在旅游过程中发生景区索桥断裂的意外事故，一方面对于旅行社而言是不能预见、不能避免、不能克服的客观情况；另一方面，发生索桥断裂事故并非被告未尽合同义务所致，不在被告应承担的人身和财产安全保障义务范围之内。因此，由于索桥断裂所产生的损害不构成合同违约，不应由旅行社承担违约责任。

2. 原、被告签订的旅游合同不是常规的全包价旅游合同，是属于半自由人性质的自驾车旅游。方式是旅行社安排住宿，导游，代买门票，游客自己开车，自己安排旅游行程、吃饭等。这种旅游方式自由灵活，游客可以自行安排。在该旅游合同实际履行过程中，游客自行开车在旅游景点进行游览，浏览速度由游客掌握，旅游团队不可能像全包价旅游时集中在一辆旅游大巴上，导游无法随时照顾全部游客。此种新兴的旅游形式在事实上是被告旅行社仅为该15名游客提供了大量代办的服务工作，属于委托代理性质的旅游代办合同。就该事实而言，索桥断裂及其发生的损害与被告是没有任何事实上和法律上的关系的。

3. 当时发生意外时，索桥边马路上停着多辆巴士和汽车，本旅游团队的多辆自驾车分别停在路边，部分游客登上索桥，桥上有其他旅行社多个旅游团队共40多人（原告方诉状中也有相关叙述)，许多人图好玩摇晃索桥，致使索桥垮塌，多人落水。作为具有完全民事行为能力的成年人，应该知道在少数民族地区搭建的仅仅做通行之用的索桥，在剧烈的人为晃动的情况下具有相当的不安全性，可能导致断裂、垮塌，部分游客看到索桥上已经拥挤了几十个人还要上桥游览，此行为对于此次意外事故的发生也有一定的责任。

综上所述，就本案的诉讼请求而言，原告不具备诉讼主体资格，应依法驳回起诉，被告方不应该承担赔偿责任。请求法院依据事实和相关法律规定，依法裁判。

答辩人：成都××××旅行社有限责任公司

代理人：××律师

××××年××月××日

（资料来源：同程网）

【同步案例 8-3】分析

同步案例 8-2 和 8-3 分别是一起诉、一答辩。该答辩状针对起诉书提出的问题一一辩驳，首先是澄清事实，然后恰当引用法律，最后合情合理提出请求。该答辩事实、情理、合法三者俱全，但口语化较重。

同步习题

根据下列材料，拟写一份投诉书。

王先生和妻子参加了××市××旅行社组织的俄罗斯 5 日游。王先生在 2023 年 6 月 28 日接到了俄罗斯 5 日游全部行程的通知，所以，在 7 月 7 日就购买了 2 张往返机票。可是，7 月 26 日即将结束在俄罗斯的旅游要回国时，××旅行社的工作人员通知他们更改了行程日期，推迟返回时间。但王先生在出发前已经买好了返程机票，结果只得改签机票，致使两张机票多花了 380 元，另外滞留期间造成计划外费用 660 元。

项目九

职业文书

知识目标

（1）了解职业文书的概念、特点、作用；
（2）掌握求职信的结构和写作方法；
（3）掌握求职简历的写作方法；
（4）掌握辞职信的结构和写作方法；
（5）掌握竞聘书的结构和写作方法。

能力目标

（1）能够根据招聘要求撰写一封内容精练、重点突出的应聘信；
（2）能够根据工作需求制作措辞得体、诉求明确、重点突出的求职简历；
（3）能够撰写一封措辞得体、感情真挚的辞职信；
（4）能够根据竞聘要求撰写重点突出的竞聘书。

项目概述

在市场经济的环境中，人们自由择业的机会越来越多，同时，用人单位可选择聘用潜在求职者也越来越多。在这样一个宽松而又竞争激烈的求职与聘用双向选择的环境中，为了谋求一份满意的工作，求职者不仅要学会写职业文书，而且必须写好。

一、职业文书的概念

职业文书是指职业者在职业生涯中谋求工作、参加竞聘、辞去职务时向用人单位呈递的专用文书。

二、职业文书的特点

（一）目的性

职业文书是写给可能招收自己的单位的，其目的就是推荐自己，以期达到被对方录用的目的。从这一角度来讲，职业文书实际上就是自荐信，写作中要阐明自己的专长，向用人单位推荐自己。

（二）针对性

写职业文书的目的是向用人单位申请特定的工作职位，应聘的目标很明确。招聘材料中对拟聘员工的素质、要求交代十分清楚。职业文书就是围绕那些特定的条件和要求写作的，所以它具有明显的针对性。应聘人对相关职位的要求心中有数，所以要针对求职的目标，揣摩读信人的要求和心理，把握书信的内容和语气。力求做到方向正确、内容集中、重点突出。

（三）真实性

在职业文书中所陈述的个人情况及其他相关事项必须十分真实，不得弄虚作假。表达要明确，不能模棱两可。

三、职业文书的种类

按求职的目的及内容可分为求职信、应聘信和辞职信等。

四、职业文书的作用

职业文书是用人单位认识、了解求职者的重要途径。

职业文书也是求职者向用人单位展示个人学识、能力、获得用人单位认可的重要形式。

任务一　求　职　信

任务导入

香山国际大酒店招聘启事

香山国际大酒店坐落于太湖国家旅游度假区的中心区，是以五星标准悉心打造的太湖国家旅游度假区的首家高等级休闲会务度假酒店。酒店总占地面积为45 613.5平方米，总建筑面积达62 209.7平方米，分A、B、C三区，总投资为5亿元人民币，客房总数达344间，北望窟窿山，前临太湖水，左靠太湖文化论坛国际会议中心，右邻度假区高尔夫球场，与太湖湿地公园、蒯祥纪念园、渔洋山景区、海洋馆等自然景观景点左右相依，呈现出绿荫环抱，四周掩翠，景色优美，空气清新，营造出了庄园般憩静恬美的别样景致，是一所暂离世俗尘嚣的精品酒店。酒店正全面进入内装施工阶段，按计划将于今年的10月试营业。

我们立志为每位员工提供良好的职业舞台和职业发展机会，欢迎大家踊跃应聘我店。

香山酒店招聘需求：

前厅接待员：5名，能熟练操作电脑，英语口语佳，相貌端正，身高160cm以上，月薪5 000元。

行李迎宾员：5 名，男性，英语口语佳，相貌端正，月薪 4 500 元

中西餐厅服务员：5 名，英语口语佳，相貌端正，月薪 4 500 元

大堂吧服务员：5 名，英语口语佳，相貌端正，月薪 4 500 元

食宿情况：包食宿，六人间，有空调、浴室、无线网，全部免费使用，配有专职宿管员。

以上职位未详尽，欢迎来电咨询：689××××—××××、189××××××××

人力资源部　陈经理

香山国际大酒店

2023 年 4 月 10 日

如果你今年即将毕业，也有志于酒店行业，决定写一份求职信，制作一份求职简历，准备参加面试。那么求职信格式如何？求职简历又是怎样的呢？

理论点拨

一、求职信的概念

求职信又叫应聘书，是向用人单位说明求职原因、条件，表达求职意向的一种专用信函，也称作求职书、求职函。

二、求职信的特点

（一）自荐性

求职信是写给可能招收自己的用人单位的，其目的就是主动推荐自己，以期达到被对方录用的目的。

（二）真实性

求职毫无疑问靠的是实力，必须具备与职位相符的各项条件。在就业竞争日益激烈、竞争者素质普遍日益提高的情况下，求职者一定要实事求是，保证求职信内容的真实，不能弄虚作假，否则得不偿失。

（三）展示性

求职信是推销自己的广告，要突出展示自己的优势，表明“我是最合适的”态度和条件。如果展示不充分、不突出，就难引起注意和重视，也就得不到面试机会。

三、求职信的结构与写法

求职信与一般书信格式相似，通常由标题、称谓、开头、正文、结尾、署名、日期、附件等部分构成。

（1）标题。标题是求职信的眉目，居中写明“求职信”。

（2）称谓。写给用人单位的人事部门或直接写给单位负责人，注意称谓要做到礼貌、得体。对用人单位明确的可直接写明单位名称，如“尊敬的××公司人事部”“尊敬的××公司王经理”。在用人单位不确定的情况下，称谓可写“尊敬的公司人事部领

导”“尊敬的总经理先生”等。

（3）开头。先写问候语“您好”，表示礼貌、尊敬，再写求职人的自我简介或用人信息的获得渠道。如“我叫××，是××大学工商管理系××专业的应届毕业生”。又如“近从省人才市场获悉贵公司拟招聘××专业人才××名，这给我提供了施展自己智慧和才能的机遇”。开头语表述应简洁明确、干脆利落，不宜过多过长。

（4）正文。正文是求职信的核心部分。首先，详细介绍自己的专业优势，即学习的主要专业课程，参加的专业实践活动及在院校专业竞赛中的获奖情况等，要充分展示自己在专业方面的突出成绩，使自己在众多应聘者中出类拔萃。其次，介绍自己的工作能力及爱好特长，包括自己在校期间担任学生会、班级的主要干部职务，在各类活动中的组织能力、人际交往能力、口才表达能力等。个人的兴趣、爱好及特长也是竞争的优势。再次，如果用人单位明确，可以谈谈对企业的认识、了解，表达迫切要求工作的愿望及录用后的打算。如“贵厂是闻名遐迩的中外合资企业，总经理知人善任，重视人才，我非常愿意并渴望到贵厂工作，并愿为贵厂的兴旺发达贡献自己的知识与才华”。撰写这部分内容时，要力求简明，注意扬长避短，突出自己的优势与长处。

（5）结尾。再次表达求职的愿望，希望获得机遇，起到吸引和打动对方的作用。如“希望给予面试的机会、热切地盼望着贵公司给予答复”等，也可写礼貌用语“此致”“敬礼”。

（6）署名、日期。署上求职者的姓名、日期。

（7）附件。它是求职信的重要组成部分，是求职信以外的其他材料。如学历证书、成绩单、获奖证书、技能证书、论文等复印件。如材料多，可依次标上序号。这些材料是个人专业优势和能力特长的验证，对用人单位来说是了解求职者个人才能、知识的重要证据。

四、求职信的写作要求

（1）内容要绝对真实。求职信绝对不能虚假，不能为了赢得面试机会而虚构编造，否则面试时将会因不诚实而被淘汰。

（2）要简明精练，忌冗长。求职信字数应在500字左右，抓住求职岗位的核心条件和优势描述，不能面面俱到，更忌空话、套话。同时注意通俗易懂，如无必要，慎用专业术语，以免影响人事部门人员阅读理解。

（3）态度要端正，语言分寸感要强。对自己的评价要实在，同时不要处处以“我”为中心，诸如“请给我一片施展才华的天空”“给我一个支点，我就能撬起地球”之类的话不要说，要自信而不狂傲。总之要用语恰当，把握好分寸。

☞【同步案例 9-1】

求 职 信

尊敬的香山国际大酒店人力资源部陈经理：

昨日阅毕《××日报》，获悉贵酒店招聘前厅接待员5名。我毕业于××旅游学院酒店管理专业，自问对于此项工作尚能胜任，故大胆投函应征。

作为一名酒店管理专业的学生，我热爱这个专业，并在大学三年的学习生活中为其投入了巨大的热情和精力。求学期间，我参加过酒店管理专业技能的严格训练，能熟练运用计算机处理各种酒店管理业务。此外，人际关系和心理学方面的训练，也将有利于我与酒店客户建立融洽的业务关系。我曾在××酒店做过6个月的前厅接待服务工作，在实践中受益匪浅，随后还在××酒店任大堂经理助理，时间长达6个月。其他关于该项工作的任职资格，请见随信附上的个人简历。

处于人生精力最充沛时期的我，渴望在更广阔的天地里展露自己的才能，期望在实践中得到锻炼和提高，因此我希望能够加入贵公司以进一步提高自己。我热切期盼您的回音。

此致

敬礼

通信地址：××××××

邮编：××××××　手机：××××××

求职人：××

××××年××月××日

附件：

1. 个人简历

2. 各类获奖证书复印件

【同步案例 9-1】分析

这是一份针对性较强的求职信，它的求职目标明确，求职原因清楚，求职条件介绍恰如其分。

任务二　求职简历

任务导入

小张在撰写好求职信的同时，随求职信附个人简历一份。那么求职简历和求职信是什么关系呢？求职简历应如何制作呢？

理论点拨

一、求职简历的概念

求职简历是专用于求职的，是一个人所从事过的工作和工作有关的情况的综合描述。

二、求职简历的特点

（一）综合性

求职简历是求职者对以往工作及有关情况的总结，具有综合性的特征。这不同于求职信，求职信是对一个人最突出的条件的展示，不求面面俱到，相比之下，求职简历反映的内容较为全面。

（二）具体性

求职简历内容比求职信具体，比如求职信可以说“连续三次获得一等奖学金”，求职简历中则会具体说明哪三次获得。

（三）灵活性

求职简历是一种特殊文体，属于资料组合性应用文。其外在形式和内容组合有大致模式，也有一定的灵活性。

三、求职简历的结构与写法

（1）标题。个人简历多用“个人简历表”“求职简历”作标题。

（2）正文。

① 姓名、地址、电话号码、电子信箱。这部分内容都写在简历顶端。地址后面要写清邮编、电话和电子信箱。

② 职业或工作目标。职业或工作目标要明确、具体，要避免提及“全面”型目标、工种相距较远和高低反差过大的目标。同时，职业或工作目标要与招聘者的意愿一致，这样才能有希望被录用。

③ 资历简介及能力描述。这部分内容是主要针对求职岗位所做的自我条件总述，包括学历资格、专业证书资格、工作经历资格及相关能力等方面的介绍。如一位即将毕业的法学硕士应聘高校法学院教师的资历简介为：“法学硕士，律师资格证，全国高校教师资格证，3 年律师事务所专业工作经验，演讲赛获奖，口才能力优异。”这些资历和能力简介能给人以清晰的总体印象。

④ 教育背景。这部分内容是简述所受的教育经历，须突出说明所上的大学和所学的专业，也可附加培训、进修的内容。

⑤ 工作经历。它包括工作单位、岗位或职务、具体任务或职责、重要业绩、起止时间等内容，可以视情况详写或略写。

⑥ 成果。诸如发表论文、出版的著作、专利发明、项目研究等可列在成果部分。

⑦ 荣誉。荣誉为得到的表彰和奖励情况。

⑧ 其他。有些简历附加有“自我评价”；有些附加有“性格”“爱好”“特长”部分内容，诸如家庭情况等各类有必要说明的内容可列在此项。

（3）落款。在个人简历右下方署明写个人简历人的姓名，并在下面注明年、月、日。

四、简历的写作要求

（1）要仔细检查已成文的个人简历，绝对不能出现错别字、语法和标点符号方面的错误。最好让文笔好的同学帮你审查一遍，因为别人比自己更容易检查出错误。

（2）个人简历最好用A4标准复印纸打印，字体最好采用常用的宋体或楷体，尽量不要用艺术字体和彩色字，排版要简洁明快，切忌标新立异，排得像广告一样。当然，如果应聘的是设计或排版工作则例外。

（3）要记住个人简历必须突出重点，它不是个人自传，与申请的工作无关的事情尽量不写，而对申请的工作有意义的经历和经验绝不能漏掉。

（4）要保证所写的简历会使招聘者在30秒之内，即可判断出你的价值，并且决定是否聘用。

（5）个人简历越短越好，因为招聘人没有时间或者不愿意花太多的时间阅读一篇冗长空洞的个人简历。简历的篇幅最好在1页之内，一般不要超过两页。

（6）要切记不要仅仅寄个人简历给应聘的公司，应附上一封简短的应聘信，会使公司增加对你的好感。否则，成功的概率将大大降低。

（7）要尽量提供个人简历中提到的业绩和能力的证明资料，并作为附件附在个人简历的后面。一定要记住是复印件，千万不要寄原件给招聘单位，以防丢失。

（8）一定要用积极的语言，切忌用缺乏自信和消极的语言写个人简历。最好的方法是在心情好的时候编写个人简历。

（9）不能凭空编造经历，说谎永远是卑鄙的，没有哪个公司会喜欢说谎的员工，但也没有必要写出所有真实的经历。对求职不利的经历可忽略不写。

（10）要组织好个人简历的结构，所陈述的内容不要在个人简历中重复出现。须让人感到个人简历条理清楚。切记结构严谨是很重要的。

☞【同步案例9-2】

求职简历

◆个人资料：

姓名：　　性别：　　学历：　　政治面貌：

年龄：　　民族：　　籍贯：　　专业：　　系别：

健康状况：

◆ 知识结构：

主修课：

专业课程：

选修课：

实习：

◆ 专业技能：

接受过全方位的大学基础教育，受到良好的专业训练和能力的培养，在旅游管理、市场营销等各个领域，有扎实的理论基础和实践经验，有较强的独立工作和研究分析能力。

◆ 外语水平：

××××年通过国家大学英语六级考试。有较强的英语阅读、写作能力。

◆ 计算机水平：

熟悉 DOS、Windows XP 操作系统和 Office、Internet（互联网）的基本操作，掌握 FORTRAN、Quick-Basic、C 语言等。

◆ 主要社会工作：

中学：班长、校学生会主席、班学习委员。

大学：班长、系学生会主席、校篮球队队长。

◆ 兴趣与特长：

☆喜爱文体活动，热爱自然科学。

☆中学期间曾进行过专业单簧管训练，校乐团成员，参加过多次重大演出。

☆中学期间，曾是校课外读书活动小组和课外文艺活动小组骨干，参加过多次竞赛活动。

☆喜爱足球运动，曾担任中学校队、大学系队、大学校队队长，并率队参加多次比赛。曾获"××市足球联赛（中学组）××"称号。

◆ 个人荣誉：

中学：××优秀学生、××优秀团员、三好学生、优秀干部。××英语竞赛三等奖。

大学：校优秀学生干部，××××年度三等奖学金与××××年度二等奖学金。

◆ 主要优点：

☆有较强的组织能力、活动策划能力和公关能力，如在大学期间曾多次策划组织大型体育赛事、文艺演出，并取得良好效果。

☆有较强的语言表达能力，如中学至今，曾多次作为班、系、校等单位代表，在大型活动中发言。

☆有较强的团队精神，如在同学中，有良好的人际关系；在同学中有较高的威信；善于协同"作战"。

◆ 自我评价

活泼开朗，乐观向上，兴趣广泛，适应力强，勤奋好学，脚踏实地，认真负责，坚韧不拔，吃苦耐劳，勇于迎接新挑战。

◆ 求职意向

可胜任旅游管理方面及相关领域的营销和市场开拓工作，也可以从事管理及活动策划、宣传等方面的工作。

【同步案例 9-2】分析

该简历条理清楚，内容简洁，并且重点突出，尤其能突出自己与工作岗位相匹配的特点。

任务三 辞 职 信

任务导入

随着暑假的结束，小张的暑期兼职也很快就要结束了，小张决定提出辞职。那么辞职信的撰写有哪些要求呢？一般包括哪些内容呢？

理论点拨

一、辞职信的概念

辞职信是公司或单位的职工由于种种原因，不想在原单位供职或谢绝所给职位，向公司或单位提出辞去现职并请求批准的一种文书。

人们辞职的原因很多，但在现代社会条件下，人们辞职主要是为了更好地发展自己，获得更多的经济报酬和满足自己的兴趣爱好。因此，岗位变动具有更为积极的意义，辞职现象也较为普遍。当然，这并不是意味着人们可以随意放弃一份工作，更不是可以没有责任感。自由择业和换岗带来的是求、聘双方更为严肃、科学的相互选择和更为强烈的相互责任感。现代辞职信绝不单单是辞职理由的陈述，更是责任的要求和象征。

二、辞职信的特点

（一）严肃性

辞职是一件很严肃的事情，绝不是走过场。辞职者辞职前要认真、全面考虑辞职利弊、辞职时机和条件，不能说辞就辞，更不能不辞而别。

（二）理智性

不管是出于什么原因辞职，都要有端正的态度和良好的心态，辞职信的语言要礼貌、得体。

（三）诚恳性

辞职原因要如实说明，即便有时不便直说，但也要让对方明白辞职的真实原因，不能虚伪、敷衍，同时，对于以往合作，该致谢处要致谢，该道歉处要道歉，要光明磊落，真诚实在。

（四）简明性

辞职者同供职单位已有合作，彼此都相互了解，辞职信里的内容应点到为止，极为简约。

三、辞职信的结构与写法

辞职信通常由标题、称谓、开头、正文、结尾、署名、日期、附件等部分构成。

（一）标题

标题是辞职信的眉目，居中写明“辞职信”。

（二）称谓

写给用人单位的人事部门或直接写给单位负责人，注意称谓要礼貌、得体。对用人单位明确的可直接写明单位名称，如“尊敬的××公司人事部”“尊敬的××公司王经理”。

（三）开头

先写问候语“您好”，表示礼貌、尊敬，再写辞职人恳请辞职的主要原因。开头表述应简洁明确、干脆利落，不宜过多、过长。

（四）正文

正文是辞职信的核心部分。首先详细介绍自己在用人单位的工作经历，自己在用人单位的工作中得到领导和同事的关心和帮助，简要说明自己的成长和进步以及目前恳请辞职的原因（构成辞职的合理原因诸如健康、家庭、求学、事业发展等，消极的辞职原因和说法不宜在辞职信中出现）。另外，还要就辞职后工作安排方面的影响和涉及商业机密方面的情况做出说明和承诺。

（五）结尾

再次表达辞职的愿望，希望获得批准，起到影响和打动对方的作用。如“恳请予以批准”“希望公司给予答复”等，也可写礼貌用语“此致”“敬礼”。

（六）署名、日期

署上辞职者的姓名、日期。

（七）附件

这也是辞职信的重要组成部分，它是辞职信以外的其他材料。如疾病诊断书、学校的录取通知书等。这些材料是辞职行为的佐证，对用人单位来说是同意辞职的重要依据。涉及商业机密的还应当附有保证书或承诺书。

☞【同步案例 9-3】

辞 职 信

尊敬的××总经理：

您好！

我准备辞职离开公司，现向您说明情况如下：

为了进一步锻炼自己，提升自己的职业技能，我准备到香港进修发展。

我与公司所签的劳动合同临近到期，手头工作也基本完成，本岗位人员充足，鉴于此，我准备本月月底离职。

5 年来，公司给予我极大的支持和信任，使我由一名刚出校门的大学生成为一个成熟的业务行家，对此，我万分感激，永不能忘。如有机会，必当更好回报。

请予批准。我的手机号码为××××××。

诚祝公司

事业发达！前景辉煌！

×××

××××年××月××日

【同步案例 9-3】分析

这封辞职信态度诚恳，考虑周全，明事懂礼，简洁规范。

【同步案例 9-4】

辞　职　信

董事长：

您好！

当我来到公司时，我渴望立即工作，并尽全力工作。但其实我工作很不愉快，遇到的阻力实在时太多了。因此，我提出辞职，并立刻生效。

在×××项目中，我提前完成了 95%的工作，但却得不到同事与领导的认可。现在我很失望，只能选择离开。

再见！

张三

××××年××月××日

【同步案例 9-4】分析

这封辞职信语气生硬，写信人的不愉快之情溢于言表。信中也写出了自己离开的原因，过于直白，很不委婉。

任务四　竞　聘　书

任务导入

2023 年 3 月，香山国际大酒店决定用竞聘的方式提拔一名酒店副经理。小张在香山国际大酒店任餐饮部经理 3 年了，小张决定参与竞聘。根据竞聘的规则和要求，小张要撰写一份竞聘书。那么竞聘书要如何撰写？

理论点拨

一、竞聘书的概念

竞聘书是人们为了竞争某个岗位而写的演讲文稿，所以也叫竞聘演讲词。随着我国市场经济的发展，竞聘上岗成为普遍现象，能写竞聘书成为每个谋求发展的人应具备的能力。

二、竞聘书的特点

（一）竞争性

竞聘书最突出的特点是竞争性，其表现就是竞聘者之间所比的已不是具不具备岗位条件，而是谁的条件更为突出，更有优势，谁的工作思路最清晰，最切实可行。从这一点上讲，竞聘书的竞争性强于求职信，求职信虽然也有竞争性，但首先突出的是对岗位的适应程度。

（二）真诚性

竞聘书展示性很强，要极大地突出竞聘者各方面的优势，但是，这些优势都必须是实实在在的，没有夸张，更没有虚构，材料真实，自我评价合情合理。既要展示自己的优点，也要正视自身的缺点。

（三）深刻性

如果对岗位没有深刻的认识，没有系统、科学的工作思路，竞聘是不能成功的。

（四）个性化

个性是独特的思想和作风的表现。竞聘者要充分展示自己的思想和作风，竞聘书也就充满了个性特色。

（五）演说性

竞聘书是演讲文本，最后要通过有声语言表达出来。

三、竞聘书的结构与写法

竞聘书一般分三个部分。

（一）标题

（1）直接用文种作标题。

（2）由竞聘者加文种或竞聘职务加文种构成。

（3）文章标题可采用正副标题形式。

（二）称呼

（略）

（三）正文

（1）开头。简单叙述竞聘的职务和竞聘的缘由，根据职位进行有针对性的自我介绍，包括学历、能力等方面的情况。

（2）主体。简介自己的情况，讲述对应聘单位和求聘职位的了解，并讲明自己的想法、优势及施政目标。

（3）结尾。表明决心、信心和请求，以自信的姿态表达希望获得机会的意愿，向听众表示感谢。

☞【同步案例 9-5】

酒店副总经理竞聘稿

尊敬的各位领导、同仁：

大家好！

我是××，今年35岁，中共党员，毕业于××大学酒店管理专业，至今在××大酒店工作12年，先后任职前厅部经理、房务总监等职。非常感谢领导给我这个机会介绍自己、迎接挑战。今天我竞聘的职位是××大酒店副总经理一职。

我竞聘××大酒店副总经理有以下几个优势：

一是我有严于律己、积极进取的工作作风。（略）

二是我有较强的沟通协调能力。（略）

三是我有丰富的酒店工作经验。（略）

如果我有幸竞争到这个岗位，我将从以下几个方面做出努力：

一是加强创新意识，真正把创新落到实处。（略）

二是进一步加强酒店的市场营销工作。（略）

三是开源节流，降本增效。（略）

只有不断挑战自我才会有进步、有发展，请大家支持我、鼓励我，让我们每一个人都以主人翁的姿态加入酒店的每一项决策中来，献计献策，共谋发展大业。今天无论竞聘成功与否，我都会以更加饱满的热情、扎实的工作作风，不断提高自己的素质，在工作岗位上做出更大的贡献。

谢谢大家！

【同步案例 9-5】分析

这篇竞聘稿层次分明，短小精悍，概括性强。高度的概括，既节约了文字，又清楚明白，同时还体现了竞聘者极强的概括能力。

同步习题

1. 评析题

下面是××职业大学学生的求职信，请予以评析。

尊敬的领导：

您好！

我是××职业大学2023届旅游管理专业的毕业生。对贵旅行社所提供的职位很感兴趣。大学三年我认真学习了旅游学概论、旅行社经营与管理、导游服务技能、旅游礼仪、旅游心理学、旅游职业生涯规划、旅游电子商务、前厅服务与管理、客房服务与管理、旅游英语等课程，还选修了旅游应用文写作、中国园林、中国饮食文化、旅游企业秘书实务等课程，都取得了较优异的成绩。此外，我还担任过生活委员，有较强的组织能力和团队协作能力。最重要的是，大学三年我掌握了学习方法，我很容易接受新知识、新事物，有很强的动手能力。

学习之余，我还参加了一些社会工作，做过推销员、网管员等。在实践过程中，我悟出了真诚为人、踏实处世的道理，沟通协调能力有了较大提升。

我深知贵旅行社总经理助理的职位要求本科学历，但请给我个机会，我会用业绩证明自己。如果你认为我更合适其他的职位，我也愿意服从安排。

盼望贵旅行社能给我施展才能的机会，我的努力也一定能让旅行社的事业更上一层楼。

此致

敬礼

求职人：××

2023 年 2 月

2. 宾馆因工作需要，需招聘大堂经理，公关助理，餐饮、客房部领班，服务员，保安员数名。有一位 35 岁的下岗女工毅然前往应聘，她认为自己有如下优势：在原单位担任过保卫干事，熟悉保安工作的规律与特点；善于察言观色，非常细心；受过专门训练，学过擒拿格斗的基本技巧，而且还业余学过柔道；体格健壮等。请据以上材料代她写一份求职信。

3. 根据自己的实际情况写一封到某旅游景点应聘讲解员的求职信。

4. 旅行社因工作需要，欲于在职人员中委任计调部经理，假设你是该旅行社的一名员工，有意竞聘此职位，请拟写一篇竞聘稿。

5. 根据工作需求制作一份措辞得体、诉求明确、重点突出的求职简历。

项目十

旅游科研论文

知识目标

（1）了解旅游科研论文的概念、特点、作用；

（2）掌握旅游科研论文在选题、选材、构思、行文、格式等方面的要求；

（3）掌握旅游学术论文和旅游毕业论文的区别。

能力目标

（1）能够根据毕业论文的选题，收集资料，撰写符合要求的毕业论文；

（2）能够结合自己的本职工作撰写学术论文。

项目概述

一、旅游科研论文的概念

旅游科研论文是论文的一个分支。论文是总结、研究、探讨自然科学和社会科学的理论问题的应用文。旅游科研论文就是指对旅游领域中的课题进行探讨研究、表述新的研究成果或见解的文章。

二、旅游科研论文的分类

根据旅游科研论文的目的、特点、撰写要求，一般可以分为四类。

（一）工作研究型论文

它是针对旅游实际工作中存在的问题展开研究、分析原因、提出解决问题的对策，从而改进旅游工作的一种论文。

（二）调查分析型论文

它是运用调查研究的方式，通过对旅游领域某个现象或问题进行调查，分析其发生的原因、情况、结果以及采取的对策，具有公开报告性质的一种论文。

（三）学术论文

这是旅游科研论文中最常见的一种形式，旨在通过对旅游领域某个现象或问题做出比较系统、深入的研究，探讨其本质特征和规律，并反映这一领域最新科研成果的一种论文。

（四）毕业论文

它是指高等学校旅游专业本、专科毕业生在毕业前夕所撰写的一种论文。

三、旅游科研论文的特点

（一）科学性

旅游科研论文是对旅游领域的问题进行研究探讨，要求作者实事求是地揭示客观规律，探求客观真理，具有严谨的科学性。不能主观臆断，论点要精确、论据要确凿、论证要确切。

（二）创造性

旅游科研论文的价值在于它的创造性，需要作者掌握大量详尽的中外有关最可靠、最新材料，经过复杂缜密的独立思考后，得出独到的学术见解。

（三）理论性

科学理论的研究是相当复杂艰苦的活动，需要探索客观事物规律并对事物做出科学论断。因此，必须在大量占有材料的基础上，运用已知的科学理论指导研究过程，运用科学方法分析材料，获得结论。其研究过程及其内容都体现了理论应用和理论构建的特点。

任务一　旅游学术论文

任务导入

小张在××文化广电和旅游局办公室工作已经2年了，在这2年间，他深刻感受到作为国民经济战略性支柱产业的旅游业的飞速发展，对旅游飞速发展中存在的一些问题也有自己的认识。办公室主任鼓励他做进一步的研究，并撰写成学术论文。那么什么是学术论文？学术论文撰写时要注意哪些问题呢？

理论点拨

一、旅游学术论文的概念

学术论文是总结、研究、探讨自然科学和社会科学的理论问题的应用文。旅游学术论文是学术论文的一个分支，是一种研究旅游现象，探讨旅游规律，阐发旅游理论，指导旅游实践的文章。

二、旅游学术论文的特点

除具有旅游论文的一般特点之外，它还具有以下特点。

（一）学术性

所谓学术性，就是指研究、探讨的内容具有专业性和系统性，即以科学领域里某一专业性问题作为研究对象。它必须站在学术的高度，从大量具体分散的事物表象中，提炼出科学的真谛，从实践上升到理论的高度，然后加以探讨、研究，得出相应的结论。

（二）前瞻性

所谓前瞻性，就是指旅游学术论文必须站在最前沿的学术高度，反映最新的问题，揭示最新的规律，运用最新的材料，使用最新的数据，采纳最新的方法，推导最新的结论，折射最新的动态。

（三）严谨性

所谓严谨性，就是指旅游学术论文在表述上要用语准确，结构合理。在陈述概念时，经常采用定义的方式，严格界定概念的内涵，用划分的方式界定其外延。其结构具有逻辑性、系统性。反映在方法上，就是用事实说话，论证讲究方法。

三、旅游学术论文的结构与写法

一般来说，学术论文通常包括下列部分：标题、署名、摘要、关键词、前言、正文、注释、参考文献等。

（一）标题

标题又称题目，是文章的重要组成部分，通常是对学术研究过程或成果的直接阐述，是论文内容的高度概括，要求确切、鲜明、生动。如“旅游形象口号的作用机理与创意模式初探”。

标题的拟定：一要准确；二要醒目；三要通过标题透视文种；四要简洁。标题要精炼、具体，字数不宜过多，一般以不超过 20 字为宜。如果语意未尽而需要进一步引申主题、补充说明，则可适当加上一个副标题；如果论文篇幅较长，还可以根据内容需要和分量的轻重，安排适当的分标题。

（二）署名

署名是作者对研究成果拥有著作权和负有责任的体现。为了便于识别，作者应当用全名，必要时可加上职务、职称、学位、单位名称和地址。署名应放在标题之下。

（三）摘要

摘要又称提要，用于提示研究对象和目的，课题的基本观点、成果及意义等内容，主要起报道和检索作用。摘要一般为 300～500 字，应当概括论文的主要内容。

（四）关键词

关键词又称主题词。其目的是为文献检索提供方便。学术论文关键词约 2～8 个，用于反映论文观点或主要内容。关键词书写在摘要的下面。

（五）前言

前言又称引言、绪言、绪论等。前言包括研究背景、研究目的、研究范围、研究方法、主要观点及成果、评价意义诸方面的内容。

（六）正文

正文又称本论，是论文内容的核心。这一部分直接表述科研成果。其结构根据需要有不同形式，常见的有并列式、递进式、过程式和综合式。

1. 并列式

并列式是将总论点分为若干分论点，分论点之间为并列关系，内容紧密相连，但又分说不同的小问题。这种结构的优点是纲目清楚。其思路是：将总论点一一划分或分解，形成分论——论证，再归纳为整体，即先概说整体，再逐一展开，最后归纳分析得出结论。

2. 递进式

递进式是将总论点分为若干分论点，分论点之间的关系是层层深入、逐步上升的。这种结构的优点是符合人们认识事物的过程。其思路是：将总论点分解为起点和发展，前一个问题总是后一个问题的前提，层层推进，最后获得结论。

3. 过程式

过程式是将研究过程作为整体结构。其思路是：问题的发现，问题的研究，问题的分析研究的总结，导出结论。

4. 综合式

综合式是兼用上述方式，根据文章内容表述的需要灵活运用。

（七）注释

注释是论文对正文某些问题的解释。

（八）参考文献

其作用包括：表示对他人成果的尊重；便于读者了解该领域的情况，为读者研究或查找文献提供线索；反映作者对本课题、本领域的历史和现状的了解程度，使读者认可论文水平，增加资料的可信度。

☞【同步案例 10-1】

全域旅游视角下江苏旅游消费环境提升研究①

王 格②

（扬州职业大学 江苏 扬州 225009）

摘要：全域旅游时代背景下，旅游消费市场发生重大转变，呈现出品质化、多元化、体验化等特征，旅游消费环境也有更加丰富的内涵。结合江苏旅游消费环境现状，分析景区服务、线上旅游、新业态旅游、旅行社服务等方面存在的问题，以全域旅游思维为指引，分析了提升江苏旅游消费环境的措施，包括法治建设、软环境建设、业态创新、全社会参与和服务标准等方面。

关键词：全域旅游；江苏；旅游消费环境；依法治旅

2018 年 3 月，国务院办公厅印发《关于促进全域旅游发展的指导意见》，就加快推

---

① 江苏省社科应用研究精品工程项目“基于全域旅游的江苏旅游消费环境提升研究”（18SYC-005）；扬州市科技计划项目“基于江淮生态大走廊建设的扬州全域旅游研究”（软科学研究 YZ2018180）。

② 王格（1984— ），男，四川剑阁人，副教授，经济师，硕士，江苏省“333 高层次人才培养工程”第三层次培养对象，研究方向为旅游资源开发、体育旅游等。

动旅游业转型升级、提质增效，全面优化旅游发展环境，走全域旅游发展的新路子做出了部署。江苏作为我国旅游大省，目前正围绕人民群众的美好生活需求，按照“建设国内领先的旅游强省和国际著名的旅游目的地”的目标定位，合力推进“全域旅游”“水韵江苏”旅游品牌建设。全域旅游背景下，旅游消费环境成为影响旅游发展的关键因素，直接影响到各地区旅游综合竞争力。

一、全域旅游背景下旅游市场特征

全域旅游是旅游产业的全景化、全覆盖，是资源优化、空间有序、产品丰富、产业发达的科学的系统旅游，全域旅游不仅是一种理念，更是一种实践，还是旅游发展价值追求，表现出全局性、空间性、带动性、整合性和共享性等多方面的特征。[1]在全域旅游背景下，我国旅游消费市场也正发生深刻变化。

（一）旅游市场需求的品质化

旅游需求的品质化是指旅游者对旅游产品质量有更高的追求，更加注重旅游过程的体验和感受，对旅游全过程有更高的要求和期待。我国《“十三五”旅游业发展规划》中也明确提出，人民群众休闲度假需求快速增长，对基础设施、公共服务、生态环境的要求越来越高，对个性化、特色化旅游产品和服务的有更高要求，旅游需求的品质化和中高端化趋势日益明显。需要注意的是，品质化不等于高端化、奢侈化，品质化的前提是消费的大众化，旅游需求品质化是建立在消费大众化基础上的，是大众旅游时代的品质化，是大众旅游质量的整体提升。

（二）旅游消费内容多元化

在广大旅游者对旅游品质追求不断提升的背景下，旅游消费结构和内容也随之发生改变，传统的旅游产品和模式正被旅游新业态、新产品、新服务冲击。出境游仍将持续增长，但在消费类型方面有重大变化，我国游客出境游消费已经开始从单一的“买买买”向多元化服务消费转型。[2]国内游方面，受到交通环境提升、智慧旅游建设、国民休闲计划等多重因素影响，自由行成为主要出行方式，休闲游、自驾游、乡村游等持续升温。旅游消费市场在增量不断扩大的同时，旅游消费内容不断丰富，邮轮、海岛游、冰雪游等为代表的度假旅游消费增幅巨大。随着全域旅游、“旅游+”政策的深入贯彻，旅游消费范围不断拓展，文创、科技等要素在旅游中不断渗透，对以景点门票、购物、餐饮、交通为主要花费的旅游消费结构形成较大冲击。

（三）旅游服务质量评价全面化

旅游服务质量是旅游者最关注的核心内容，也是旅游消费环境最为敏感的要素。对于旅游者来说，直接的感受就是最有效的评价，旅游者不会从宏观、全局视野和学术化的视角去进行判断，而是从旅游过程中的直接感知进行判断，这为旅游地的服务质量提升提出了更高的要求。全域旅游时代下，旅游空间不断扩大、旅游过程拉长，这意味着旅游者接受的旅游服务区域更广，对旅游服务主体的考验更大，不仅要重视传统的旅游服务环节，对一些新兴的服务过程也要加以重视。旅游主管部门要广泛获取服务质量评价信息，全面了解旅游目的地质量、旅游企业服务、旅游行业服务、旅游者满意度以及旅游公共服务等状况，帮助旅游目的地和旅游企业不断提高服务质量，促进旅游环境更和谐，游客满意度不断提升。[3]

（四）旅游消费过程的体验化

全域旅游背景下，旅游消费面临升级，旅游者越来越重视旅游的体验，重视内心的满足和旅游的和谐，愿意把时间和金钱花费在自己认为值得体验的服务和产品上。“快旅慢游”式的深度旅游体验成为一个重要趋势，越来越多的旅游者不喜欢那种走马观花式的旅游，而是愿意把时间花费在旅游目的地深度体验上，这样对目的地的体悟更加充分，从而更有可能从感官刺激的层次上升到身心交融的境界，获得更深的体验。旅游体验的广度也不断增加，对基础设施、公共服务、生态环境的要求越来越高，渴望旅游地提供全方位、全过程、全覆盖的旅游产品。在体验强度方面，个性化、特色化旅游产品和服务由于其形式内容的新颖性以及和旅游者个体高度的契合性，对旅游者的精神刺激往往更加强烈，从而有利于提高旅游者体验的强度。

二、全域旅游视角下江苏旅游消费环境内容

全域旅游改变了传统的旅游发展模式，以一种全新的思路和理念影响着旅游地、旅游企业，也影响着旅游者对旅游消费环境的新认知。一般来说，完整意义上的旅游消费环境包括自然环境、社会环境、经济环境等多个方面，本研究无意面面俱到进行分析，仅从狭义上也是通常意义上的理解对旅游消费环境进行分析，即社会环境方面。

（一）旅游秩序与畅游环境

旅游地可进入性条件如何，区域内部能否实现畅游，旅游秩序是否顺畅，是否存在旅游阻力……？这些往往是旅游者首先关注的旅游环境要素，它决定了旅游者即将花费的时间成本，直接影响着旅游者的消费决策和意愿。近年来，江苏大交通环境快速改善，苏中、苏北多地即将开通高铁，全省交通环境日新月异。旅游地内部的交通环境也至关重要，游客到达一个旅游城市和区域后，如何实现点对点的交通转换，城市公交、旅游公交、泊车系统、游客接驳等要素是否完善，让游客到达目的地后能迅速便捷地实现旅游空间转移，既不能让游客堵在路上，更不能让游客堵在城里。在具体的旅游景区和旅游场所线路规划方面，要以游客的体验出发，节省游客排队时间，优化旅游线路和空间设置，减少人员拥堵，让游客从出发、到达、游览、体验，处处畅通，全程舒心。

（二）旅游服务与人文环境

旅游是一项旅游者与旅游地的人、物、景等要素进行互动的过程，人的因素尤为重要。旅游者首先感受到的是旅游从业人员的服务，从业人员的素质高低、服务态度的好坏、服务技能的优劣等都会给旅游者直观的感受，根据从业人员的服务也可以判断出该地区旅游管理水平的高低。无论科技发展到什么程度，人的服务在旅游业中始终占据主导作用，也是旅游地旅游消费环境的核心要素。除了从业者素质外，一个地区的居民所表现出对旅游者的态度，也是旅游消费环境的重要组成部分。实际上，一个地区的文明程度越高，居民的素质也表现得更高，对游客更友好。旅游者的交往不仅仅是在旅游景区、旅游饭店，接触的也不仅仅是旅游从业人员，还会与当地的居民进行原真性的互动交流。尤其是在全域旅游背景下，“全业全民”的趋势加强，旅游者会与原生态居民开展更加深入广泛的互动，这也是促进社会交往和文明提升的重要方式。

（三）旅游治理与法治环境

全域旅游背景下，旅游要素整合得到加强，各行业之间互动更加深入，旅游空间扩大、时间拉长。更多旅游机会被激发的同时，也带来更多的挑战，旅游监管和治理的难度加大，更多的旅游环节和内容需要被关注，旅游环境需要以更宏观的视角去提升、更细致的手段去维护。尤其是互联网时代下，信息传播速度快、范围广、影响大，对于那些看似微小的旅游投诉也要有敬畏之心。对于旅游投诉、旅游纠纷、旅游事故等处理结果，要及时进行公开，回应社会关切，及时挽回社会影响。[4]结合常规的治理制度、快速的投诉回应、积极的处理态度，给旅游者塑造一种安全可靠、值得信赖的地方旅游形象，让旅游者感受到依法治国在旅游业中具体实践，让旅游者的消费环境更有保障。

（四）旅游信息与沟通环境

游客未动，信息先行。旅游者对信息的依赖和需求非常强烈，尤其是全域旅游背景下，旅游活动更加多元，旅游者需要以更多的信息为基础进行旅游决策。近年来，我国旅游信息化建设取得长足发展，旅游在线服务市场初具规模，全覆盖式旅游宣传营销格局基本形成，旅游电子政务稳步推进，旅游信息化对旅游业支撑保障作用明显增强。与此同时，旅游信息化工作还存在诸多问题与挑战，如部分地区对推进旅游信息化认识存在一定偏差、有效供给普遍不足、信息技术应用水平不高和体制机制掣肘、信息化标准体系有待完善等。旅游信息化不仅仅是技术的运用，也是高效、和谐、便捷、全域的沟通方式，作为旅游企业和旅游管理部门，要不断提高信息化素养，让旅游信息化中也充满人文关怀，打造更富有情怀的智慧旅游消费环境。

（五）旅游安全与稳定环境

旅游安全需求首先是人身安全，旅游者消费旅游产品和接受旅游服务的过程要有安全保障，包括旅游基础设施、设备的保障，在特殊情况下的风险管控，如客流引导与控制方面，不能一味追求客流而忽视旅游者体验甚至危及旅游者人身安全，这方面的教训是深刻的，反映出的就是旅游管理部门在安全管理方面的能力。[5]旅游安全涉及各个环节、方方面面，旅游地的治安环节也是旅游者颇为敏感的地带，治安环境和旅游业的强制消费、胁迫购物、欺诈宰客等恶习往往联系在一起，只有从根本上杜绝抹黑旅游消费环境的现象，才能牵一发而动全身，全面改善旅游消费环境。在互联网时代，旅游者的安全还体现在信息安全方面，如涉及个人隐私、私人空间等方面，旅游企业要加强自律，旅游主管部门要加强监管，防止旅游者信息泄露，确保信息安全，维护旅游者的切身权益，打造安全放心的旅游消费环境。

三、江苏旅游消费环境现状

近年来，江苏旅游业致力于高质量发展，在提升旅游消费环境方面做了大量工作，成效显著。江苏旅游重视创建旅游管理与服务品牌，旨在提升江苏旅游“软实力”。通过规范旅游管理与服务标准，进一步提升旅游服务整体水平，不断完善旅游公共服务体系，打造旅游管理示范品牌。全域旅游背景下，江苏旅游消费环境也面临着不少挑战，旅游消费环境仍有较大提升空间，就当前发展态势来说，江苏旅游消费还存在以下方面的问题。

（一）景区消费环境参差不齐、细节管理缺失

旅游景区作为旅游发展的重要吸引点，在全域旅游时代也将发挥积极的带动作用。江苏的旅游景区水平整体较好，但仍存在着消费环境参差不齐的情况。部分景区在创建

等级时，大搞突击建设，各项服务和管理比较到位；但是一旦获评等级后，持续管理和服务有所下滑，游客体验不断下降。有的景区在发展中存在设施老化、环境恶化、管理弱化、服务退化情况；有的景区咨询投诉电话形同虚设、在线互动流于形式、网站信息不及时更新等；有的景区设施流于形式，甚至游客服务中心关闭、无人在岗等，指示牌信息错误误导游客等；部分景区对景区周边和内部的小商贩管理不到位，在兜售物品严重干扰旅游者正常游览，甚至发生强买强卖等严重侵犯旅游者权益的现象。景区的管理和服务人员素质也参差不齐，有的岗位甚至严重缺乏职业素养，缺乏旅游从业者的基本技能，给旅游者带来不好的体验。景区的管理，不仅仅是要立足宏观全局，更要落实细节，尤其是旅游者会直接面对的服务人员、服务设施和体验项目。对于全域旅游时代的景区消费环境管理，不仅限于景区内部或所谓的划定区域，对周边的环境打造和维护也是一项重要内容，如景区之间的交通问题、导游讲解、旅游治安、景区周边环境整治等方面。

（二）旅行社行业消费乱象不断

旅行社提供的是综合性旅游产品，涵盖了吃、住、行、游、购、娱等多项内容，因此旅游者对旅游服务的评价往往最终都瞄准了旅行社，也导致旅行社面临的投诉和纠纷较多。根据江苏省2018年前三季度的旅游投诉情况公告，针对旅行社的投诉占到全部投诉的70%左右，主要投诉的事由包括降低等级标准、擅自增减项目、导游未尽职责、延误变更日程等方面，这反映了我省旅行社行业的整体消费环境面临较大考验。其中，出境旅游的投诉占到25%左右，出境游的主要消费地点虽然在境外，但与江苏的旅行社的组织、接待、服务、控制等方面密切相关，也暴露出旅行社服务领域的消费环境问题。部分旅行社通过开设分公司、销售网点以及在线经营旅游业务的方式来增加营收和利润，但由于缺乏管理人才，这些分公司在旅游接待、产品设计、旅游投诉处理以及防止“不合理低价游”等工作中存在不少问题，为旅游纠纷埋下隐患。在国内旅游方面，江苏部分城市的一日游是旅行社行业中顽疾，把“一日游”变成“一日购”，收费不合理，服务不到位，甚至存在消费欺诈等现象。[6]相关行为和乱象被媒体报道后，对该地区的旅游形象构成较大的负面影响，对类似这样的旅行社行业乱象整治迫不及待，也是提升旅游消费环境的“最后一公分”的重要体现。

（三）线上旅游产品体验欠佳

随着旅游信息化的发展和智慧旅游的推进，“互联网+旅游”的产业融合态势日渐加快，线上旅游市场发展迅速。江苏就有多家知名线上旅游企业，还有多家旅游电商分部落户江苏。在实践中，部分线上旅游产品存在着虚假宣传、不平等合同、服务质量不合规等侵犯旅游者权益的现象。有些旅游产品名不符实，如某些景区门票和价格线上描述和线下商家承诺不一致，但旅游者已经付出了时间、交通、精力成本，让旅游者有被欺骗却又无可奈何的感觉。有的旅游产品和很多网售商品一样，同样存在“买家秀”和“卖家秀”的区别，预订的酒店和线上描述不符、部分酒店任性违约、随意涨价等。“互联网”和“旅游”应实现化学融合而非简单物理相加，这一方面需要在旅游的信息化建设方面进一步发力，包括对旅游过程的实时交通信息、景区内游客的密集度等的整理与发布，实现线上线下的高效管理，真正实现智慧旅游。还要通过有效的监督治理和经营引导，让线上与线下真正衔接，给顾客更好的旅游体验。[7]

（四）旅游配套消费环境有待完善

随着江苏旅游标准化建设的推进，旅游监管和治理的推进，江苏的旅游景区和旅游场所消费环境有很大提升。全域旅游背景下，旅游者的旅游体验评价是不分景区内外、城里城外的，而是对一个地区的综合性感知和评价。长期以来，很多景区内外一墙之隔，仿佛就是天壤之别，景区内部秩序井然、环境优美，而景区外，乱象丛生、鱼龙混杂。这种情况在江苏不少地区也存在，这就是典型的靠山吃山、靠水吃水的狭隘的旅游产业思维导致，与全域旅游的发展理念背道而驰。有的景区风景优美、山水相依，但景区外却是另外一番景象，餐饮企业欺诈宰客乱象横行。有的特色旅游项目存在“文创在前拗造型、餐饮在后乱成粥”的现象，内部美食街区管理混乱，服务水平低下，景区只顾把游客吸引进来，却忽视了对旅游者需求的配套产品管理。旅游者的消费是一项综合的产品，景区只是其中的一个环节和内容，还有餐饮、交通、住宿、娱乐等各个方面，共同组合成一趟旅游产品。全域旅游时代就是打造全域满意，忽视配套的旅游消费环境，最终会对该地区整体的旅游形象带来不利影响。

（五）旅游新业态服务不专业、监管滞后

随着“旅游+”战略的不断推进，旅游业与其他行业不断融合，旅游新业态不断发展。近年来，休闲农业、度假体验、康体养生、运动休闲等新产品、新业态不断涌现，大大拓展了旅游业发展新领域，为江苏省加速推进旅游业供给侧结构性改革提供新的动力。新业态的快速发展，在相关服务标准和管理细则方面有些滞后，有的旅游产品过分注重个性化、特色化，却忽视了旅游者在安全舒适等方面的根本体验。如体育旅游方面，以马拉松赛事为代表的体育赛事旅游快速发展，江苏省2018年举办的马拉松等跑步类赛事超过80场，吸引了大量选手参加，但很多马拉松赛事还存在着赛事服务水平低下、赛事特色不突出、影响力不强等方面的问题。部分赛事旅游产品的开发力度不够，忽视对大众旅游者和参与者的体验，细节服务不到位，部分赛事无视赛事规则、服务缺乏专业，把赛事作为宣传地方的噱头和部分企业牟利的工具，这样的体育赛事旅游产品违背了旅游业的核心价值观，无视“服务至上”的原则，在全域旅游和大众旅游时代的背景下，这样的产品和服务亟待规范和提升。

四、全域旅游背景下提升江苏旅游消费环境的策略

（一）坚持依法治旅、加强旅游监管

当前我国正在全面推进依法治国，作为旅游业发展的重要保障，就是要坚持依法兴旅、依法治旅，这是新形势下我国旅游业法治建设的迫切要求。首先是在全面贯彻落实《中华人民共和国旅游法》的前提下，结合江苏地方实际，制定地方旅游法规，建立起符合地方旅游业实际的旅游监管制度，让旅游业监管部门、旅游企业、旅游从业者各个主体都做到有法可依。作为旅游执法部门来说，要杜绝市场执法盲点多，权责脱节、多头执法和选择性执法等不良现象。提高企业违法成本，让其不敢有侵犯游客权益和损害地方旅游形象的行为，努力形成政府依法监管、企业守法经营的良性格局，尤其是加强线上旅游产品的监管和治理。[8]在细节方面，可以建立旅游市场黑名单制度，并将相关

信息进行公开，让广大消费者知晓。在行业管理方面采取停业整顿、降低星级、业务缩减等手段进行约束，将该类对象作为重点监管对象，增加检查频次，加大监管力度，发现再次违法违规经营的，依法从重处罚。与此相对应，也可以建立红名单制度，对于那些服务水平高、游客评价好、经营守法的企业要进行公示表彰，激励企业努力提升服务水平，为旅游消费者提供更加满意的服务。作为地方旅游执法和监管部门，要敢于自我揭短，及时发现、快速处理并随时回应各类旅游故障，要让广大旅游者看到江苏省整治旅游环境乱象和提升旅游环境的真诚态度。树立真正以游客为中心的旅游发展理念，做到心中有游客、关心游客，用法律去维护游客的权益，这样江苏的旅游消费环境才会有最坚实的基础和保障。

（二）加强江苏旅游软环境建设、提升旅游公共服务水平

全域旅游时代下，旅游者与旅游地的接触范围将不断扩大、与当地居民的交流也更加深入，对当地社会原生态环境的感知也更强烈，体验更深刻，一个地区和城市的社会环境是影响旅游者感知和评价的重要因素。2014 年 12 月，习近平总书记到江苏视察并发表重要讲话，提出了“努力建设经济强、百姓富、环境美、社会文明程度高的新江苏”的殷切期望。以文明城市建设为基础，持续提升城市旅游整体形象。要以文明城市建设的基础继续加强城市文化、生态文明、市民素质和社会风尚的提升，让广大人民树立起地方文化的自豪感，肩负起文化传播和地方展示的重任。另一方面，江苏旅游主管部门要通过切实有效的方式，改善旅游公共服务环境。旅游公共服务包括旅游信息咨询、旅游安全保障、旅游交通便捷、旅游便民惠民、旅游行政服务等方面，这些方面的工作是可以通过旅游行政管理部门通过有形的方式展示出来，并且能为广大旅游者提供切身的体验。江苏旅游的软环境建设，需要大家共同努力，政府部门发挥先锋作用，搞好公共服务建设；广大市民和机构发挥主人翁意识，把社会文明进步和个人修养提升结合起来，共同营造文明的社会环境，共同把江苏建设成为更宜居、更宜游的全域旅游目的地。

（三）拓展江苏旅游体验空间，加强旅游业态创新

为了更好满足人们对美好生活的需要，旅游业态创新和旅游品质提升成为江苏旅游业在全域旅游背景下的重要行动，也是提升江苏旅游消费环境的重要手段。如今，大众旅游、全域旅游呈现出“出游高频化、需求品质化及旅游休闲化”等特征，旅游已经成为广大城乡居民非常普遍的消费选项，成为大家对美好生活向往的重要组成部分。当“旅游即生活”被越来越多的人认可，游客的生活空间进一步拓展，也为旅游业创新提供新的空间和领域。[9]在传统旅游要素“食、住、行、游、购、娱”的基础上，关注到“商、养、学、奇”等旅游发展要素和拓展要素。打造江苏旅游的“全时化”，开发四季宜游的旅游产品，依托江苏水资源、水文化，打造综合性的水体验旅游目的地；依托江苏的科技文创优势基础，发展科技旅游、研学旅游等。其次是打造江苏旅游的“全景化”，即旅游空间的全域化，大力改善交通环境，尤其是苏中、苏北地区的高铁、高速公路建设。江苏南北地区的旅游开发实现差异化互补，结合各自特色打造品牌旅游产品，建设特色旅游目的地，满足旅游者多元化的旅游体验。全域旅游空间的延伸，不仅在宏观层面，也要深入内部，打造节点式、网络化的旅游布局，在开发快速交通体系发

挥“客流”同时，也要充分发挥旅游慢行系统的“客留”的优势。建立多元化的交通廊道，以自驾道、慢行道、健身道等道路系统进行串联，结合大尺度景观、服务节点、旅游产品，通过一些新的游览活动和行程组织，构建非景区化的全域空间网络新结构。如在道路上做文章，发挥道路交通更多的旅行意义，汤山的骑行漫道、溧阳一号公路等，就是在这方面做出的探索和实践。

（四）持续推进旅游标准化建设，积极开展旅游帮扶

由于各种原因，江苏的旅游消费环境存在着发展不平衡的情况，不同的旅游业态服务质量也存在差异。全域旅游时代，更要关注的是旅游消费环境中的“短板”，从而保证江苏旅游消费环境质量的整体提升。继续加强旅游标准化建设，尤其在全域旅游的背景下，对旅游服务的标准进行再定义、再认识、再创新。[10]江苏旅游业面临的新形势、新机遇、新挑战和旅游业自身发展新态势，均对旅游标准化提出了新的更高的要求。管理要紧随创新节奏，旅游新产品、新业态和旅游发展新要素、新模式标准亟待出台，杜绝以个性化来掩饰服务的随意性。在产业融合的旅游新业态上要加以关注，包括旅游与互联网融合发展、旅游信息科技与旅游人才培养领域标准。结合江苏的实际情况，建议在省内开展旅游结对帮扶制度，从旅游服务质量高的旅游地选派服务和管理人员到服务质量亟待提高的地方进行交流帮扶，构建包括人才培养、制度管理、服务提升、环境优化等于一体化的帮扶制度，树立“全域旅游、全域服务、全域江苏”的旅游发展理念。建立旅游智库，整合各类旅游行业人才智力资源，对相关的旅游地、旅游区和旅游企业开展帮扶支持，提升旅游竞争力，优化旅游消费环境，持续改善游客体验。

（五）整合全社会资源，共同参与江苏旅游治理和提升

全域旅游下的“全民”旅游，不仅仅是旅游地居民作为旅游目的地主体，在提升旅游消费环境方面发挥着主人翁的作用，旅游者的角色也被赋予更多的意义和功能。不要单纯地把旅游者当作旅游消费者，他们还是江苏旅游业发展的建议者和督促者。[11]江苏旅游主管部门要建立省级的旅游“挑刺”平台，广开言路，让江苏各地的旅游者发现旅游者中的薄弱环节，提出整改的措施和建议，提供方便便捷的平台，让游客以文字、图片、视频等多种形式客观表达。建立这种全民监督和提议的方式，一方面展示出江苏旅游敢于自我揭短的勇气，更体现出真诚对待游客的决心。对于旅游者反映出的问题和现象，要敢于全面公开，让要旅游者有充分的表达渠道，游客愿意“吐槽”，实际上是表达了对该旅游目的地的一种期望。这种全民意见平台，建议以省级主管部门的名义建立，有利于政府有关部门从宏观方面了解全省旅游消费环境状况，结合大数据分析，为后续的旅游环境治理提供重要决策基础。旅游者的意见表达多数是出于自己的表面感受，但多数、大量旅游者的意见就会形成一种规律和现象，这为旅游环境的治理会提供宝贵的参考。只有全民的旅游监督意识、旅游环境提升意识共同提高，江苏的旅游消费环境才会变压力为动力，致力于旅游消费环境的持续改善，为广大旅游者提供“智慧便捷、温情可靠”江苏旅游服务，传递出“山灵水秀、古韵今辉”的江苏旅游形象，展示江苏旅游强省的风采和魅力。

参考文献：

［1］杨振之．全域旅游的内涵及其发展阶段［J］．旅游学刊，2016，31（12）：1-3.

［2］纪峰．旅游消费决策过程研究［J］．现代商贸工业，2018，39（34）：14-15.

［3］侯晓敏．全域旅游下的旅游公共服务评价指标体系构建与实证研究［D］．呼和浩特：内蒙古财经大学，2017.

［4］刘天瑞．旅游市场秩序整治永远在路上［N］．中国城市报，2018-11-12（007）.

［5］陈斌．没有旅游安全就没有旅游消费［N］．中国青年报，2018-07-12（008）.

［6］陶莉，周庆美．创新经营理念 重构一日游经营模式——以苏州为例［J］．科技创新与应用，2017（8）：268-269.

［7］胡泽萍．互联网环境下全域旅游新业态的发展［N］．中国旅游报，2018-10-09（004）.

［8］王德刚．发展全域旅游需要全域化的环境治理［N］．中国青年报，2018-06-21（008）.

［9］王中华．全域旅游视角下旅游消费市场分析［J］．商业经济研究，2018（4）：40-43.

［10］段七零．扬州市旅游标准化建设的对策研究［J］．扬州职业大学学报，2018，22（4）：6-10.

［11］陈水映．基于多元共治的政府治理机制与优质旅游发展［J］．旅游研究，2018，10（6）：2-5.

（资料来源：《无锡商业职业技术学院学报》，2021 年 8 月刊，有修改）

【同步案例 10-1】分析

这是一篇全域旅游视角下研究江苏旅游消费环境提升的学术论文。论文首先阐述了全域旅游背景下旅游市场的四个特征，接着介绍了全域旅游视角下江苏旅游消费环境的五个方面，在此基础上又分析了江苏旅游消费环境现状，最后重点提出了全域旅游背景下提升江苏旅游消费环境的五项策略。论文言之成理，持之有故，行之有成，以理服人，是一篇优秀的学术论文。

任务二　旅游毕业论文

任务导入

大学即将毕业，学校布置毕业论文写作，毕业论文和一般学术论文有什么区别？你要做哪些准备工作？

理论点拨

一、旅游毕业论文的概念

旅游毕业论文是指高等院校的旅游专业学生，在教师的指导下，综合运用所学专业的基础理论、基础知识和基本技能，针对旅游领域某一现象和问题进行独立分析和研究后写成的，具有一定学术价值与应用价值的文章。

毕业论文对学生具有考查作用。由于学历层次的不同，考查要求的程度也不同。如硕士和博士，其论文就是学术论文，要求具有独创性；而专科生和本科生，主要考察的是对已学理论的应用。

毕业论文本质上属于学术论文，其要求与学术论文大体相同。其特殊之处有以下三点。

首先，综合考查对已学知识的应用能力。毕业论文的撰写是大学生毕业阶段的重要学习内容，是对学生已学知识的综合考查：（1）考查运用已学专业知识分析问题、解决问题的能力；（2）考查查阅专业资料（中文资料和外文资料）的能力；（3）考查运用计算机分析和处理数据的能力；（4）考查语言文字（中文和外文）的表达能力和文章的撰写能力。

其次，培养科学工作的素质，要求详细阐述课题研究过程，体现该课题的科研方法。

最后，培养创新意识，学生的选题要具有新颖性、实践性。

二、旅游毕业论文的特点

（一）完成论文的独立性

学生在撰写论文的全过程中，要高度重视独立性的发挥，因为它直接关系到论文质量的高低。教师在具体指导过程中，必须遵循学生撰写论文的独立性原则和不得代笔的纪律。其独立性具体表现为：首先，独立地整理、消化、运用所学的专业知识；其次，独立地选定课题，进行构思、编制写作提纲；最后，独立地起草、修改、定稿，直至指导教师认可为止。

（二）教师指导的相对性

毕业论文是在导师指导下独立完成的科学研究成果。毕业论文作为毕业前的最后一次作业，离不开教师的帮助和指导。在学生写作毕业论文的过程中，教师要启发、引导学生独立进行工作，注意发挥学生的主动创造精神，帮助学生最后确定题目，指定参考文献和调查线索，审定论文提纲，解答疑难问题，指导学生修改论文初稿等。

（三）写作过程的综合性

这一特点是由对毕业论文运用知识的综合要求、对学生各方面实际水平的综合考核的性质决定的。主要表现为以下几方面：

（1）运用知识具有综合性。要写好毕业论文需要掌握和运用所学的多门知识：一要具备和运用写作、逻辑知识；二要具备和运用基础理论知识；三要具备和运用相关的专业知识。这三者缺一不可，否则，论文写作就会失去坚实的基础。

（2）运用能力具有综合性。写作论文需要具备和运用多方面的能力，如综合分析能力、概括归纳能力、逻辑思维能力、论述表达能力等。一篇论文可以说是诸多能力的最佳发挥和综合体现。

（3）写作程序具有综合性。论文写作具有相互联系的多道程序，包括选定课题、搜集和筛选资料、整体构思、编写提纲、撰写、修改、定稿等。每道程序和每个环节，稍一疏忽，势必波及全局。

（四）论文价值的实用性

毕业论文写作的一个重要目的，是要求学生运用所学的专业知识去分析和解决某一实际问题，从而使论文具有实用性，这是评价毕业论文质量的一个重要依据。评价论文的实用价值，一要看它能否就某一领域、某一方面迫切需要解决的课题做出科学的说明和解释；二要看它对现实问题的分析有无新的观点；三要看它是否具有说服力，论点是否正确、明晰，论据是否真实、充分，论证是否符合逻辑等。所以，毕业论文的写作不是简单的知识重复，而是一种发现型、开拓型、挖掘型的复杂劳动。其关键是理论和实践的紧密结合、内容和形式的完美统一。

（五）毕业论文的习作性

根据教学计划的规定，学生在校学习阶段的前期，要集中精力学习好本专业的基础理论、专门知识和基本技能；在大学的最后一个学期，学生要集中精力写好毕业论文。学好专业知识和写好毕业论文是统一的，专业基础知识的学习为写作毕业论文打下了坚实的基础，而毕业论文的写作是对所学专业知识的运用和深化。学生撰写毕业论文就是运用已有的专业基础知识，独立进行科学研究活动，分析和解决某一理论问题或实际问题，把知识转化为能力的实际训练。写作的主要目的是为了培养学生具有综合运用所学知识解决实际问题的能力，为将来作为专业人员写作学术论文做好准备，它实际上是一种习作性的学术论文。

三、毕业论文的写作程序

（一）选题

（1）要选有学术价值的论题。所谓学术价值，也就是科学价值，它的含义是宽泛的。凡是有利于国家社会主义建设事业的，不论是直接为经济、文化科学事业服务，还是从事学术性探讨和理论研究，都可视为有学术价值。如有关旅游战略、旅游经济、旅游设施、旅游管理、旅游教育、旅游史的论题。

（2）要选适合自己特点的论题。① 结合自己的兴趣。② 结合自己的研究专长。

（3）选择客观条件有利的论题。

（4）选择一个大小和难易都适中的论题。

（二）论文写作的准备、立意和构思

1. 检索相关的素材

持有的素材越多，就越容易从中发现规律性和普遍性的东西，从而为下一步提炼观点打下扎实的基础。

2. 分析、研究和确立论点

例如,《关于开发利用恭王府之可行性初探》一文的作者在恭王府的今昔,恭王府的旅游价值,开发、利用恭王府的必要性与依据,关于再现“人间大观园”的初步设想,技术可行性的初步分析,经济可行性的初步研究这六个问题的探讨中,确立了本文的中心:恭王府具有历史文物价值,对旅游者有较大的吸引力,经过重新修整,可以开辟为北京城内一个新的旅游点。

(三) 拟订写作提纲

提纲是文章的骨架,体现作者的总体思路以及全文的逻辑性和结构框架。通过草拟提纲,可以规划基本内容,搭好基本框架,使自己的思想明确、条理清晰,还可以发现构思的缺陷,材料的不足,论据的不充分,思路的不清晰,使论文写作少走弯路。

(1) 论文提纲一般应包括文章的基本论点和主要论据,反映文章的体系结构。

(2) 毕业论文提纲要简明、扼要,能真正体现论文的基本精神,并作为起草的依据。

(3) 提纲写好后,要不断修改、推敲。

一是推敲题目是否恰当,是否适合。

二是推敲提纲的结构,是否能阐明中心论点或说明主要论题。

三是检查划分的部分、层次、段落是否合乎逻辑。

四是验证材料是否充分说明问题。

这些工作完成后,再开始动笔写初稿。

(四) 拟写初稿

无论是准备材料,还是拟写提纲,都是为具体写作服务的,没有具体的写作,根本就谈不上论文,因此,论文写作阶段,是论文撰写过程最重要的环节。初稿要写出旅游类论文的基本结构形态,即绪论、本论和结论。其中,本论是论文的核心,应全力把它写好。

(五) 修改、定稿

修改的过程是加工提高的过程。论文修改,大致应遵循以下四个步骤,即修正观点、增删材料、调整结构、润色语言。归纳为四个字:增、删、调、改。

四、毕业论文写作格式及要求

(1) 正文题目:要求简明扼要,文字规范,必要时可加副标题。

(2) 内容摘要:要求用 300 字左右简明扼要地说明论文基本内容。

(3) 关键词:3～5 个。

(4) 目录:目录中的标题应与正文中的标题一致,并标明页码。例如:

一、企业“三角债”的现状 …………………………………………………… 1

(一) ×××××× ………………………………………………………… 7

(二) ×××××× ……………………………………………………… 15

二、对企业“三角债”成因的分析 …………………………………………… 20

（5）正文：

① 在序言中应简单介绍本论文的选题背景，课题的目的和意义，本课题在国内外的发展概况和存在的主要问题，以及本论文的指导思想。

② 论文应当论点鲜明，具有创新性；论据充实可靠；论证合理，具有逻辑性。

③ 论文应当结构严谨、层次分明，标题层次统一为：

一、××××××

（一）××××××

1. ××××××

（1）××××××

④ 文字要求：文字通顺，语言流畅，无错别字；字数一般不少于5 000字；一般情况下应采用计算机打印（统一用16开纸打印），若手写则要求书写工整（用统一发放的方格稿纸抄写）。

⑤ 正文中的表、图应当分别按顺序编号。例如：

表1，表2……；图1，图2……。

（6）致谢：简述自己通过本论文写作的体会，并对指导教师以及协助完成论文的有关人员表示感谢。

（7）附录：包括与论文有关并在文中没有出现的图表、计算机程序、运行结果及相关设备的性能指标、精确度等。如无必要，可不要附录。

（8）参考文献：

① 参考文献为作者亲自阅读过的，最重要的，发表在公开出版物上的文献，一般不得少于10篇。

② 正文中应按顺序在引用参考文献处的文字右上角用［］标明，［］中的序号应与“参考文献”中的序号一致。

③ 参考文献按国家标准书写。例如：

黄元琳．我国加入世界贸易组织与人民币汇率的稳定［J］．经济评论，2000（6）：95-98.

张宇燕．经济发展与制度选择［M］．北京：中国人民大学出版社，1992.

五、毕业论文的写作要求

（一）选题要慎重

毕业论文的选题必须符合专业培养的总体要求，围绕专业课的内容。论文的内容，强调的是对所学专业领域内某一课题的研究和设计的成果，以训练学生综合运用所学知识独立分析问题、解决问题的能力，因而，一定要以所学专业理论、知识和基本技能为选题内容，不要超出这个范围。论文题目不宜太大，涉及范围不能太广，否则，时间有限，力不从心，论述不深刻，是写不出像样的毕业论文的；如果能以小见大，抓住重点，找出其难点和症结所在，把问题讲深、讲透，并提出自己独到的见解，这样的毕业论文就有价值。

（二）见解要独到

在写作过程中，对所选材料要充分利用，要将其有效地纳入自己的论文中，让材料为我所用。同时注意充分发挥自己写作的主观能动性，对论文的主题、结构、内容等都应有自己独到的见解，从而保证发挥出最佳的写作水平。

（三）论证要严密

议论要切题，要紧扣中心，用论据充分揭示论点，这是论证中应始终注意的问题。为此，要注意研究论点和论据之间的内在联系，使用合适的分析方法，这样的论证才合理、严密，才能避免空泛议论、堆砌材料、观点加例子等问题的出现。

【同步案例 10-2】

扬州绒花的传承及旅游开发研究

谭　露

摘要：扬州文化底蕴深厚，诞生出诸多非物质文化遗产，制作扬州绒花就是其中经久不衰的一项传统技艺。随着社会的发展，人们不断接受新事物而对旧事物的激情不再，作为扬州的一项非物质文化传统技艺，在文旅融合的背景下，扬州绒花的传承与发展面临着挑战的同时，也迎来了机遇。文章就扬州绒花存在缺乏创新、品牌、营销以及购买渠道、后继传承人等问题，提出扬州绒花须创新产品特色、打造品牌、加强营销、开发特色体验项目、拓展购买渠道以及培养合格传承人等解决对策，推动扬州绒花制作技艺的可持续发展。

关键词：扬州绒花；非物质文化遗产；可持续；旅游开发

一、绪论

（一）研究背景

近年来，随着我国现代化以及城市化进程不断地加快，非物质文化遗产的生存环境和传承方式也随之受到冲击。在这样的大环境之下，对于非物质文化遗产的合理保护与利用愈发受到重视。本文基于扬州绒花的生存现状，了解到扬州绒花的制作存在后继乏人，传世知名度不高等问题，束缚了扬州绒花制作技艺的传承与发展。本文立足扬州绒花在传承和旅游开发中存在的不足之处，探讨怎样改善扬州绒花在发展中的问题以及如何对扬州绒花的制作进行传承和合理的旅游开发利用。

（二）研究目的及意义

本文通过研究扬州绒花制作技艺，期冀能够对扬州绒花制作技艺的保护及可持续发展提供一些建议，在保持传统的基础上，平衡好经济价值和艺术价值，做到创新性的旅游开发。在市场上的各个环节流通时，可以使扬州绒花能够扩大知名度、做到在保护的基础之上实现合理性的开发利用。

对于扬州绒花的研究从遗产旅游的角度来说，首先，可以使旅游者获得对扬州绒花审美上的享受，达到悦情悦志的体验目的；其次，可以使扬州绒花制作技艺这种遗产资源得到可持续的利用；最后，从现实意义角度来看，可以保护扬州的原生态文化，使旅游者可以从有关扬州绒花制作技艺的旅游互动中得到教育以及感受到扬州绒花之美，从而推动类如制作扬州绒花的传统非遗技艺的有序传承与可持续发展。

（三）扬州绒花研究现状

从文献上来看，研究扬州绒花的论文大多涉及与南京绒花的对比，抑或对比北派绒花的制作、形制上的不同。相对于南京绒花的研究，扬州绒花的研究就稍显较少。对扬州绒花制作技艺的关注度相比南京绒花制作技艺的关注度较低。主要集中在对扬州绒花造型样式，审美特征以及创新生成路径上的研究。

二、扬州绒花概况

（一）扬州绒花简介

扬州绒花又被称为“官花”“喜花”。早在唐代就进入到宫廷，让妃嫔宫女们一见倾心，深受宫廷贵妇们的喜爱，因此，扬州绒花又被称为“宫花”。另外，扬州绒花不仅在外观上清新雅致，还与“荣华”谐音，具有荣华富贵的吉祥祝福之意。

在北宋时期，“扬人无贵贱，皆戴花”，这句出自王观《扬州芍药谱》的话从侧面说明在当时的扬州有着普遍用绒花作为装饰的行为习惯，由此可见，扬州绒不仅在宫廷之中，而且还深受普通老百姓的喜爱。而且，扬州绒花又因为其带有的吉祥寓意，能够增添节日中的喜庆、欢乐的氛围，所以在“一事三节”，即婚俗嫁娶“一事”和端午、中秋、春节“三节”等重要的场所和节日中，扬州绒花都是一个必不可少的装饰品。

此外，作为“扬一益二”的扬州，在古代时经济繁荣，文化昌盛。其生产出的扬州绒花是南方绒花的一个杰出代表，具有艳而不俗，媚而不妖的特点，在千百年历史传承发展之中，始终保持着具有扬州鲜明特色的地域文化特征，并且也有着工艺品中的“小家碧玉”的美誉。

（二）扬州绒花发展历史

在《中华古今注》中记载秦始皇要求他的妃嫔们“插五色通草苏朵子”。所以有关绒花的历史最早可以追溯到秦朝时期。

而早在1300年前的唐朝，扬州绒花就已作为“宫花”进贡宫廷；宋朝时期，中国花鸟画繁盛，对各式各样的绒花的风靡影响深远，社会对绒花的需求极大，推动了生产绒花的繁荣；在元、明时期，社会不断发展，人们的需求也逐渐有所变化，为了迎合需要，制作扬州绒花的艺人们在品种上不断地创新，会根据不同的时节来制作不同主题和内容的绒花以供人们选择；在清朝初期，以绒花为主的工艺花生产形式已经在扬州形成；民国时期，扬州绒花生产依旧繁荣，王以仁作为一代绒花大师，开创了绒花的新形式——立体绒花，相较于传统的绒花制作工艺，王以仁将现有的制作工艺提升到了一个新的境界。

扬州绒花的核心技艺是造型艺术，其制作工艺的发展经历了三个发展阶段：“绕绒花”“刮绒花”和“滚绒花”。产品从第一代的“头戴绒花”到第二代的“案头小品”，然后到第三代的“绒花挂屏”，再到第四代的“绒制盆景”。从第一代的传统绒花饰品到第二代由著名艺人王以仁创造出的立体绒花，然后到第三代将扬州绒花与浮雕、半立体浮雕相结合的粘嵌技法，制作成为一种独特且新颖的绒花挂屏，再到第四代由王继康制作而成的“绒制仙人盆景”。其汲取了扬州园林艺术和扬派盆景艺术的优点，并且创新性地将绒花材料与其他材料相结合，使得扬州绒花得到丰富和发展，变得更加风雅宜人。

（三）扬州绒花有关人物及制作工艺

扬州绒花传承至今，离不开传承人的努力。如王以仁、王继康父子创造出的新兴绒花制作技艺——烫绒、轻绒等，增强了绒花工艺的表现力，使得扬州绒花变得更加多姿；此外，省级非遗项目中扬州绒花制作技艺的代表性传承人杨家惠女士至今仍在保持创作；更有年轻一辈省级非遗“绒花制作”的90后传承人征珊珊。这些人的努力为扬州绒花制作技艺的传承以及扩大影响力做出了贡献。

制作扬州绒花首先需要准备好优质的蚕丝。蚕丝又可以分为熟丝和生丝。蚕丝在购进后，经碱水煮熟后的称为熟丝，根据制作绒花颜色的不同，需要将熟丝染成不同的颜色。绒花的另外一个辅助材料就是处理的铜丝，用来制作绒花的花骨。制作过程经过三道工序：首先是勾条，将处理好的蚕丝排列整齐固定（劈丝），用猪棕毛刷子将蚕丝刷顺滑（刷绒），然后用经过处理的铜丝固定两端（栓绒），剪出所需要的宽度（剪绒），搓捻出圆柱状绒条（滚绒）；其次是打尖，用剪刀调整出需要的造型；最后是传花，就是用镊子把打尖过后的绒条拼接在一起，有的时候还需要搭配皮纸等一些辅助材料才能够制作出所需要的绒花产品。即使就只有一朵绒花，也是需要制作出多支不同规格的绒条。正是这样一道道精细的绒花制作工艺过程，非常考验绒花制作者的手艺和经验。扬州绒花制作工序如图1所示。

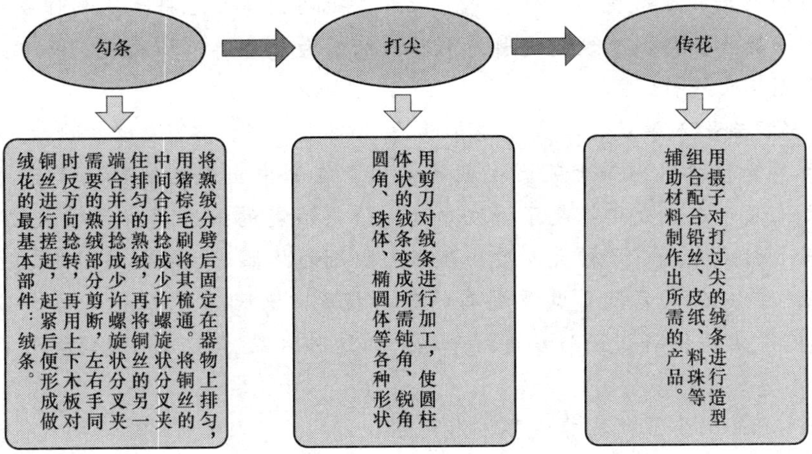

图1　扬州绒花制作工序

三、扬州绒花旅游开发现状

（一）列入非遗，提高旅游知名度

在2007年3月，扬州绒花制作技艺以其自身鲜明特色等优势成功的入选江苏省第一批省级非物质文化遗产名录。如此一来，扬州绒花制作技艺的传承与保护有了政策上的明文规定，这对于扬州绒花来说，一方面可以促进自身的有序传承，避免由于其他因素导致扬州绒花制作技艺的衰落与消失；另一方面，这可以扩大扬州绒花的旅游知名度，让人们逐渐开始注意到这一迫切需要保护的传统工艺，从而扩大在整个旅游市场上的影响力，能够吸引越来越多的年轻人对于扬州绒花的关注，并且有意愿去了解扬州绒花、喜爱这一传统手工艺，进而发展更多的年轻一辈的传承人。

（二）旅游景点设立相关展示场地

位于扬州的486非遗集聚区，集中展示了具有扬州特色的工艺美术类非遗项目，馆内其中就有展示扬州绒花；另外，在扬州的何园就曾举办非物质文化遗产绒花制作的活动，为游客准备材料，让游客亲手将各种颜色的绒条制成绒花作为纪念品，一方面起到了宣传景区形象的目的，另一方面向公众展示了扬州当地非遗绒花的魅力，让游客领略到古人独到的审美情趣；还有在2021年举行的扬州世界园艺博览会中，扬州绒花的非遗传承人杨佳惠女士的作品就陈列在园区中，尤其是其中的一幅耗时达8个多月的扬州绒花作品——《锦绣前程》让很多前去游览的旅游者眼前一亮。作为首批入园的非遗项目，向中外嘉宾展示了扬州绒花独特的技艺。

（三）传承人助力绒花发展，提升旅游形象

虽然是小小的一朵绒花，但制作过程却是非常的复杂。年轻人可能会觉得从事这项工作缺乏成就感，不能充分展现自己。而且在社会快速发展的今天，将传承扬州绒花制作技艺转化为经济价值存在诸多限制。但是，作为新生代的省级“绒花制作”的90后非遗传承人——征珊珊，她却身体力行地去重新诠释绒花。征珊珊不仅亲自去选择原材料、进行绒花的设计，以及搭配绒花组合造型，在淘宝开办了有关“扬州非遗绒花”的店铺，形成具有自己特色的绒花产业；还通过短视频介绍等方式在微博、抖音等平台上在线向人们展示非遗绒花的制作工艺。此外，她还创新性地将绒花制作成装饰帽子的一种仿古帽饰品，使得扬州绒花这种清新雅致的美大受旅游市场欢迎，并使扬州绒花的旅游形象得到较大提升。

（四）影视剧融入绒花，扩大旅游影响力

得益于《延禧攻略》等古装影视剧的播出，在剧中出现的绒花元素让这一项冷门的非物质文化遗产在公众中掀起了一波热度，使得绒花的知名度有了较大幅度的提升，在旅游市场上影响力也有了较大发展。虽然影视剧的热播让绒花被许多人喜爱，但这门技艺还是面临着失传的危险。需要更多的除影视剧之外对非遗绒花进行合理利用，像《延禧攻略》等影视剧将非遗巧妙地结合起来的这种方式，相辅相成的提升社会价值和经济价值。

（五）政府鼓励企业研发非遗类旅游商品

非物质文化遗产的传承与发展离不开地方政府的重视和支持，在市八届人大三次会议第212号建议的答复中扬州市政府提到了鼓励非遗企业研发绒花等非遗类旅游商品，并在旅游景区设立专柜、门店。这有利于推动扬州绒花进驻旅游区域，在旅游景点进行表演、展示。不仅可以给游客带来人性化的旅游服务体验，还可以使得参观游客了解到扬州这一非物质文化遗产。

四、扬州绒花旅游开发中存在的问题

（一）创新不足，与旅游者需求有偏差

首先，扬州绒花的制作成品大多是传统意义上的产品，对于当今旅游者的需求来说已经不太适应，难以满足不同年龄阶段旅游群体的消费需求，绒花产品定位是走高端定制路线还是中低端路线还不够明确，缺乏形式内容上的创新。传统的扬州绒花产品大多是以吉祥的事物为主题，主要是以花鸟为主，其中最为著名的要数绒鸟和绒鸡。另外，制作扬州绒花的艺人们会依照不同的时节选择出合适的题材和样式。譬如在初一、十五时人们会戴“吉祥如意”花，在结婚时又会戴“双喜”“白头到老”花；在端午节的时候又会佩戴“老虎”“五毒”等以辟邪为主要内容形式的绒花等。就拿年轻人来说，传统意义上的扬州绒花可能是适合不同的节庆，可以当作一个配饰、装饰品。但是，扬州绒花的形式如果不加以融合现如今社会大多数年轻消费者的审美特征，融入现代元素，扬州绒花的选择对于现今的年轻人来说还是比较小众的。

（二）缺乏品牌，旅游市场影响力有限

相较于扬州漆器等扬州非遗产品的知名度，大多数的游客对于扬州绒花的了解就相对知之甚少。一个好的品牌需要有文化土壤来依托，扬州绒花有着悠久的历史和传统文化内涵，目前的难点是如何打造更为成熟的扬州绒花旅游文化创意产品品牌。

更重要的是，制作扬州绒花是一个缓慢而细致的过程。扬州绒花的制作较为依赖手工，绒花制作的各个环节很难去采用机器来代替人工去制作，难以大规模地生产出绒花产品，所以扬州绒花生产成本以及售卖的价格都比较高。因而在国内旅游市场上对绒花的需求量就较低，大多采用其他价格低廉的假花代替。主要的绒花销售市场大多在欧美及日本等国家，而且很少采用传统的优质蚕丝，大多是用进口的毛线等材料来替代，以此来降低生产成本。所以在扬州绒花在国内旅游市场上的影响力就相对有限，旅游者对扬州绒花的关注度也就比较低。

（三）营销薄弱，缺乏体验型旅游产品

扬州绒花的营销缺乏资源整合，运营缺乏创新意识，而且绒花生产企业对于线上线下的宣传推介力度都有待加强，有关生产扬州绒花的企业不能共同对扬州绒花进行品牌化的市场宣传。

此外，结合当今快节奏的生活，如今的旅游者更加注重个人体验和个性化服务，但是有关扬州绒花的产品几乎都是作为成品展示出来，游客很难从扬州绒花的成品上领略到扬州绒花制作技艺上的原汁原味。展示有关扬州绒花的大多是位于景区，在博物馆的展示中优先展示的多是杰出、知名度较高的非物质文化遗产，没有专门的博物馆对于扬州绒花进行展示，大多是与其他的非物质文化遗产共同在景区或者是在活动上展出，并没有单独的拿出来进行展示，忽视了扬州绒花制作技艺的独特性。而且展示的方式较为单一，缺乏与游客的互动，游客的参与性、体验感较低。

（四）渠道陈旧，旅游市场购买方式少

扬州绒花的产品售卖点较少，厂商生产出扬州绒花的产品流向旅游消费者的过程中存在不足，即使是在线下购买，也很难找到有专门售卖扬州绒花的地方，线下有生产有关扬州绒花的公司较少，大多也涉及其他手工艺品的生产，例如扬州征诚丝绒工艺品有限公司、扬州市佳惠工艺品有限公司等。缺乏独有的生产渠道线，线下门店少，即使旅游者有意愿购买也大多只能从线上搜索购买。

而在线上购买，大量的假货充斥着市场，借由扬州绒花的名义进行销售，导致扬州绒花的名声受挫。从线上电商平台上看售卖扬州绒花产品大多是发簪，与汉服相挂钩，此外，线上正品原创绒花的价格也较为高昂，致使一部分消费者即使是喜欢扬州绒花，而不得不望而却步。此外，线上主要售卖扬州绒花的店铺也比较少，知名度不高，其中线上店铺有售卖扬州绒花的店铺粉丝数量大多处于5万～20万，旅游者若不是对扬州绒花关注就很难发现。并且，扬州绒花也缺乏与其他品牌进行跨界合作，未能做到融汇发展。

（五）后继乏人，旅游市场认知度较低

在以前，非遗技艺是作为一门养家糊口的手艺，但是在社会快速发展的今天，非遗技艺代表的更多的是一种文化，是作为旅游景区、博物馆等的展示品、消费品。而且制作扬州绒花想要达到炉火纯青的地步需要不停地磨炼，年轻人很难有像征珊珊这样静下心来去传承扬州绒花制作技艺。相较于扬州漆器、扬州剪纸等非遗项目的知晓度，扬州绒花制作技艺传播认知就相对比较低，社会对传承人地位的认可度也不高。再有对传承人的经济补助不到位，许多的民间老艺人缺少必要的经费扶持，无法带徒授艺，制作扬州绒花的工艺较为复杂，耗费的时间也较长，收益甚微，年轻人即使对制作绒花有兴趣，也会因迫于扬州绒花制作技艺无法快速地带来经济收益而放弃学习这门手艺。这些都影响了制作扬州绒花这门技艺的传承和保护。

五、扬州绒花的传承及旅游开发对策

（一）创新绒花产品特色，融入游客审美特征

首先，扬州绒花的产品内容需要尽可能适应当代的旅游商业文化环境，充分利用现代商业对扬州绒花进行主题、形式、内容等方面的产品特色创新。明确扬州绒花在旅游市场上的定位，确定扬州绒花产品市场是在高端，还是中低端，只有市场定位明确了之后，对于扬州绒花所生产的产品定位才能明确。

其次，扬州绒花的产品制作不应只局限于传统的审美价值观，同时更要凸显其实用价值，在进行旅游市场调查分析后，通过结合当今不同年龄阶段旅游者不同的审美观念，把握旅游者对美的需求的不断变化，融入艺术创造的同时，让扬州绒花充分发挥其质量和性能在实际生活中的运用，能够很好地融入到人们的日常生活当中。对扬州绒花产品的创作要考虑到旅游者的消费意向，例如，可以创作出类似动漫人物手办等作品去迎合青年消费群体等。

（二）打造绒花旅游品牌，扩大旅游市场受众

扬州绒花制作技艺具有明显的地域性，而且主要以外销为主，扩大扬州绒花产品在旅游市场上的受众，首先就是需要得到旅游者认可。政府可以牵头进行绒花资源的整合，企业对绒花产品进行创新，服务进行创新。在传播过程中挑选出容易深入人心的故事，让故事与消费者产生共鸣，通过对旅游者购买的绒花产品提供附加服务，例如，对游客已购买的产品进行寄修，调换、按照游客的需求对绒花的样式进行更改等服务，以此来吸引更多潜在的扬州绒花旅游消费群体。

此外，可以通过与其他品牌产品联名的方式，开发文创联名产品。线上充分利用电视、报纸、新兴网络媒体平台等新闻媒介进行宣传；线下通过举办一些大型的旅游文化品牌宣传推介会，借此提升扬州绒花旅游文化品牌的内涵，打造出具有扬州特色的绒花

“国潮”品牌。

（三）增加旅游广告投放，开发特色体验项目

扬州绒花存在的一个重要问题就是在旅游者中的认知度较低，线上可以通过将扬州绒花元素融入旅游文化宣传片中，跨界与古装电视剧组进行合作并提供服饰装扮，在抖音、微博、小红书等新兴网络媒体平台进行广告宣传；线下可以通过与景区的合作将绒花融入游览过程之中，提高扬州绒花在旅游者中的感知度。

对扬州绒花不能仅仅是售卖成品，可以通过体验式的营销，让消费者参与到绒花制作的各个环节，让旅游者能够从感官上去体验扬州绒花的制作，让游客亲手制作具有纪念价值的绒花产品，运用创新的方式打造出制作扬州绒花的沉浸式体验氛围。打造有关扬州绒花的研学游、亲子游等针对不同旅游群体互动式、情景式、启发式的特色旅游体验项目。

（四）线上线下联合运营，搭建绒花购买平台

扬州绒花的产品需要线上线下同步运营，可以采用线上线下差异化定价策略，实施线上线下促销活动联合，通过跨渠道、跨平台线上引流，线下吸引旅游者，打造良好口碑，增加扬州绒花产品与旅游者之间的黏性。

此外，还需要在线下拓展扬州绒花的专卖店，线上通过社交媒体的投放，搭建线上专卖店购买平台，打造具有扬州绒花特色的文创产品 IP，开拓国内市场，让消费者群体能够简而易得的买到扬州绒花的产品。

（五）建立非遗旅游基地，培养合格传承人才

由政府牵头作为主导通过建立非遗文化旅游基地，采取非遗进校园、开设非遗课外兴趣培训班等方式普及非物质文化遗产教育、搭建有关扬州绒花的传承学习平台；企业采取“师徒传承”的可持续传承发展方式，利用新媒体技术，加强宣传扬州绒花制作技艺的独特之处，吸引更多的对扬州绒花感兴趣的年轻人学习扬州绒花制作技艺。通过政府与企业合作对新兴力量进行培训，采用专业式的教育方法，有针对性地推动制作扬州绒花的相关人才朝着职业化、专业化的方向进行传承与发展。

结论

在文旅融合的背景下，进行非物质文化遗产旅游开发时，须重点考虑到平衡好经济价值和社会价值。扬州绒花制作技艺的延续不能只通过某个个体的努力，应该通过以政府为主导，企业进行协助。政府通过财政上的扶持，支持扬州绒花制作企业的持续发展，使得扬州绒花历久弥新适应现代社会需求；用长远的眼光去看待扬州绒花的旅游开发，让扬州绒花贴近群众、回归生活，这样制作扬州绒花的这门手艺才能够活下来、火起来，才能具有可持续传承的生命力。

参考文献：

［1］陈星宇. 扬州绒花文化的生存现状剖析与创新生成路径探索［J］. 美与时代（上），2020（4）：42-44.

［2］封榕云. 从扬州绒花生存现状看非物质文化资源的开发与利用［J］. 大众文艺，2016（6）：3.

［3］潘璐，范丽，张华. 浅谈南京绒花和扬州绒花的区别［J］. 纺织报告，2021，

40（2）：123-125.

［4］张欣茹. 浅谈非遗在当下影视剧中呈现的价值——以《延禧攻略》中的南京绒花配饰为例［J］. 明日风尚，2021（16）：70-72.

［5］杜小钰，张佳丽. 文旅融合视角下南京绒花的创新发展研究［J］. 商业经济，2020（11）：20-22.

［6］王韦尧，张毅. 非遗传承视域下南京绒花的发展新形式研究［J］. 服饰导刊，2021，10（4）：67-72.

［7］袁玥. 非物质文化遗产资源开发模式思考——以江苏省级非遗资源“绒花制作技艺”为例［J］. 南京艺术学院学报（美术与设计版），2011（2）：65-67+162.

［8］董静. 南京绒花的历史与传承研究［D］. 南京：南京艺术学院，2008.

［9］文静. 体验经济视阈下池州市非物质文化遗产的旅游开发模式研究［J］. 济南职业学院学报，2021（5）：100-102.

［10］于靓. 产业化在非物质文化遗产保护与发展过程中的主导价值［J］. 大众文艺，2016（12）：3-4.

（资料来源：扬州市职业大学徐卫萍老师指导的 2022 届毕业论文）

【同步案例 10-2】分析

本论文选题有一定的研究价值和现实意义。结构层次清晰，按照提出问题、分析问题、解决问题的步骤撰写，重点突出。

六、旅游毕业论文答辩

大专或高职以上学历的学生，在毕业前的一段时间内，要向自己的指导老师提交毕业论文。指导教师对论文进行认真的审查之后，写出评语，并在教研室做介绍。经过系毕业论文评定委员会或答辩小组的审定，做出是否可以参加论文答辩的决定。通过论文答辩的毕业生，才有资格获得毕业文凭。因此，毕业论文的答辩，不仅是保证质量的重要措施，也是衡量教学水平和教学质量的重要环节。

毕业论文的答辩，可以说是由问、答、辩构成的一种有目的、有计划，学生与教师面对面的，立体型的动态教学考核形式。单凭指导教师的评语有其局限性。而论文答辩，是在特设的答辩环境里，由 3～5 个教师组成答辩委员会或答辩小组，学生面对面地回答不同教师提出的不同问题。这种形式，学生既可以答，又可以辩；既便于学术交流，又便于情感交流。教师不仅可以考核论文的质量，还可以考核学生的口头表达能力、思维能力和应变能力。毕业论文的答辩可以起到如下几个作用：一是提高文论的质量；二是辨别论文的真伪；三是审核学生对所学知识的理解、掌握程度和运用能力。毕业论文答辩的特点是：直观性、面试性和立体性。

（一）毕业论文答辩的准备工作

学生可以从下列问题（第 4—10 题）中，根据自己实际，选取两三个问题，做好汇报准备（第 1—3 题必选）。时间一般不超过 10 分钟。内容最好烂熟于心，不看稿纸，语言简明流畅。

（1）为什么选择这个课题（或题目），研究它有什么学术价值或现实意义。

（2）说明这个课题的历史和现状，即前人做过哪些研究，取得哪些成果，有哪些问题。

（3）请说明文章的基本观点和立论的基本依据。

（4）请说明学术界和社会上对某些问题的具体争论，自己的倾向性观点。

（5）请说明重要引文的具体出处。

（6）请说明本应涉及或解决但因力不从心而未接触的问题；因认为与本文中心关系不大而未写入的新见解。

（7）请说明本文提出的见解的可行性。

（8）请说明定稿交出后，自己重读审查新发现的缺陷。

（9）请说明写作毕业论文的体会。

（10）请说明本文的优缺点。

总之，要做好口头表述的准备，不是宣读论文，也不是宣读写作提纲和内容提要。

（二）答辩的程序

（1）学生做说明性汇报（5～10 分钟）。

（2）毕业答辩小组提问。

（3）学生答辩。一定要正面回答或辩解，一般允许准备 10～20 分钟。

（4）评定成绩。答辩会后答辩小组商定，交系、院学位委员会审定小组审定。

（三）回答问题的要求

（1）正确、准确。正面回答问题，不转换论题，更不要答非所问。

（2）重点突出。抓住主题、要领，抓住关键词语，言简意赅。

（3）清晰明白。开门见山，直接入题，不绕圈子。

（4）有答有辩。有坚持真理、修正错误的勇气。既敢于表达自己独到的新观点、真知灼见，维护自己正确观点，反驳错误观点，又敢于承认自己的不足，修正失误。

（5）辩才技巧。讲普通话，用词准确，讲究逻辑，吐词清楚，声音洪亮，抑扬顿挫，助以手势说明问题；力求深刻生动；对答如流，说服力、感染力强，给教师和听众留下良好的印象。

（四）学生答辩时的注意事项

（1）带上自己的论文、资料和笔记本。

（2）注意开场、结束时的礼仪。

（3）坦然镇定，声音洪亮，使在场的所有人都能听到。

（4）听取答辩小组成员的提问，精神要高度集中，同时，将提问的问题逐一记在本子上。

（5）对提出的问题，要在短时间内迅速做出反应，以自信而流畅的语言，肯定的语气，不慌不忙地逐一回答每个问题。

（6）对提出的疑问，要审慎地回答，对有把握的疑问要回答或辩解、申明理由；对拿不准的问题，可不进行辩解，而实事求是地回答，态度要谦虚。

同步习题

1. 思考下列问题

（1）你所学专业目前在科研中有哪些前沿性问题？

（2）你所学专业目前在科研中有哪些亟待解决的问题？

（3）你所学专业目前在科研中已成立的学说有哪些需要补充或者纠正的问题？

要求：每项至少列3条。

2. 查阅专业资料

（1）你所学的专业有多少种学术期刊？

（2）你最喜欢哪种专业期刊？你最喜欢该期刊的什么栏目？为什么？

（3）将最近半年专业期刊中你最喜欢的栏目的资料，分类编成小资料卡或小文集，写出阅读心得。

3. 结合本学年学习的内容拟写一篇课程小论文，不少于3 000字。

参考文献

1. 毛燕敏，李永宏．应用文写作．3 版．北京：高等教育出版社，2022.
2. 张子泉，刘兆信，单体刚．应用文写作．北京：清华大学出版社，2022.
3. 周俊玲．商务文书写作实务．北京：机械工业出版社，2022.
4. 陈玉芝．现代应用文写作．2 版．北京：机械工业出版社，2022.
5. 张蓉，王英，由丰收．应用文写作教程．成都：西南交通大学出版社，2021.
6. 张竹筠．实用写作手册．北京：北京理工大学出版社，2021.
7. 李伟权．应用文写作．北京：清华大学出版社，2021.
8. 杨文丰．高职应用写作．2 版．北京：高等教育出版社，2020.
9. 包峥嵘，陈伟．毕业设计（论文）指导教程．上海：上海交通大学出版社，2018.
10. 包锦阳．旅游应用文．2 版．北京：人民邮电出版社，2015.
11. 梁悦秋．旅游应用文．北京：旅游教育出版社，2009.
12. 高胜祥，邱晓平．旅游应用文．北京：旅游教育出版社，2007.
13. 柳宏．秘书写作．北京：高等教育出版社，2011.
14. 《导游服务技能》编写组．导游服务技能．北京：中国旅游出版社，2012.
15. 任孝珍．高职应用写作．南京：南京大学出版社，2010.
16. 赵龙祥．应用文写作．苏州：苏州大学出版社，2009.